REINHARD WULFHORST

Der Schutz „überdurchschnittlich empfindlicher" Rechtsgüter im Polizei- und Umweltrecht

Schriften zum Umweltrecht

Herausgegeben von Prof. Dr. Michael Kloepfer, Berlin

Band 38

Der Schutz „überdurchschnittlich empfindlicher“ Rechtsgüter im Polizei- und Umweltrecht

Von

Reinhard Wulfhorst

Duncker & Humblot · Berlin

Die Deutsche Bibliothek – CIP-Einheitsaufnahme

Wulfhorst, Reinhard:
Der Schutz „überdurchschnittlich empfindlicher“ Rechtsgüter im Polizei- und Umweltrecht / von Reinhard Wulfhorst. — Berlin : Duncker und Humblot, 1994
(Schriften zum Umweltrecht ; Bd. 38)
Zugl.: Göttingen, Univ., Diss., 1992/93
ISBN 3-428-07811-X
NE: GT

Fotoprint: Werner Hildebrand, Berlin
Printed in Germany

ISSN 0935-4247
ISBN 3-428-07811-X

Vorwort

Bei der vorliegenden Untersuchung handelt es sich um meine Dissertation, die im Wintersemester 1992/93 von der Juristischen Fakultät der Georg-August-Universität Göttingen angenommen wurde. Für die Veröffentlichung habe ich eine Zusammenfassung hinzugefügt, ansonsten aber nur redaktionelle Änderungen vorgenommen. Rechtsprechung und Literatur sind bis Anfang 1992 berücksichtigt. Eine Aktualisierung war auf Grund meiner beruflichen Belastung nicht mehr möglich. Dies erschien mir vertretbar, da sich die Arbeit einem Grundsatzproblem widmet, das in seinem Kern von tagesaktuellen Entwicklungen im Polizei- und Umweltrecht kaum berührt wird.

Die an dieser Stelle üblichen Danksagungen sind mir keine Pflicht, sondern ein besonderes Bedürfnis. Mein Dank gilt zunächst Herrn Prof. Dr. Dietrich Murswiek, der diese Arbeit angeregt, mir beim Schreiben alle notwendige Freiheit gelassen und das Promotionsverfahren auch nach seinem Wechsel an die Freiburger Universität zu Ende geführt hat. Herr Prof. Dr. Volkmar Götz erstellte in kürzester Zeit das Zweitgutachten. Danken möchte ich auch Herrn Prof. Dr. Michael Kloepfer für die Aufnahme in die von ihm herausgegebene Schriftenreihe.

Bei der Entstehung der Arbeit haben mich zahlreiche Personen unterstützt. Stellvertretend möchte ich meine Partnerin, Sabine Gentner, und meinen Vater, Dr. Traugott Wulfhorst, nennen. Beide haben stets mit großer Geduld zugehört, die richtigen Fragen gestellt und mich darin bestärkt, mit einer nahezu unangefochtenen Lehre zu brechen und einen neuen Weg zu beschreiten.

Die Arbeit widme ich meinen Eltern in Dankbarkeit.

Schwerin, im August 1993 — Reinhard Wulfhorst

Inhaltsverzeichnis

7. Kapitel

Abkürzungsverzeichnis

atw	atomwirtschaft - atomtechnik
BadVGH	Badischer Verwaltungsgerichtshof
BayVGH	Bayerischer Verwaltungsgerichtshof
dB (A)	Dezibel (A-bewertet)
ders.	derselbe
HessVGH	Hessischer Verwaltungsgerichtshof
Gem. RdErl.	Gemeinsamer Runderlaß
GrS	Großer Senat
i.S.d.	im Sinne des/der
IUR	Informationsdienst Umweltrecht
MEPolG	Musterentwurf eines einheitlichen Polizeigesetzes des Bundes und der Länder
µg	Mikrogramm (1 Mikrogramm = 0,001 Milligramm)
ng	Nanogramm (1 Nanogramm = 0,001 Mikrogramm)
PCB	Polychlorierte Biphenyle
PCDD	Polychlorierte Dibenzodioxine
PCDF	Polychlorierte Dibenzofurane
PrVBl.	Preußisches Verwaltungsblatt
SächsOVG Jahrb.	Jahrbücher des Sächsischen Oberverwaltungsgerichts
VGH BadWürtt	Verwaltungsgerichtshof Baden-Württemberg
VRspr.	Verwaltungsrechtsprechung
ZfL	Zeitschrift für Lärmbekämpfung
ZfU	Zeitschrift für Umweltpolitik und Umweltrecht
ZLR	Zeitschrift für das gesamte Lebensmittelrecht

Wegen der übrigen Abkürzungen wird auf die Erläuterungen im Text und auf das Abkürzungsverzeichnis der Rechtssprache von Hildebert Kirchner / Fritz Kastner, 3. Aufl., Berlin u.a. 1983 verwiesen.

Einführung in die Problematik

Unter einer Gefahr, so lautet die gängige polizeirechtliche Definition, versteht man "eine Sachlage, die bei ungehindertem Ablauf mit hinreichender Wahrscheinlichkeit zu einem Schaden, d.h. zur Minderung eines tatsächlich vorhandenen normalen Bestandes an Lebensgütern durch von außen kommende Einflüsse führen würde".[1] Dieser Gefahrbegriff besteht also - auf seinen wesentlichen Kern reduziert - aus zwei Elementen: dem *Schaden* und der *hinreichenden Wahrscheinlichkeit*, mit der dieser Schaden eintritt.[2]

Während sich die polizeirechtliche Literatur bis heute vorrangig mit den Problemen des Wahrscheinlichkeitsurteils beschäftigt hat, wendet sich die vorliegende Arbeit dem anderen Element des Gefahrbegriffs zu. Ein Schaden liegt nach der eingangs wiedergegebenen Definition nur dann vor, wenn der *normale* Bestand an Lebensgütern beeinträchtigt ist. Mit dieser Einschränkung wollen Rechtsprechung und Literatur diejenigen Fälle der Gefahrenabwehr durch die Polizei entziehen, in denen ein Schaden allein auf Grund der besonderen Empfindlichkeit der betroffenen Person oder Sache zu befürchten ist. Polizeilich geschützt sind demnach nur *durchschnittlich empfindliche* Rechtsgüter.[3]

Die Tatsache, daß diese Lehre seit über sechzig Jahren so gut wie unbestritten ist, läßt ein Bündel von überzeugenden Argumenten vermuten, die ernsthaften Widerspruch erst gar nicht aufkommen ließen. Sucht man im polizeirechtlichen Schrifttum nach solchen Gründen, so findet man sich allerdings enttäuscht: Das Dogma von der durchschnittlichen Empfindlichkeit ist - sieht man von Ansätzen an entlegenerer Stelle[4] einmal ab - noch nie weiter begründet worden.

---

1 *Franßen*, S. 213; ganz ähnlich etwa *Friauf*, S. 221 f. m.w.N.

2 *Hansen-Dix*, S. 20; *Lukes / Feldmann / Knüppel*, S. 115. Dies schreiben auch die Legaldefinitionen in den neueren Polizeigesetzen fest; vgl. etwa § 2 Nr. 3a Bremisches Polizeigesetz (BremPolG) und § 2 Nr. 1a Niedersächsisches Gesetz über die öffentliche Sicherheit und Ordnung (NdsSOG).

3 Aus der umfangreichen Rechtsprechung und Literatur seien hier beispielhaft angeführt PrOVGE 88, 209 (212); *Drews / Wacke / Vogel / Martens*, S. 222 f.

4 Bei *Dröge*, S. 14.

Diese argumentative Enthaltsamkeit läßt sich nicht damit rechtfertigen, daß Selbstverständliches keiner besonderen Begründung bedürfe; denn die Schutzlosigkeit überdurchschnittlich empfindlicher Rechtsgüter führt zu Ergebnissen, die, unbefangen betrachtet, doch zumindest fragwürdig erscheinen. Zum Beleg soll an dieser Stelle ein Beispiel genügen, das Friauf[5] - immerhin ein Befürworter der Lehre - gebildet hat. Danach darf selbst Hundegebell nicht mit dem Hinweis darauf untersagt werden, daß es einen einzelnen Schwerkranken ernstlich in seiner Gesundheit gefährdet.[6]

Mit der zunehmenden Ablösung des allgemeinen Polizei- und Ordnungsrechts durch Spezialgesetze hat sich die Problematik besonders empfindlicher Personen und Sachen mehr und mehr auf das Gebiet des Umweltrechts[7] verlagert, ohne freilich ihre Grundstrukturen zu wandeln. Insbesondere bei der Genehmigung technischer Anlagen nach dem Bundes-Immissionsschutzgesetz (BImSchG)[8] und dem Atomgesetz (AtG)[9] knüpft man ganz überwiegend an den polizeirechtlichen Gefahrenbegriff an und bezieht so auch hier lediglich den normalen Bestand an Rechtsgütern in die Beurteilung ein.[10] Die Figur der durchschnittlichen Empfindlichkeit findet im Immissionsschutzrecht des weiteren Anwendung, wenn es darum geht, die Erheblichkeit von Belästigungen und Nachteilen zu bestimmen (§ 5 Abs. 1 Nr. 1 i.V.m. § 3 Abs. 1 BImSchG).[11] Darüberhinaus legen Rechtsprechung und Literatur dieses Kriterium auch vielen anderen umweltrechtlichen Regelungen zugrunde. Als Beispiele seien hier § 1 Chemikaliengesetz (ChemG)[12], § 2 Abs. 1 Nr. 1 Abfallgesetz[13]

---

5 S. 221.

6 Etwas anderes soll u.U. in einem Klinikviertel gelten. Das Beispiel übernehmen *Scholler / Broß*, S. 125.

7 Zum allgemein üblichen Verständnis des Umweltrechts als "Querschnittsrecht" und zur Systematik dieses Rechtsgebiets vgl. *Breuer*, Umweltschutzrecht, S. 622 ff. und *Kloepfer*, § 1 Rdnr. 40 ff.

8 Gesetz zum Schutz vor schädlichen Umwelteinwirkungen durch Luftverunreinigungen, Geräusche, Erschütterungen und ähnliche Vorgänge vom 15.3.1974 (BGBl. I S. 721, ber. S. 1193) in der Fassung der Bekanntmachung vom 14.5.1990 (BGBl. I S. 880), zuletzt geändert durch das Gesetz zur Verlängerung der Verwaltungshilfe vom 26.6.1992 (BGBl. I S. 1161).

9 Gesetz über die friedliche Verwendung der Kernenergie und den Schutz gegen ihre Gefahren in der Fassung der Bekanntmachung vom 15.7.1985 (BGBl. I S. 1565), zuletzt geändert durch Gesetz vom 5.11.1990 (BGBl. I S. 2428).

10 So etwa für § 5 Abs. 1 Nr. 1 i.V.m. § 3 Abs. 1 BImSchG *Landmann / Rohmer / Kutscheidt*, § 3 BImSchG Rdnr. 10 und für § 7 Abs. 2 Nr. 3 AtG *Haedrich*, § 7 Rdnr. 64.

11 Vgl. z.B. BVerwGE 68, 62 (67).

12 *Uppenbrink / Broecker / Schottelius / Schmidt-Bleek*, § 1 Rdnr. 4; anders hingegen *Sellner*, Ausbau des Individualschutzes, L 40; *Rehbinder / Kayser / Klein*, § 1 Rdnr. 8. Ausführlicher dazu unten S. 92.

13 VG München UPR 1987, 36. Kritisch dagegen allerdings *Hösel / v. Lersner*, § 2 Abs. 1 AbfG Rdnr. 10: Geschützt sei die Gesundheit jedes Menschen, nicht nur die des durchschnittlich gesunden; bei außergewöhnlichen Anfälligkeiten einzelner Menschen könne jedoch bei Abwägung der widerstreitenden Schutzgüter in Ausnahmefällen das Interesse der Allgemeinheit an einer geordneten Abfallbeseitigung Vorrang haben.

und - freilich nicht mehr zum Kernbereich des Umweltrechts zählend[14] - § 17 Abs. 4 Bundesfernstraßengesetz[15], § 8 Lebensmittel- und Bedarfsgegenständegesetz (LMBG)[16] sowie § 5 Abs. 2, § 25 Abs. 2 Nr. 5 und § 30 Abs. 1 Satz 1 Arzneimittelgesetz[17] genannt.

Dieser Befund legt es nahe, die Untersuchung über das Polizeirecht hinaus auf das (öffentliche) Umweltrecht auszuweiten. Das bietet sich zumal deswegen an, weil hier die aufgeworfenen Probleme in ihrer ganzen Tragweite deutlich werden. So tritt bei der Festlegung von Grenzwerten immer wieder die Frage auf, ob diese bestimmten Risikogruppen Schutz bieten müssen. Zwar ist die Selbstverständlichkeit, mit der auch hier mitunter auf den Durchschnitt abgestellt wird, durchaus erstaunlich, wie Ulrich Beck in seiner schon zum Schlagwort geratenen "Risikogesellschaft" zu Recht anmerkt.[18] Immerhin hat aber die beträchtliche praktische Relevanz dazu beigetragen, daß gerade im Immissionsschutz- und Atomrecht eine wesentlich intensivere Diskussion um den Maßstab der durchschnittlichen Empfindlicheit geführt wird, als dies in der polizeirechtlichen Literatur der Fall ist. Dementsprechend bildet der polizeirechtliche Gefahrbegriff den Ausgangspunkt der nachfolgenden Überlegungen; der eigentliche Akzent wird jedoch beim Umweltrecht liegen.

Da die Frage nach der Berücksichtigung überdurchschnittlich empfindlicher Rechtsgüter sich einerseits im gesamten Umweltrecht grundsätzlich in ähnlicher Weise stellt, andererseits aber die Besonderheiten der jeweiligen Fachgesetze im Detail zu einer eigenständigen Behandlung zwingen würden, die den Rahmen dieser Arbeit sprengen müßte, soll die Problematik exemplarisch an Hand der Anlagengenehmigungsverfahren nach den §§ 4 ff. BImSchG und §§ 7 ff. AtG entfaltet werden. Dabei erscheint es angebracht, zunächst den tatsächlichen Hintergrund mit Hilfe ausgewählter Beispiele aus dem Umweltbereich zu beleuchten (1. Kapitel). Der folgende historische Rückblick zeichnet dann die Entwicklung nach, die die Lehre von der durchschnittlichen Empfindlichkeit in Rechtsprechung und Literatur bis heute genommen hat (2. Kap.). Einige begriffliche Unschärfen machen es erforderlich, im Anschluß daran den genauen Inhalt dieser Lehre zu klären (3. Kap.). Im 4. Kapitel werden die bisher vorgebrachten Argumente kritisch untersucht. Zum besseren Verständnis der Figur der durchschnittlichen Empfindlichkeit stellt

---

14 Zur Abgrenzung des Kernbereichs von solchen lediglich umweltrelevanten Vorschriften *Kloepfer*, § 1 Rdnr. 40 ff., 50.

15 Vgl. etwa BVerwGE 51, 35 (37 f.) und BayVGH BayVBl. 1987, 501 (502).

16 Vgl. z.B. BVerwGE 77, 102 (110 f.) m.w.N.; *Zipfel / Rathke*, C 100 § 8 Rdnr. 8; *Schulze*, ZLR 1974, 43 (48). Auf den durchschnittlich empfindlichen Verbraucher soll es auch bei § 17 Abs. 1 Nr. 1 LMBG ankommen, vgl. BVerwGE 60, 69 (73 f.); BVerwGE 78, 172 (175).

17 *Hansen-Dix*, Pharma-Recht 1989, 8 (10 f.); *Richter*, S. 104 f. m.w.N.

18 *Beck*, S. 32 f.

das 5. Kapitel deren rechtstheoretische Methode vor, nämlich die "typisierende Betrachtungsweise". Die Frage, ob besonders anfällige Rechtsgüter wirklich weitgehend schutzlos bleiben dürfen, kann letzlich nur durch eine umfassende Auslegung der einschlägigen Gesetzesbestimmungen beantwortet werden, der sich das 6. Kapitel widmet. Auf der Grundlage dieser Auslegung möchte ich zum Schluß eine eigene Lösung vorschlagen (7. Kapitel).

1. Kapitel

Rechtstatsächlicher Hintergrund

Der Maßstab der durchschnittlichen Empfindlichkeit läßt sich juristisch kaum sachgerecht beurteilen, ohne zuvor den rechtstatsächlichen Hintergrund wenigstens in groben Umrissen zu skizzieren. Dabei stehen - neben anfälligen Pflanzen (unten B.) - naturgemäß die besonders empfindlichen Menschen im Mittelpunkt (A.).

Da der folgende Überblick ausschließlich auf naturwissenschaftliche Phänomene verweist, soll noch vorausgeschickt werden, wie die Ökologie den zentralen Begriff der *Empfindlichkeit* versteht: Diese beschreibt das Ausmaß und die Schnelligkeit, mit der sich Organismen, Populationen und Ökosysteme bei einer bestimmten und zeitlich begrenzten Belastung verändern.[1]

A. Besonders empfindliche Menschen

Das Risiko einer gesundheitlichen Schädigung durch Umwelteinflüsse kann innerhalb der Bevölkerung erheblich differieren. Zu den besonders gefährdeten Gruppen zählen alle diejenigen Personen, die auf Grund ihrer genetischen oder erworbenen Disposition oder ihres Alters empfindlicher auf bestimmte äußere Einwirkungen reagieren als der Durchschnitt.[2] Zu nennen sind hier insbesondere Allergiker, andere chronisch Kranke, alte Menschen, Schwangere und Kinder.[3]

---

1 *Schäfer / Tischler*, S. 74 (Stichwort: "Empfindlichkeit"); mit weiteren Differenzierungen *Ellenberg*, S. 21 ff.; Rat von Sachverständigen, Umweltgutachten 1978, Tz. 46.

2 Die Arbeit bezieht sich ausschließlich auf derartige *konstitutionelle* Besonderheiten. Soweit Risikogruppen durch bestimmte Verhaltensweisen entstehen, bleiben sie ausgeklammert (vgl. dazu *Kühling*, S. 109 f., der als Beispiel die Risiken für Vegetarier auf Grund der erhöhten Schwermetallaufnahme anführt).

3 Rat von Sachverständigen, Umweltgutachten 1987, Tz. 1252; Deutsche Forschungsgemeinschaft, S. 9; *Siebert*, ZfU 1980, 617 (625 f.); *Weidner / Knoepfel*, ZParl. 1979, 160 (165).

I. Beispiele

Die Palette besonderer Dispositionen ist überaus vielfältig. Es können im folgenden nur einige wenige Beispiele größerer Risikogruppen herausgegriffen werden, wie sie sich in den Gutachten des Sachverständigenrates für Umweltfragen finden.

Im Bereich der Luftverunreinigungen bedeuten etwa Schwefeldioxid-Immissionen ein besonderes Risiko für Bronchitis-Patienten.[4] Nimmt man diese und andere gefährdete Personen zusammen, so reagieren ca. 10 % der Bevölkerung überempfindlich auf Schwefeldioxid (SO_2).[5]

Eine andere Risikogruppe stellen Menschen mit Eisenmangel dar, da bei ihnen die Cadmiumresorption auf dem Nahrungswege um ein Mehrfaches erhöht ist. Diesen Personen drohen langfristig gesehen irreversible Nierenfunktionsstörungen. Als mögliche Folgen werden auch Bluthochdruck und Krebserkrankungen diskutiert. Nimmt man die vor allem betroffenen Frauen in der Schwangerschaft und im Alter von 50 bis 60 Jahren sowie die Kinder in den ersten Lebensjahren zusammen, so umfaßt diese Risikogruppe innerhalb der Bundesrepublik Deutschland immerhin mehrere Millionen Menschen.[6]

Ein anderes Gefährdungspotential sind die Organohalogenverbindungen (PCB, PCDD/PCDF etc.) in der Muttermilch. Beim Stillen nehmen Säuglinge diese kanzerogenen oder zumindest "krebsverdächtigen" Stoffe in einer Menge auf, die um ein Vielfaches über der bei Erwachsenen für vertretbar gehaltenen täglichen Dosis liegt. Wenig erforscht sind noch die Wirkungen der Organohalogenverbindungen auf das Nerven- und Immunsystem. Da beim Säugling beide Funktionsbereiche im Reifungsprozeß begriffen und daher besonders empfindlich sind, geht man jedoch von einem erheblichen Risiko aus.[7]

Eine Risikogruppe bei der Belastung durch Blei bilden Kinder und Kleinkinder, die - bezogen auf das Körpergewicht - mehr Nahrung zu sich nehmen als Erwachsene und zudem noch Blei mindestens fünfmal stärker resorbieren. Zusammenhänge zwischen der Bleibelastung auf der einen und Störungen der Wahrnehmungsorganisation bzw. des Reaktionsverhaltens auf der anderen Seite waren selbst bei solchen Kindern nachweisbar, deren Blutbleikonzentra-

---

4 Rat von Sachverständigen, Umweltgutachten 1974, Tz. 224.

5 *Schlipköter / Pott / Wichmann / Csicsaky / Ohnesorge*, S. 10.

6 Rat von Sachverständigen, Umweltgutachten 1987, Tz. 1327 und 1766 ff.

7 Rat von Sachverständigen, Umweltgutachten 1987, Tz. 1784 ff.

tion sich durchaus im Rahmen der von der EG empfohlenen Referenzwerte hielt.[8]

Die Problematik besonders anfälliger Personen läßt sich geradezu exemplarisch am Phänomen der Lärmbelästigungen darstellen. Hier fallen die individuellen Belastungsempfindungen ganz unterschiedlich aus. Dies liegt vor allem daran, daß die gesundheitlichen Folgen von Lärm nicht nur von akustischen Komponenten wie Dauer, Stärke, Häufigkeit und Frequenzzusammensetzung abhängen, sondern in beträchtlichem Maße auch durch nichtakustische Faktoren verstärkt oder gemindert werden. Zu solchen sog. Moderatoren gehört u.a. auch die individuelle Disposition, also die Lärmempfindlichkeit und der allgemeine Gesundheitszustand des einzelnen Betroffenen.[9] So ist nach neueren Untersuchungen die Empfindlichkeit von neurologischen Patienten gegenüber Gesunden um etwa 11 dB (A) erhöht. Bei schweren Krankheitsbildern wird ein Abweichungswert von 21 dB (A) angesetzt, in Extremfällen sogar 32 dB (A). Demzufolge stellt bei Schwerstkranken der Maximalpegel von 67 dB (A) bereits den Beginn einer Gesundheitsgefährdung dar[10] - eine Lautstärke, die etwa durch eine laute Unterhaltung verursacht wird.[11]

Auch wenn man von solchen Sonderfällen absieht, sind doch immerhin 10 bis 30 % der Bevölkerung als besonders lärmempfindlich einzustufen.[12] Diese Personen beginnen unter den allgemeinen negativen Auswirkungen von Lärm[13] bei einem geringeren Lärmpegel zu leiden als "normale" Menschen. Darüberhinaus müssen besonders lärmempfindliche Personen mit ganz spezifischen Folgen rechnen, die bei anderen nicht auftreten. Hier sind beispielsweise zu nennen die lärmbedingte Vasokonstriktion (Gefäßverengung) insbesondere bei alten Menschen, die ein wesentlicher Faktor für die Auslösung von Infarkten ist,[14] die verstärkte Adrenalinausschüttung bei Infarktpatienten durch hohe Schallbelastung, die den Regenerationsprozeß sehr wahrscheinlich entscheidend verzögert oder die Krankheit sogar verstärkt,[15] und auch die er-

---

8 Rat von Sachverständigen, Umweltgutachten 1987, Tz. 1311 und 1762 ff.; *Kühling*, S. 120 m.w.N.

9 VDI, Richtlinie 2058 Blatt 1 Zif. 1; *Jansen*, ZfL 34 (1987), 152 (153); *Gottlieb / Meurers*, ZfU 1984, 41 (55); Interdisziplinärer Arbeitskreis für Lärmwirkungsfragen, ZfL 37 (1990), 1 (2 ff.).

10 Alle Werte nach *Jansen*, ZfL 34 (1987), 152 (155).

11 Vgl. *Frank Hofmann*, S. 11.

12 Rat von Sachverständigen, Umweltgutachten 1978, Tz. 733; *Jansen*, ZfL 34 (1987), 152 (154 f.).

13 Dazu *Jansen*, ZfL 33 (1986), 2 (5 f.); Rat von Sachverständigen, Umweltgutachten 1987, Tz. 1437, 1445 ff.; Interdisziplinärer Arbeitskreis für Lärmwirkungsfragen, ZfL 37 (1990), 1 (3 ff.).

14 *Jansen*, ZfL 34 (1987), 152 (154).

15 *Jansen*, ZfL 34 (1987), 152 (155).

hebliche Gefahr von Herz-Kreislauf-Erkrankungen bei Personen mit Bluthochdruck.[16]

Ganz unterschiedliche Reaktionen sind gleichfalls bei der Einwirkung von radioaktiven Strahlungen zu beobachten. Dabei spielen zwei Faktoren eine Rolle. Zum einen hängt es von der individuellen Konstitution des einzelnen ab, wie sich die in den Körper aufgenommenen Radionukleide innerhalb des Organismus verteilen. Wesentlichen Einfluß haben hier die Stoffwechselfunktionen und anatomischen Charakteristika, die - durch Lebensalter sowie genetische oder gesundheitliche Disposition bedingt - eine erhebliche Bandbreite bieten.[17]

Zum anderen bestehen bei der individuellen Strahlenempfindlichkeit beträchtliche Unterschiede.[18] Bereits unter gesunden Erwachsenen weicht die Strahlenempfindlichkeit gleicher Zellarten erheblich voneinander ab, obwohl die untersuchten Personen keine erkennbaren klinischen Anomalien aufweisen, auf die solche Divergenzen zurückgeführt werden könnten.[19] Diese Unterschiede treten noch deutlicher dort hervor, wo man bestimmte Faktoren mit einiger Sicherheit als Ursachen ausmachen kann. So ist es mit geschlechtsspezifischen Besonderheiten zu erklären, daß die Schilddrüse von Frauen etwa dreimal strahlenempfindlicher reagiert als die von Männern.[20] Auch eine höhere Empfindlichkeit des Embryo und des Fötus ist nachgewiesen.[21]

II. Tatsächlicher Schutz der Risikogruppen

Die geschilderten Beispiele werfen die Frage auf, wie es gegenwärtig um den tatsächlichen Schutz der betroffenen Personengruppen bestellt ist. Obwohl sich hier naturgemäß kein einheitliches Bild ergibt, kann man doch einige Grundtendenzen erkennen. Besonders anfällige Personen werden vielfach bereits deshalb nicht hinreichend geschützt, weil die erforderlichen Maßnahmen mit starken wirtschaftlichen Interessen in Konflikt geraten würden. Richt- oder Grenzwerte, die jeden einzelnen schützen sollten, müßten so niedrig angesetzt werden, daß eine erhebliche Umgestaltung der technischen Umwelt unvermeidbar wäre.[22] Dabei würde sich in der Regel die Schere zwischen

16 *Gottlieb / Meurers*, ZfU 1984, 41 (50 f.); siehe auch Rat von Sachverständigen, Umweltgutachten 1987, Tz. 1446.

17 *Levi*, atw 1989, 28 (30 f.); *Kuni*, S. 21 mit Beispielen.

18 *Streffer*, S. 152 m.w.N.

19 *Lengfelder*, S. 51.

20 *Lengfelder*, S. 52.

21 *Barthelmeß*, S. 310.

22 Rat von Sachverständigen, Umweltgutachten 1987, Tz. 1460.

den Kosten für die Umweltschutzmaßnahmen und den sichtbaren Erfolgen immer mehr öffnen: Während die finanziellen Aufwendungen mit der schrittweisen Herabsetzung der Grenzwerte überproportional ansteigen, sinkt gleichzeitig stetig die Zahl der empfindlichen Personen, deren Schutz man erreichen kann.[23] Denn die Beziehung zwischen einwirkender Dosis und der Anzahl der Beeinträchtigten läßt sich im allgemeinen in Form einer S-Kurve darstellen; am unteren Ende dieser Kurve sind mit geringer werdenden Dosen immer weniger Menschen von schädlichen Wirkungen betroffen.[24]

Aber selbst dann, wenn sich nicht zuletzt aus rechtlichen Gründen die Überzeugung durchsetzen würde, daß das einzelne Individuum auch bei besonderer Empfindlichkeit so weit wie möglich zu schützen ist, müßte diese Erkenntnis vor ihrer Umsetzung zunächst große praktische Schwierigkeiten überwinden. Denn gezielter Umweltschutz, wie er geltendem Recht entspricht,[25] setzt ein ausreichendes Wissen über die schädlichen Wirkungen bestimmter Stoffe voraus. Trotz vermehrter Anstrengungen sind die nachteiligen Folgen vieler Stoffe jedoch noch weitgehend unerforscht. Dies liegt nicht nur an grundsätzlichen methodischen Problemen, etwa der fraglichen Übertragbarkeit von Tierversuchen auf den Menschen[26] oder den noch nicht behobenen Mängeln von epidemiologischen Untersuchungen.[27] Auch die Lebenswirklichkeit birgt eine Reihe von Unsicherheitsfaktoren, die die wissenschaftliche Erfassung von Schadstoffwirkungen beeinträchtigen. Hierzu zählt neben den unterschiedlichen Verzehrgewohnheiten und dem Zusammenwirken mehrerer Stoffe im Organismus[28] eben auch die beträchtliche Variationsbreite an individueller Empfindlichkeit innerhalb der Bevölkerung.[29] Der Einfluß all dieser Komponenten ist bei Untersuchungen bislang nicht hinreichend quantifizierbar, so daß die Ergebnisse stets durch eine erhebliche Ungewißheit belastet sind.

Die besondere Anfälligkeit einzelner Menschen erschwert aber nicht nur sichere Aussagen über schädliche Wirkungen. Die Risiken für solche Personen sind ihrerseits in vielen Bereichen noch kaum erforscht. Soweit Experimente an Versuchspersonen überhaupt vertretbar erscheinen, werden diese

---

23 So für den Bereich der Lärmimmissionen *Krell*, S. 62 f.

24 Vgl. VDI, Richtlinie 2310 Blatt 1 Zif. 2.5 und Bild 1; *Krell*, S. 62 f.; *Hapke*, ZfU 1980, 629 (638 ff.); *Hansmann*, S. 291. Das entgegengesetzte Ende der Kurve, wo besonders unempfindliche Personen auch bei hohen Konzentrationen nicht beeinträchtigt werden, kann im Rahmen dieser Arbeit vernachlässigt werden.

25 Vgl. etwa *Kloepfer*, § 3 Rdnr. 16: keine "Vorsorge-aufs-Geratewohl".

26 Dazu Rat von Sachverständigen, Umweltgutachten 1987, Tz. 1658; *Schlipköter*, in: Umweltbundesamt, Grundlagen, S. 116.

27 Dazu Rat von Sachverständigen, Umweltgutachten 1987, Tz. 1644 ff.; vgl. auch Deutsche Forschungsgemeinschaft, S. 8 f.

28 Zusammenfassend Rat von Sachverständigen, Umweltgutachten 1987, Tz. 1677.

29 VDI, Richtlinie 2310 Blatt 1 Zif. 2.8.

meist auf gesunde Menschen beschränkt. Auf Probanden aus bereits erkannten Risikogruppen verzichtet man aus naheliegenden Gründen. Deshalb lassen sich die Ergebnisse auf besonders empfindliche Personen nicht übertragen.[30] Weiterhin sind selten auftretende Reaktionen nur in Untersuchungen an einem großen Kollektiv zu ermitteln.[31] Hier stoßen die gegenwärtigen Forschungskapazitäten an ihre Grenzen. Meist reichen sie nicht, um Risikogruppen zu identifizieren, zu quantifizieren oder auch nur zu definieren.[32] Es liegt in der Natur der Sache, daß die vorhandenen Mittel zunächst der Erkundung häufig vorkommender Konstellationen und damit dem Durchschnitt der Bevölkerung gewidmet werden. Mit gutem Grund mahnt deswegen das Umweltgutachten 1987 mehrfach die verstärkte Erforschung der oben nur ausschnittsweise dargestellten Risikogruppen an.[33]

Da Politik und Verwaltung trotz dieser Unsicherheiten auf der Empfehlung bestimmter für unschädlich gehaltener Grenzwerte bestehen, behilft sich die Naturwissenschaft einstweilen mit dem Vorschlag sog. "*Vorläufiger* Duldbarer Täglicher Aufnahmemengen", die z.B. für Blei, Cadmium, Quecksilber und Nitrat gelten und die im allgemeinen Risikogruppen nicht berücksichtigen.[34] Aber auch dort, wo man sich bereits zur Benennung einer endgültigen "Duldbaren Täglichen Aufnahmemenge (Acceptable Daily Intake)" in der Lage sieht, die bei täglicher lebenslanger Zufuhr keine nachteiligen Wirkungen auslösen soll, bedeutet das keineswegs einen Gewinn an Sicherheit für besonders empfindliche Menschen. Denn die entsprechenden Werte stammen zumeist aus Tierversuchen. Bei der Übertragung der dabei gewonnenen Ergebnisse auf den Menschen wird dann ein Sicherheitsfaktor eingeführt, der in der Regel bei 100 liegt. Dieser Faktor beruht auf der Annahme, der Mensch könne zehnmal empfindlicher sein als die Versuchstiere; für besonders anfällige Personengruppen wird nochmals eine zehnfach höhere Empfindlichkeit angenommen (10 x 10 = 100). Je nach dem Umfang der Erfahrungen und dem Gefährdungspotential des Stoffes wird der Sicherheitsfaktor aber durchaus auch auf 10 reduziert oder auf 1000 angehoben.[35] Da der Faktor demnach keine wissenschaftlich abgeleitete Größe darstellt und mit ihm - neben den Emp-

30 *Schlipköter*, in: Umweltbundesamt, Grundlagen, S. 116.

31 Deutsche Forschungsgemeinschaft, S. 9 f.; Rat von Sachverständigen, Umweltgutachten 1987, Tz. 1253; *Hapke*, ZfU 1980, 629 (638 ff.).

32 Rat von Sachverständigen, Umweltgutachten 1987, Tz. 1253 f.; vgl. auch die Hinweise auf fehlende Untersuchungen von möglichen Risikogruppen bei *Winneke* und *Schlipköter*, in: Umweltbundesamt, Grundlagen, S. 299 und 306.

33 Rat von Sachverständigen, Umweltgutachten 1987, Tz. 1254, 1443, 1659, 1671; ebenso z.B. *Jansen*, ZfL 33 (1986), 2 (5).

34 Rat von Sachverständigen, Umweltgutachten 1987, Tz. 1247, 1251, 1659, der diese begrenzte Aussagekraft in der Praxis nicht hinreichend beachtet sieht.

35 Bei Luftschadstoffen beträgt er zwischen 2 und 10 (*Kühling*, S. 83 f.; *Schlipköter*, in: Protokoll, S. 42).

findlichkeitsunterschieden innerhalb der Bevölkerung - noch andere Unwägbarkeiten (unterschiedliche Reagibilität und Empfindlichkeit von Versuchstieren und Menschen, kleine Versuchstierpopulationen, genetische Einheitlichkeit der untersuchten Inzuchtstämme) abgedeckt werden müssen, ist der Schutz besonders empfindlicher Menschen mehr oder weniger dem Zufall überlassen.[36]

Das Arbeiten mit solchen stark vereinfachenden Sicherheitsfaktoren ist offenkundig von der juristischen Maßgabe bestimmt, daß der Gesundheitsschutz sich im wesentlichen auf den Durchschnitt der Bevölkerung beschränken darf.[37] Aber auch dort, wo die Bereitschaft zur Berücksichtigung von Risikogruppen zu beobachten ist,[38] sieht man sich durch die beschriebenen Wissenslücken begrenzt. Zudem entschärfen die zuständigen politischen Instanzen in vielen Fällen die von der Wirkungsforschung empfohlenen Grenzwerte mit der Begründung, daß die vorgeschlagenen Werte der Wirtschaft nicht zuzumuten oder technisch nicht einzuhalten seien.[39] Angesichts dessen ist es wohl nicht übertrieben, wenn man die oben gestellte Frage nach dem tatsächlichen Schutz besonders anfälliger Menschen für das Immissionsschutzrecht mit dem Umweltgutachten 1987 dahingehend beantwortet, daß "Individuen, die einer Risikogruppe angehören, in der Praxis weitgehend ungeschützt" sind.[40]

Auch im Geltungsbereich des Atomgesetzes bereitet die Festlegung von Grenzwerten große praktische Probleme, da die Strahlenempfindlichkeit beim Menschen eine beträchtliche Variationsbreite aufweist. Den Grenzwertempfehlungen der International Commission on Radiological Protection (ICRP)[41] liegen deshalb bestimmte Modelle zugrunde.[42] Die dabei verwandten Parame-

---

36 Zum Ganzen siehe ausführlich Rat von Sachverständigen, Umweltgutachten 1974, Tz. 234 ff., und Umweltgutachten 1987, Tz. 1245 ff., 1655 ff.; *Grimme / Faust / Altenburger*, S. 42 ff.; *Greim*, S. 61 ff.; *Zeschmar-Lahl / Lahl*, ZfU 1987, 43 (45 ff.).

37 Auf die Rechtsprechung zur durchschnittlichen Empfindlichkeit beruft sich z.B. noch ausdrücklich der Rat von Sachverständigen, Umweltgutachten 1978, Tz. 733.

38 Vgl. in der neueren naturwissenschaftlichen Literatur etwa *Jansen*, ZfL 34 (1987), 152 (155); Rat von Sachverständigen, Umweltgutachten 1987, Tz. 1746.

39 *Feldhaus*, DVBl. 1979, 301 (305); *Schlipköter*, in: Protokoll, S. 15 und 30; *Trute*, S. 44 f.; *Koechlin*, S. 92 f. Diese den politischen Entscheidungsträgern vorbehaltene Interessenabwägung meinen allerdings manche Naturwissenschaftler bei ihren Grenzwertvorschlägen vorwegnehmen zu müssen, was zu dem Schlagwort von der "politischen Toxikologie" geführt hat, das dem ehemaligen Präsidenten des Bundesgesundheitsamtes, G. Füllgraff, zugeschrieben wird (vgl. *Zeschmar-Lahl / Lahl*, ZfU 1987, 43). Beispielhaft seien hier die Ausführungen von *Valentin*, in: Umweltbundesamt, Grundlagen, S. 181 genannt, der sich als Sachverständiger vehement für die Vernachlässigung bestimmter Risikogruppen ausspricht, da die andernfalls erforderlichen Grenzwerte nicht einzuhalten seien.

40 Rat von Sachverständigen, Umweltgutachten 1987, Tz. 1254.

41 Zu den Empfehlungen der Internationalen Strahlenschutzkommission und deren Umsetzung in europäisches und deutsches Recht vgl. *Bischof*, in: Kimminich / v. Lersner / Storm, Band II Sp. 419 ff.

42 *Barthelmeß*, S. 310.

ter beruhen teilweise auf wenigen Beobachtungen, die an einer einzigen Versuchstierart gemacht wurden,[43] sind also mit erheblichen Unsicherheitsfaktoren behaftet.[44]

Die Einhaltung dieser Grenzwerte wird ebenfalls mit standardisierten Verfahren überprüft. Zu diesem Zweck hat die ICRP den sog. "reference man" definiert, bei dem jedem einzelnen Organ, jedem seiner Bausteine und Inhaltsstoffe sowie allen Stoffwechselfunktionen eine einheitliche Zahl zugeordnet ist. Der weibliche "reference man" oder "Standardmensch" hat beispielsweise ein Gewicht von 58 kg und ist 160 cm groß, der männliche bringt 70 kg auf die Waage und mißt 170 cm.[45] Wie diese Angaben bereits zeigen, war die Kommission bestrebt, vorrangig Daten zu verwerten, die ein typisches europäisches oder amerikanisches Individuum repräsentieren könnten.[46] Auf Grund des teilweise recht dürftigen Datenmaterials stellt der "reference man" aber keineswegs ein "Durchschnittsindividuum" dar. Er ist in erster Linie ein möglichst präzise definiertes Rechenmodell, von dem ausgehend individualisierende Berechnungen vorgenommen werden können.[47]

B. Besonders empfindliche Pflanzen und andere Sachen

Ähnliche Probleme wie bei der menschlichen Gesundheit treten im Bereich besonders schadensanfälliger Sachgüter auf.[48] Dies läßt sich etwa an den Wirkungen von Schwefeldioxid auf die Vegetation darstellen.[49] Die SO_2-Belastung in den Großstädten führt dazu, daß dort bestimmte Pflanzengruppen, die auf Immissionen besonders empfindlich reagieren, überhaupt nicht mehr auftreten. Dies gilt beispielsweise für eine Reihe von Flechtenarten.[50] Weniger Klarheit herrscht hingegen bei den Ursachen für die Schäden an höheren Pflanzen, insbesondere für die neuartigen Waldschäden. Auch hier hängt die Empfindlichkeit gegenüber Luftschadstoffen von verschiedensten Parametern wie Alter und Herkunft der Pflanzen, Bodenbeschaffenheit oder Standorthöhe ab, deren Einfluß sich bei der Erforschung der Kausalzusammenhänge nicht

---

43 *Lengfelder*, S. 133 f.

44 Zu den erheblichen Wissenslücken im Hinblick auf individuelle Strahlenempfindlichkeiten vgl. auch *Streffer*, S. 152 und allgemein *Levi*, atw 1989, 28 (31).

45 International Commission on Radiological Protection, Reference Man, S. 13, 15.

46 International Commission on Radiological Protection, Reference Man, S. 3, 5.

47 International Commission on Radiological Protection, Reference Man, S. 4.

48 Vgl. zusammenfassend Deutsche Forschungsgemeinschaft, S. 11 ff.

49 Einen Überblick über die Situation bei Materialien und Tieren geben *Luckat* und *Heydemann*, in: Umweltbundesamt, Grundlagen, S. 22 f., 31 f. und 49 f.

50 *Steubing*, in: Umweltbundesamt, Grundlagen, S. 35.

hinreichend quantifizieren läßt. Ähnliche Unsicherheit besteht bei der Frage, ob mehrere Schadstoffe stets synergistisch zusammenwirken.[51] Dennoch spricht einiges dafür, daß gerade Schwefeldioxid-Immissionen für die Waldschäden mitverantwortlich sind. So werden die SO_2-Konzentrationen, die die besonders betroffenen sehr empfindlichen Nadelbäume wie Fichte und Tanne im allgemeinen noch ausreichend schützen sollen, in Waldschadensgebieten teilweise signifikant überschritten.[52] Selbst bei vorsichtiger Einschätzung sind unter den geltenden Immissionswerten empfindliche Laub- und Nadelhölzer schwach bis mittelstark, sehr empfindliche Bäume sogar stark gefährdet.[53]

51 Zusammenfassend *Zahn*, in: Umweltbundesamt, Grundlagen, S. 37 ff.; Rat von Sachverständigen, Waldschäden, Tz. 313.

52 Rat von Sachverständigen, Waldschäden, Tz. 88 ff., 313 ff.

53 *Guderian*, in: Umweltbundesamt, Grundlagen, S. 41, 55; noch gravierendere Folgen befürchtet *Wentzel*, in: Umweltbundesamt, Grundlagen, S. 36 f. Vgl. auch Rat von Sachverständigen, Waldschäden, Tz. 308 ff.; *Feldhaus*, UPR 1987, 1 (3); *Steinebach*, Rdnr. 357 m.w.N.

2. Kapitel

Die Entwicklung und der heutige Stand der Lehre von der durchschnittlichen Empfindlichkeit

A. Polizeirecht

Wenn im folgenden die Entwicklung, die die Figur der durchschnittlichen Empfindlichkeit bis heute genommen hat, verhältnismäßig ausführlich dargestellt wird und dabei die Rechtsprechung des Preußischen Oberverwaltungsgerichts der Jahre zwischen 1890 und 1930 gar einen Schwerpunkt bildet, so hat dieser vorangestellte historische Rückblick seine besondere Berechtigung: Alle wesentlichen Schritte in der Entwicklung dieser Lehre wurden bereits vom Preußischen Oberverwaltungsgericht vollzogen. Wohl nicht zuletzt deshalb beruft sich selbst die neueste polizeirechtliche Literatur[1] zur Stützung ihrer These zumeist ausdrücklich auf diese alte Judikatur.

I. Die Rechtsprechung des Preußischen Oberverwaltungsgerichts bis 1933

1. Die Einbeziehung besonders empfindlicher Menschen (1. Phase)

Ein Blick auf die zahlreichen einschlägigen Entscheidungen des Preußischen Oberverwaltungsgerichts bestätigt, daß der für das allgemeine Polizeirecht zuständige 3. Senat den Gefahrbegriff in § 10 Zweyter Teil Siebenzehnter Titel des Allgemeinen Landrechts für die Preußischen Staaten (§ 10 II 17 ALR) von 1794[2] auf den Schutz durchschnittlich empfindlicher Rechtsgüter beschränkte.[3] In der soeben erwähnten Literatur[4] fehlt jedoch regelmäßig der Hinweis darauf, daß das Gericht diese Auffassung keineswegs von Beginn seiner Tätigkeit an vertreten hat. Es hielt zunächst das Einschreiten der Polizei

---

1 Vgl. statt vieler *Friauf*, S. 221 f.; *Hansen-Dix*, S. 29.

2 "Die nöthigen Anstalten zur Erhaltung der öffentlichen Ruhe, Sicherheit, und Ordnung, und zur Abwendung der dem Publico, oder einzelnen Mitgliedern desselben, bevorstehenden Gefahr zu treffen, ist das Amt der Polizey" (zit. nach der Textausgabe von *Hattenhauer / Bernert*, S. 620).

3 PrOVGE 49, 299 (303); PrOVG PrVBl. 39 (1917 / 18), 90 (93) - insoweit nicht abgedruckt in PrOVGE 72, 380 ff.; PrOVG PrVBl. 47, (1925 / 26), 224; PrOVG PrVBl. 48 (1926 / 27), 379 f.

4 Siehe Fn. 1.

auch zum Schutz solcher Personen für durchaus zulässig, "deren Gesundheitszustand kein normaler ist."[5] Dementsprechend bejahte es das Vorliegen einer Gefahr bei Gesundheitsstörungen von besonders empfindlichen Menschen, insbesondere von schwächlichen Kindern und Rekonvaleszenten.[6] Der Beurteilungsmaßstab der durchschnittlichen Empfindlichkeit verstand sich also nach dieser höchstrichterlichen Konzeption keineswegs von selbst.

2. Der Maßstab des "normalen Menschen" (2. Phase)

Seine Rechtsprechung zugunsten überdurchschnittlich empfindlicher Personen schwächte das Oberverwaltungsgericht allerdings alsbald dahingehend ab, daß vereinzelte schwere Krankheitsfälle vorübergehender Art nicht berücksichtigt werden könnten;[7] die Polizei sei bei solchen von der Norm abweichenden Fällen zum Einschreiten nur berechtigt, wenn ein Notstand, vor allem also unmittelbare Lebensgefahr, vorliege.[8] Die Einbeziehung nervöser Personen sei allein deshalb möglich, weil es sich hier um ein weitverbreitetes und dauerhaftes Leiden handele[9] und ein gewisses Maß an Nervosität als Normalzustand anzusehen sei.[10] "Außergewöhnlich nervösen Menschen" sollte polizeilicher Schutz aber nicht mehr zugute kommen.[11] Diese Entwicklung fand dann ihren vorläufigen Abschluß in dem lapidaren Satz, es komme einzig auf das gesundheitliche Schutzbedürfnis des normalen, gesunden Menschen an.[12]

---

5 PrOVG PrVBl. 12 (1890 / 91), 353 (354).

6 PrOVGE 18, 302 (317 ff.); PrOVG PrVBl. 12 (1890 / 1891), 209 (210); PrOVGE 21, 411 (414); PrOVG PrVBl. 17 (1895 / 96), 431; ebenso PrOVG PrVBl. 10 (1888 / 89), 8 (9), wo aber die tatsächlichen Voraussetzungen einer solchen Gefahr nicht vorlagen.

7 PrOVGE 23, 268 (269); noch deutlicher das Erkenntniß vom 25.1.1906, abgedruckt bei *Gossrau / Stephany / Conrad / Dürre* 50 234, das es ausdrücklich ablehnt, aus § 10 II 17 ALR einen Schutz mit dem Ziel herzuleiten, einen herz- und nervenkranken Menschen vor einer Steigerung seines krankhaften Zustandes zu bewahren.

8 PrOVGE 49, 299 (303).

9 PrOVGE 23, 268 (269); PrOVG PrVBl. 15 (1893 / 94), 586; PrOVG PrVBl. 21 (1899 / 1900), 245; PrOVG GewArch. 4 (1905), 5; PrOVG PrVBl. 36 (1914 / 15), 411.

10 PrOVG GewArch. 27 (1930), 521 (523 f.).

11 PrOVG PrVBl. 39 (1917 / 18), 90 (93); PrOVG PrVBl. 48 (1926 / 27), 379 f.

12 PrOVG PrVBl. 47 (1925 / 26), 224; ähnlich PrOVG GewArch. 27 (1930), 521 (523) und PrOVGE 88, 209 (212), wo auf den "Menschen von durchschnittlicher normaler Körper- und Geistesverfassung" bzw. den "durchschnittlich empfindlichen Menschen" abgestellt wird. Anders noch PrOVG PrVBl. 15 (1893 / 94), 586. Eine knappe Zusammenfassung dieser Rechtsprechung bietet das Erkenntniß vom 6.6.1907, abgedruckt bei *Gossrau / Stephany / Conrad / Dürre* 50 238, wonach "der Gerichtshof - abgesehen von besonderen Notständen -, nur solche Geräusche in Betracht gezogen (hat), welche bei Mitberücksichtigung einer, namentlich in den Städten allgemein verminderten Widerstandsfähigkeit, den als normal anzusehenden Gesundheitszustand der zusammenlebenden Menschen zu gefährden geeignet sind".

Leider äußerte sich der 3. Senat nicht dazu, was ihn bewogen hatte, seine ursprüngliche Auffassung aufzugeben. Ein Grund wird aber in der kurz zuvor erfolgten Kritik durch das Sächsische Oberverwaltungsgericht zu sehen sein. Obwohl dieses Gericht den polizeirechtlichen Gefahrbegriff ansonsten in enger Anlehnung an die Rechtsprechung des Preußischen Oberverwaltungsgerichts auslegte,[13] schlug es hier einen anderen Weg ein. Unter ausdrücklicher Nennung der abweichenden Ansicht des Preußischen Oberverwaltungsgerichts lehnte es das Sächsische Oberverwaltungsgericht ab, die Interessen bereits nervöser Personen in die Gefahrenbeurteilung mit einzubeziehen, und zog stattdessen das Empfinden eines normalen Durchschnittsmenschen als Maßstab heran.[14]

Bemerkenswerterweise wurde diese bisher kaum beachtete Judikatur nicht mit genuin polizeirechtlichen Gesichtspunkten begründet, sondern mit dem Hinweis auf zwei Urteile des Reichsgerichts[15] zu § 906 BGB. Das Reichsgericht hatte dort bei der Frage, ob gewisse Immissionen den Grundstückseigentümer nur unwesentlich beeinträchtigten und deshalb von ihm geduldet werden müßten, auf das Empfinden eines normalen Durchschnittsmenschen abgehoben.[16] Das Sächsische Oberverwaltungsgericht übernahm nun die Argumentation des Reichsgerichts, die bereits in den Motiven zu § 906 BGB zu finden ist,[17] und übertrug sie ins Polizeirecht: Nur so lasse sich "für die Entschließung der Polizeibehörde ein objektiver Maßstab gewinnen, während anderenfalls die wechselnden persönlichen Anschauungen und Empfindungen der im einzelnen Falle Beteiligten den Ausschlag geben und die Befolgung auch nur annähernd gleichmäßiger Grundsätze ausschließen würden."[18]

Demnach stellt der soeben beschriebene Wandel in der Rechtsprechung des Preußischen Oberverwaltungsgerichts nicht zuletzt eine Annäherung an den Standpunkt des Sächsischen Oberverwaltungsgerichts - und damit an den des

---

13 *von der Groeben*, S. 444 m.w.N.

14 SächsOVG Jahrb. 10, 24 (27 f.); seit dieser Entscheidung ständige Rechtsprechung, z.B. SächsOVG Jahrb. 20, 218; SächsOVG Jahrb. 29, 132 (134).

15 DJZ 9, 407 und JW 33 (1904), 384.

16 Ähnlich bereits RG SeuffArch. 45 Nr. 240; RG SeuffArch. 52 Nr. 146; diese Rechtsprechung wurde später vom Bundesgerichtshof bestätigt (vgl. BGH NJW 1958, 1393; BGH NJW 1959, 1632; zuletzt BGHZ 111, 63 <65> m.w.N.). Vor den genannten Entscheidungen des Reichsgerichts hatte bereits vor allem *Jhering*, JherJb. 6 (1863), 81 (113 ff.) auf die "gewöhnliche Empfänglichkeit" des von Immissionen betroffenen Nachbarn abgestellt und ausgeführt, daß das Recht auf die Empfindlichkeit kranker oder ungewöhnlich sensitiver Personen keine Rücksicht nehmen könne (weitere Nachweise aus der zivilrechtlichen Literatur des letzten Jahrhunderts bei *Palmer*, S. 46 ff.).

17 Motive zu dem Entwurfe eines Bürgerlichen Gesetzbuches für das Deutsche Reich, S. 267.

18 SächsOVG Jahrb. 10, 24 (27); diese Formulierung klingt wie eine direkte Entgegnung auf das Urteil des Preußischen Oberverwaltungsgerichts aus dem Jahre 1895, wonach bei der Beurteilung der Gefährlichkeit eines Geräusches auch "das subjektive Empfinden der Anwohner" zu berücksichtigen sei (PrVBl. 16 <1894 / 95>, 298).

Reichsgerichts - dar. Eine gewisse Divergenz zwischen den beiden Oberverwaltungsgerichten blieb allerdings insofern bestehen, als das sächsische die Berücksichtigung nervöser Personen generell ablehnte, während das preußische ein gewisses Maß an derartiger Empfindlichkeit als normal bezeichnete und so in den Schutzbereich des § 10 II 17 ALR einbezog.

3. Die Lokalisierung des Gefahrbegriffs (3. Phase)

An den beschriebenen Umschwung in der Judikatur des Preußischen Oberverwaltungsgerichts schloß sich ab etwa 1925 eine dritte Phase an, die recht anschaulich als "Lokalisierung des Gefahrbegriffs"[19] bezeichnet worden ist. Das Oberverwaltungsgericht begann nämlich damit, das Vorliegen einer Gefahr "je nach Lage der örtlichen Verhältnisse" zu beurteilen.[20] So führte es zu dem überaus illustrativen Fall, in dem sich Nachbarn über eine Schweinehaltung beschwert hatten, aus: Der von Schweinedung ausgehende Gestank sei in ländlichen Gebieten üblich und deshalb in der Regel zu dulden; etwas anderes müsse jedoch wegen der andersartigen Nutzung und der größeren Wohndichte in Städten gelten.[21]

Dieser letzte Entwicklungsschritt hatte seinen Grund nicht zuletzt in der Anerkennung der durchschnittlichen Empfindlichkeit als Beurteilungskriterium. Damit ergab sich nämlich zwangsläufig das Problem der Bezugsgröße, an deren Durchschnitt der konkrete Fall zu messen ist. Immerhin kann es von entscheidender Bedeutung sein, ob man beispielsweise die Mittelwerte der Gesamtbevölkerung heranzieht oder sich auf die (u.U. wesentlich höher oder niedriger liegenden) der gerade betroffenen Personengruppe beschränkt.[22]

Die soeben beschriebene Lokalisierung des Gefahrbegriffs findet unter dem Stichwort "differenziert objektiv-subjektiver Maßstab"[23] eine Parallele in der Rechtsprechung des Reichsgerichts zum privaten Nachbarrecht. Danach erhält das objektive Kriterium der durchschnittlichen Empfindlichkeit insoweit einen "subjektiven" Einschlag, als die besonderen örtlichen Verhältnisse mit-

---

19 *Böttger*, JW 1930, 2475 (2476).

20 PrOVG JW 1929, 1161; PrOVGE 85, 272 (275 f.) = JW 1930, 2475 (2476 f.); PrOVG Ru-PrVBl. 51 (1930), 501; ähnlich bereits PrOVG PrVBl. 47 (1925 / 26), 224; PrOVG PrVBl. 48 (1926 / 27), 379 (380).

21 PrOVGE 85, 272 (275 f.).

22 Dieser Zusammenhang wird z.B. deutlich in PrOVG PrVBl. 47 (1925 / 26), 224 (Geräusche in einer Gegend, die überwiegend von einer werktätigen Bevölkerung bewohnt wird).

23 So Münchener Kommentar-*Säcker*, § 906 Rdnr. 26 f.

berücksichtigt werden müssen.[24] Es wird also abgestellt auf den Durchschnittsbenutzer des betroffenen Grundstücks in seiner konkreten Beschaffenheit und Zweckbestimmung.[25]

Die unverkennbare Übereinstimmung in der Judikatur der beiden Gerichte bis hin zur Wortwahl legt die Vermutung nahe, daß auch die zweite Fortentwicklung des Gefahrbegriffs durch das Preußische Oberverwaltungsgericht auf die ältere Rechtsprechung des Reichsgerichts zurückzuführen ist.[26]

4. Zusammenfassende Würdigung

Wie der vorstehende Überblick gezeigt hat, ist der Schutz überdurchschnittlich empfindlicher Menschen durch die Verfeinerung des Gefahrbegriffs in der Rechtsprechung des Preußischen Oberverwaltungsgerichts zunehmend eingeschränkt worden.[27]

Die zusammenfassende Betrachtung dieser Rechtsprechung ergibt noch einen weiteren wichtigen Aspekt. Nimmt man die Sachverhalte in Augenschein, über die das Preußische Oberverwaltungsgericht zu entscheiden hatte, so präsentiert sich ein buntes, zugleich aber doch recht harmloses Bild von der Lebenswirklichkeit. Da ging es beispielsweise um einen krähenden Hahn[28], ei-

---

24 RG SeuffArch. 52 Nr. 146; für § 906 BGB a.F. bestätigt durch RG JW 1904, 143 und BGH NJW 1958, 1393, für § 906 Abs. 1 BGB n.F. zuletzt durch BGHZ 111, 63 (65) m.w.N.

25 So BGH NJW 1958, 139. Dieser objektiv-subjektive Maßstab, der bereits bei *Jhering*, JherJb. 6 (1863), 81 (115 f.) angelegt ist, wird auch von der neueren zivilrechtlichen Literatur vertreten (vgl. statt vieler Palandt-*Bassenge*, § 906 Rdnr. 17; Münchener Kommentar-*Säcker*, § 906 Rdnr. 26 ff. m.w.N.). Kritisch äußert sich jedoch neuerdings *Gerlach*, S. 54, 69 f., 184 ff. mit der Forderung, gruppenmäßige Empfindlichkeiten bei Menschen auch dann zu berücksichtigen, wenn sie nicht besonders konzentriert in Kindergärten, Schulen oder Altersheimen auftreten. Für Sachgüter gewährt der Bundesgerichtshof nunmehr einen sehr weitgehenden Schutz: Da es auf die tatsächliche Zweckbestimmung des Grundstücks ankomme, seien auch besonders störanfällige Anpflanzungen geschützt (BGHZ 90, 255 <260 f.>). Dies führt allerdings zu der merkwürdigen Konsequenz, daß solche Pflanzen besser geschützt sind als besonders empfindliche Menschen, bei denen durch das Kriterium des "Durchschnittsbenutzers" Einschränkungen vorgenommen werden.

26 Diese Parallelen setzen sich bis in die heutige Rechtsprechung fort, die die Begriffe der "wesentlichen Beeinträchtigung" (§ 906 BGB) und der "erheblichen Belästigung" in § 3 Abs. 1 BImSchG als identisch ansieht (vgl. BGHZ 111, 63 <65 f.> und BVerwGE 81, 197 <199 f.> - Tegelsbarg). Dagegen allerdings etwa *Papier*, S. 134 f. und *Koch*, S. 44 f.

27 A.A. *Lassally*, S. 154 f., der eine zunehmende Stärkung der Interessen der betroffenen Personengruppen feststellen will; er verkennt jedoch, daß in der Berücksichtigung eines stark erhöhten Maßes an Nervosität bei Großstadtbewohnern im Jahre 1929 kein Abweichen von der bisherigen Judikatur zu sehen ist, sondern die konsequente Anwendung der bekannten Grundsätze: Die erhöhte Nervosität bedurfte nach Ansicht des Preußischen Oberverwaltungsgerichts des polizeilichen Schutzes, weil "dieser Zustand ... als der derzeitige Normalzustand anzusehen ist" (GewArch. 27 <1930>, 521 <524>).

28 PrOVG RuPrVBl. 51 (1930), 501.

nen bellenden Hund[29], eine ratternde Nähmaschine[30] oder einen stinkenden Komposthaufen[31]. Diese Fälle relativ geringer Lärm- und Geruchsbelästigungen liegen ausnahmslos an der unteren Schwelle einer möglichen polizeilichen Gefahr. Deshalb wird zu erörtern sein, ob man das Kriterium der durchschnittlichen Empfindlichkeit so verallgemeinern kann, wie dies heute in Rechtsprechung und Literatur geschieht. Diese Frage stellt sich insbesondere im Atom- und Immissionsschutzrecht, wo es um Gefahren von gänzlich anderem Ausmaß geht.

II. Die Literatur vor 1933

Mit der letzten der geschilderten drei Phasen in der Rechtsprechung des Preußischen Oberverwaltungsgerichts war die Entwicklung des Dogmas von der durchschnittlichen Empfindlichkeit weitgehend abgeschlossen. Die polizeirechtliche Literatur beschränkte sich schon unter der Geltung des § 10 II 17 ALR und des § 14 Abs. 1 Preußisches Polizeiverwaltungsgesetz (PrPVG)[32] im allgemeinen auf das nachvollziehende Ordnen und Systematisieren dieser Judikatur.[33]

Eine Ausnahme bilden allerdings Biermann und W. Jellinek, die - wenn auch mit entgegengesetzter Zielrichtung - Kritik am Oberverwaltungsgericht übten. Während Jellinek[34] auf dem Gebiet der Geräuschbeeinträchtigungen ein mangelndes Verständnis des Gerichtes für die "Feinnervigkeit vieler Menschen" und insbesondere für das Schutzbedürfnis geistig Arbeitender monierte, hielt Biermann[35] die Rücksichtnahme auf nervöse Personen für übertrieben. Zwar überschreite das Preußische Oberverwaltungsgericht mit seiner Ausweitung des Begriffes der Gesundheitsgefährdung nicht die Grenzen des § 10 II 17 ALR. Die durchgreifende Berücksichtigung nervöser Personen mache jedoch "aus unsern Groß- und Fabrikstädten Landörtchen und Kirchhöfe". Denn es gebe nur wenige Dinge, die nervenschwache Personen nicht aufregen würden. Zudem müsse es durch die Praxis des Oberverwaltungsgerichts not-

29 PrOVGE 88, 209 ff.

30 PrOVG PrVBl. 47 (1925 / 26), 224.

31 PrOVG JW 1929, 1161 ff.

32 "Die Polizeibehörden haben im Rahmen der geltenden Gesetze die nach pflichtgemäßem Ermessen notwendigen Maßnahmen zu treffen, um von der Allgemeinheit oder dem einzelnen Gefahren abzuwehren, durch die die öffentliche Sicherheit oder Ordnung bedroht wird" (PrGS 1931, S. 77).

33 Vgl. z.B. *Drews*, S. 10 f.; *Hatschek*, S. 133 f.; *Franzen*, Polizeiverwaltungsgesetz, S. 163, 169 f.; *Friedrichs*, PrVBl. 42 (1920 / 21), 51 (53).

34 S. 135, 438; zustimmend später auch *Brombach*, Polizei-Praxis 1951, 129 (130).

35 S. 39 f.

wendigerweise zu einer unterschiedlichen Handhabung in der polizeilichen Verwaltung kommen, da nur einige Kommunen der Rechtsprechung des Gerichts folgen würden (!). Diese Ungleichheit werde von den Betroffenen als unbillig empfunden werden.

III. Rechtsprechung und Literatur unter der Herrschaft des Nationalsozialismus

Als in den Jahren nach 1933 der nationalsozialistische Staat daranging, auch das Polizeirecht seinen Zwecken dienstbar zu machen, wurde die Geltung der polizeilichen Generalklausel von einem Teil der Literatur zunehmend in Frage gestellt, da sie Ausdruck einer "liberalistischen Staatsauffassung" sei. Dem hielten andere Autoren entgegen, die Generalermächtigung biete genug Spielraum für eine Auslegung nach nationalsozialistischen Prinzipien.[36] Soweit man diesen Weg der Interpretation beschritt, übernahm man die Figur der durchschnittlichen Empfindlichkeit.[37] Es entspreche dem "gesunden Volksgefühl", daß die Polizei nicht allein deswegen eingreifen dürfe, weil bloße Belästigungen von besonders nervösen oder kränklichen Personen als Gefahr empfunden würden.[38]

Diese Überlegung lag ganz auf der Linie der nationalsozialistischen Vorstellungen von den Aufgaben der Polizei. Zwar gewann die Volksgesundheit und insbesondere der Schutz vor Ruhestörungen erheblich an Bedeutung.[39] Andererseits aber wurde der einzelne Mensch zum bloßen Mitglied der Volksgemeinschaft degradiert.[40] Für besonders empfindliche oder kranke Personen war kein Platz. Man befand es für "staatsnotwendig", die "gesunden und lebenskräftigen Volksteile" anders zu behandeln als die "kranken und mit Erbfehlern belasteten ..., die dem Staat kaum von Nutzen sein können".[41]

---

36 Eine Zusammenfassung der Diskussion aus nationalsozialistischem Blickwinkel bietet etwa *Maunz*, S. 53 ff. m.w.N.

37 *Schäfer*, § 14 Anm. 3; *Franzen*, Die Polizei, S. 36; noch ganz im Sinne der rechtsstaatlichen Tradition PrOVG RVBl. 58 (1937), 619 (621). Die Autoren, die die Generalklausel und die mit ihr verbundenen Schranken für die Polizei generell ablehnten, haben sich - soweit ersichtlich - zum Maßstab der durchschnittlichen Empfindlichkeit nicht geäußert.

38 *Koellreutter*, S. 126.

39 Vgl. PrOVG RVBl. 59 (1938), 902 (903); PrOVGE 104, 220 (222); BadVGH DV 17 (1940), 221 mit der Forderung, daß die Volksgemeinschaft im nationalsozialistischen Staat auch vor Belästigungen geschützt werden müsse.

40 Vgl. etwa die Ausführungen bei *Hamel*, S. 387 f.; *Lehmann*, S. 96 ff.

41 *Lauer*, S. 18.

IV. Rechtsprechung und Literatur nach 1945

Nach Inkrafttreten des Grundgesetzes und der einschlägigen Landespolizeigesetze griffen Rechtsprechung und Lehre wieder auf den Gefahrbegriff zurück, wie ihn das Preußische Oberverwaltungsgericht in der Zeit vor dem "Dritten Reich" entwickelt hatte. Dementsprechend bejahen die Verwaltungsgerichte bis heute eine Gefahr nur dann, wenn der normale Bestand an Rechtsgütern bedroht ist.[42]

Ein entsprechendes Bild bietet die neuere polizeirechtliche Literatur, die für ein polizeiliches Eingreifen ebenfalls voraussetzt, daß es einem durchschnittlich empfindlichen Rechtsgut gilt.[43] Obwohl mit dieser Formulierung in erster Linie das Vorgehen zugunsten eines Bürgers mit einer überdurchschnittlich empfindlichen Konstitution ausgeschlossen werden soll, findet sich hin und wieder auch der - praktisch wohl kaum relevante - Hinweis, daß besonders unempfindliche Menschen ebenso als Beurteilungsmaßstab ausschieden.[44] Die danach allein maßgebliche normale Empfindlichkeit bestimmt sich anhand der im Einzelfall vorhandenen Verhältnisse. Im Zusammenhang mit Geräuschbelästigungen werden dabei als Kriterien beispielsweise *Ort* und *Zeit* genannt: Der Lärm in einem Vergnügungsviertel sei anders zu beurteilen als der in der Nähe eines Krankenhauses; ebenso bestehe ein Unterschied zwischen nächtlichen Ruhestörungen und solchen am Tage.[45]

In letzter Zeit sind zwar auch gewisse Zweifel an dieser Lehre geäußert worden. Die betreffenden Autoren sehen sich jedoch nicht zu grundsätzlichen Korrekturen veranlaßt. So wendet Adamaschek[46] zwar ein, daß kaum mit objektiver Verbindlichkeit beurteilt werden könne, was als "normaler Bestand" zu bezeichnen sei. Sie hält dies aber zumindest unter verfassungsrechtlichen Gesichtspunkten für hinnehmbar. Möller und Wilhelm wollen nur in Ausnah-

---

42 VGH BadWürtt ESVGH 24, 213 (215) - Bauordnungsrecht; VGH BadWürtt. NJW 1984, 507 (509); OVG Münster OVGE 16, 263 (266) - Gaststättenrecht; siehe auch OLG Köln JMBl. NW 1959, 245 (246); das Bezirksverwaltungsgericht Berlin-Zehlendorf DVBl. 1950, 724 (725) läßt ausdrücklich dahinstehen, ob auf den völlig gesunden Durchschnittsmenschen abzustellen sei oder ob nicht vielmehr ein gewisses Maß an Nervosität berücksichtigt werden müsse, und bezieht sich damit offenbar auf die Differenzen zwischen dem Sächsischen und dem Preußischen Oberverwaltungsgericht (siehe oben S. 28 f.); ähnlich LG Berlin KGJ 47, 374 (378).

43 *Wolff / Bachof* III, § 125 Rdnr. 18 und 21; *Drews / Wacke / Vogel / Martens*, S. 222 f.; *Scholler / Broß*, S. 125; *Schenke*, Rdnr. 28 und 32; *Friauf*, S. 223; *Rietdorf / Heise / Böckenförde / Strehlau*, § 1 OBG Rdnr. 5 f. und 9 f.; *Ule / Rasch*, § 1 MEPolG Rdnr. 30 und 31 a; *Dröge*, S. 13 ff.; *Hansen-Dix*, S. 23 ff. und 29 f.; *Schröder*, S. 98; *Franßen*, S. 213; *Lukes / Feldmann / Knüppel*, S. 114 f.; *Brombach*, Polizei-Praxis 1951, 129 (130); *Ipsen*, DVBl. 1952, 649 (653); *Martens*, DVBl. 1981, 597 f.

44 *Ule / Rasch*, § 1 MEPolG Rdnr. 31 a; *Dröge*, S. 13.

45 *Drews / Wacke / Vogel / Martens*, S. 222; *Wolff / Bachof* III, § 125 Rdnr. 21; *Rietdorf / Heise / Böckenförde / Strehlau*, § 1 OBG Rdnr. 10; *Dröge*, S. 13 f.

46 S. 104 ff. und S. 108 f.

mefällen vom Maßstab der durchschnittlichen Empfindlichkeit abweichen, etwa "wenn Lärm von einer grundsätzlich noch hinzunehmenden Stärke den Zustand eines Kranken tatsächlich gefährdet".[47] Dies gebiete der hohe Rang der Schutzgüter Leben und Gesundheit.

B. Immissionsschutzrecht

I. Gewerbeordnung

Obwohl spätestens seit dem Beginn des 19. Jahrhunderts die gewerbliche Tätigkeit mit stark anwachsenden Umweltbelastungen verbunden war, konnte die Polizei gegen Lärm und Luftverunreinigungen lange Zeit nur unter den strengen Voraussetzungen der Generalklausel des § 10 II 17 ALR einschreiten.[48] Erst die Preußische Allgemeine Gewerbeordnung von 1845[49] und die Gewerbeordnung für den Norddeutschen Bund von 1869[50] führten eine Genehmigungspflicht für bestimmte gewerbliche Anlagen ein und eröffneten die Möglichkeit, nicht nur bei Gefahren, sondern auch bei zu erwartenden erheblichen Belästigungen und Nachteilen die Genehmigung zu versagen.

Diese Ausdehnung des Schutzbereichs kam allerdings den besonders empfindlichen Rechtsgütern nicht zugute. Sowohl die Gefahr als auch die Erheblichkeit von Belästigungen wurden nach dem im allgemeinen Polizeirecht entwickelten Maßstab der durchschnittlichen Empfindlichkeit beurteilt.[51]

II. Bundes-Immissionsschutzgesetz

1. Schutzgrundsatz (§ 5 Abs. 1 Nr. 1 BImSchG)

Als das Bundes-Immissionsschutzgesetz im Jahre 1974 die Regelungen der §§ 16 ff. Gewerbeordnung ablöste, übernahm es die dort verwandte Trias "Gefahren - erhebliche Nachteile - erhebliche Belästigungen" und faßte sie unter dem immissionsschutzrechtlichen Zentralbegriff[52] der "schädlichen Umwelt-

---

47 *Möller / Wilhelm*, S. 30.

48 Hierzu und zum folgenden der instruktive Überblick bei *Wolf*, S. 41 ff.

49 PrGS 1845, S. 41 ff.

50 BGBl. 1869, S. 245 ff.; 1871 für das gesamte Deutsche Reich übernommen.

51 BVerwG Buchholz 451.20 § 16 GewO Nr. 2, S. 3 (4); VGH BadWürtt VRspr. 11, 739 (740); *Bäck / Hoffmann / Janssen / Vollmer*, § 18 Erl. II 1 a; *Rohlfing / Kiskalt / Wolff*, § 16 Anm. 1 a; *Plischka*, S. 104.

52 So *Feldhaus*, § 3 BImSchG Anm. 6.

einwirkungen" (§ 3 Abs. 1 BImSchG) zusammen. Gem. § 6 Nr. 1 und § 5 Abs. 1 Nr. 1 BImSchG setzt die Erteilung einer Genehmigung voraus, daß solche Umwelteinwirkungen nicht hervorgerufen werden können (Schutzgrundsatz).

Die Grenzen zwischen Gefahren sowie erheblichen Nachteilen und Belästigungen verlaufen mitunter fließend.[53] Unter Belästigungen sind Beeinträchtigungen des körperlichen und seelischen Wohlbefindens zu verstehen, die noch nicht zu einem Gesundheitsschaden führen. Von der Gefahr unterscheiden sie sich also durch die geringere Intensität.[54] Als Nachteil wird die Beeinträchtigung bloßer Interessen bezeichnet, mit der keine unmittelbare Verletzung eines Rechtsgutes verbunden ist. Typische Beispiele sind etwa Vermögenseinbußen.[55]

Auch wenn § 3 Abs. 1 BImSchG das Erheblichkeitskriterium nur im Zusammenhang mit Nachteilen und Belästigungen ausdrücklich nennt, spielt es doch bei der Gefahr gleichfalls eine Rolle: Unerhebliche Beeinträchtigungen eines Rechtsgutes stellen noch keinen Schaden dar.[56] Die Grenze der Erheblichkeit wird zumeist danach bestimmt, was für das im Einwirkungsbereich liegende Gebiet zumutbar ist.[57] Hieraus lassen sich zwei Schlußfolgerungen ziehen. Zum einen richtet sich die Zulässigkeit der Immissionen nach Charakter und Zweckbestimmung der jeweiligen Umgebung.[58] Entscheidend sind dabei die bebauungsrechtliche Prägung der Situation und die tatsächlichen oder planerischen Vorbelastungen.[59] Zum anderen eröffnet das Kriterium der Zumutbarkeit die Möglichkeit einer Abwägung zwischen den widerstreitenden

---

53 Zur Notwendigkeit der Abgrenzung vgl. *Hansen-Dix*, S. 84; die rechtliche Bedeutsamkeit einer solchen Grenzziehung wird sich gerade im Hinblick auf die hier untersuchte Problematik noch erweisen.

54 *Jarass*, § 3 Rdnr. 17; *Landmann / Rohmer / Kutscheidt*, § 3 BImSchG Rdnr. 13; *Murswiek*, in: Kimminich / v. Lersner / Storm, Band I Sp. 194 f.

55 *Murswiek*, in: Kimminich / v. Lersner / Storm, Band II Sp. 18 f.; *Feldhaus*, § 3 BImSchG Anm. 8; *Hansen-Dix*, S. 119 f.

56 *Jarass*, DVBl. 1983, 725 (728); *Landmann / Rohmer / Kutscheidt*, § 3 BImSchG Rdnr. 10; *Feldhaus*, § 3 BImSchG Anm. 7.

57 BVerwGE 50, 49 (55); *Landmann / Rohmer / Kutscheidt*, § 3 BImSchG Rdnr. 14; *Ule / Laubinger*, § 3 Rdnr. 4; *Jarass*, DVBl. 1983, 725 (729). Kritisch - neben *Ziegler*, BayVBl. 1986, 692 ff. - vor allem *Murswiek*, S. 302 ff., 318 ff. Er bricht diese Gleichsetzung von Erheblichkeit und Unzumutbarkeit auf und zieht dem Erheblichkeitskriterium zwei äußere Grenzen: Nach unten hin scheide dieser Begriff Beeinträchtigungen mit Bagatellcharakter aus, die zu dulden seien; nach oben werde die Schwelle der Erheblichkeit immer dann erreicht, wenn die Beeinträchtigungen (vor allem bei Gesundheitsgefahren) unzumutbar seien. Zwischen diesen Polen entscheide die Verwaltung nach pflichtgemäßem Ermessen über die Anlagengenehmigung (*Murswiek*, S. 310 ff.). Dieses - hier nur in aller Kürze skizzierte - Modell eines Luftbewirtschaftungsermessens hat aber bislang keine Befürworter gefunden (ablehnend etwa *Kraft*, S. 80 f.; *Trute*, S. 281 ff.).

58 *Jarass*, DVBl. 1983, 725 (729 f.); *Landmann / Rohmer / Kutscheidt*, § 3 BImSchG Rdnr. 15 f.; ausführlich *Berkemann*, S. 82 ff.

59 BVerwG DVBl. 1977, 770 (771 f.); *Jarass*, § 3 Rdnr. 29.

Interessen.[60] Eine solche Abwägung verbietet sich allerdings, soweit es um drohende Gesundheitsbeeinträchtigungen geht: Sie sind immer als erheblich und damit als Schaden im Sinne des Gefahrbegriffs anzusehen.[61]

Diese berechtigte Betonung des Gesundheitsschutzes hindert die ganz herrschende Auffassung jedoch keineswegs daran, den Maßstab der durchschnittlichen Empfindlichkeit nicht nur bei der Erheblichkeit von Nachteilen und Belästigungen anzuwenden,[62] sondern auch im Rahmen des Gefahrbegriffs besonders empfindliche Personen und Sachgüter vom Schutz auszuschließen.[63]

Bei genauerem Hinsehen ist allerdings ein gewisses Unbehagen an dieser rigorosen Haltung festzustellen. Dies drückt sich freilich meist nicht in grundsätzlicher Kritik aus. Man geht vielmehr zunächst vom Maßstab des "normalen Rechtsgüterbestandes" aus, um dann durch einschränkende Zusätze Korrekturen im Einzelfall vorzunehmen. So spricht sich Feldhaus[64] zwar dafür aus, bei der Beurteilung von Störungen benachbarter Betriebe auf die Empfindlichkeit eines normalen Betriebes dieser Art abzustellen. Er will jedoch etwas anderes gelten lassen, falls der Betrieb öffentlichen Interessen dient: Auf Grund einer sachgerechten Abwägung der Interessen sei hier grundsätzlich jede Störung erheblich, selbst wenn der Betrieb besonders störanfällig sei. Von dieser Privilegierung sollen beispielsweise Heilanstalten, Kliniken, Universitätsinstitute sowie Rundfunk- und Fernsehstudios profitieren.

An anderer Stelle findet sich der - offenbar auf die Erheblichkeit von Belästigungen beschränkte - Vorbehalt, daß eine besondere Empfindlichkeit zur

---

60 BVerwGE 69, 37 (43 f.); BVerwGE 79, 254 (260); BVerwGE 81, 197 (200) - Tegelsbarg; *Kutscheidt*, S. 245; *Sellner*, Immissionsschutzrecht, Rdnr. 27; *Feldhaus*, DVBl. 1979, 301 (304 ff.) m.w.N.; a.A. *Baltes*, BB 1978, 130 (133); *Koch*, S. 42 ff.

61 BayVGH Feldhaus ES BImSchG § 17-1, S. 6; *Landmann / Rohmer / Hansmann*, Nr. 2.2.1.3 TA Luft Rdnr. 18 f.; *Jarass*, § 3 Rdnr. 26; *Kutscheidt*, S. 246. Ähnliche Grenzen ergeben sich freilich bei Gefahren für Sachgüter: Auch hier ist der Gefahrbegriff nicht für eine freie Güterabwägung offen; vgl. einstweilen *Lübbe-Wolff*, NVwZ 1986, 178 (182) und ausführlicher unten S. 144 f.

62 Vgl. außer der auf S. 14 Fn. 11 genannten Entscheidung BayVGH BayVBl. 1986, 690; OVG Lüneburg NVwZ 1991, 801 (802); VG Hannover AgrarR 1977, 100; *Landmann / Rohmer / Kutscheidt*, § 3 BImSchG Rdnr. 10; *Bender / Sparwasser*, Rdnr. 286; *Hoppe / Beckmann*, § 25 Rdnr. 15; *Schmidt / Müller*, S. 49; *Schlabach*, in: Peters / Schenk / Schlabach, Rdnr. II / 14 f.; *Kutscheidt*, S. 248; *Papier*, S. 139; *Marburger*, Ausbau des Individualschutzes, C 55 f.; ebenso Nr. 1.1.4 des Gem. RdErl. des nordrhein-westfälischen Ministers für Umwelt, Raumordnung und Landwirtschaft ... vom 19.11.1987 (MBl. NW. S. 1822) und die Hinweise des Länderausschusses für Immissionsschutz, NVwZ 1988, 135.

63 Außer dem Nachweis auf S. 14 Fn. 10 BVerwG DVBl. 1991, 880 (882); *Hansen-Dix*, S. 126; *Schröder*, S. 114 f., 117 f.; *Markou*, S. 66; *Murswiek*, S. 292 Fn. 7; *Sellner*, Immissionsschutzrecht, Rdnr. 27; *Hanning / Schmieder*, DB 1977 Beilage Nr. 14, 1 (14 mit Fn. 120); *Martens*, DVBl. 1981, 597 (598 f.); *Hansmann*, DVBl. 1981, 898 f.

64 § 3 BImSchG Anm. 7 und 10.

gesteigerten Rücksichtnahmepflicht des Emittenten führen könne, soweit der Betroffene nicht in der Lage sei, sich selbst ausreichend zu schützen.[65]

Den Fall einer möglicherweise besonders empfindlichen Bierproduktion nahm der Bayerische Verwaltungsgerichtshof zum Anlaß für eine weitere wesentliche Modifikation. Er stellte zunächst klar, Anliegen des Bundes-Immissionsschutzgesetzes sei "eben nicht nur der Schutz der Allgemeinheit oder einer mehr oder weniger abstrakten Durchschnittsnachbarschaft, sondern der Schutz jedes einzelnen individuellen Nachbarn, sofern die Einwirkung auf ihn nur 'erheblich' im Sinne des Gesetzes ist".[66] Da die Erheblichkeit / Zumutbarkeit von Beeinträchtigungen sich nach Charakter und Zweckbestimmung der jeweiligen Umgebung richtet,[67] kommt es nach Auffassung des Bayerischen Verwaltungsgerichtshofs darauf an, "ob der konkret betroffene, besonders empfindliche Betrieb als solcher für den engeren Bereich, dem er angehört, seinerseits von (mit-)prägendem Einfluß ist". In dem Urteil heißt es dann weiter: "Ist der Betrieb in diesem Sinn nach Art und Gewicht für den Gebietscharakter mitbestimmend, so müssen seine Existenz und seine Eigenart logischerweise auch mit relevant sein für die Frage, was in diesem Gebiet an Umweltbelastung, insbesondere an Einwirkungen auf den fraglichen Betrieb, hinnehmbar und zulässig ist".[68] Besonders empfindliche Rechtsgüter sind also danach insoweit geschützt, als sie die engere Umgebung mitprägen.

Nicht ganz so weitreichende Konsequenzen bringt eine andere Einschränkung mit sich, die die im Polizeirecht vollzogene "Lokalisierung des Gefahrbegriffs"[69] lediglich verfeinert und den heutigen Verhältnissen anpaßt. Während sich das Preußische Oberverwaltungsgericht noch mit der bloßen Bezugnahme auf die "örtlichen Verhältnisse" begnügen konnte, erfordert das seitdem angewachsene Wissen um die Wirkungsweise von Umwelteinwirkungen im Immissionsschutzrecht eine erheblich differenziertere Sicht. Das betrifft vor allem die Frage, wie weit diejenige Gruppe von Menschen, Tieren oder Pflanzen zu fassen ist, deren Durchschnittswerte der Maßstab für die Beurteilung des konkreten Falles sein sollen.

Dies sei an dem viel diskutierten Fall sehr empfindlicher Gladiolen[70] demonstriert. Man kann zunächst auf die durchschnittliche Empfindlichkeit aller im Einwirkungsbereich eines Emittenten vorhandenen Pflanzen abstellen.

---

65 *Schmatz / Nöthlichs / Weber*, § 3 BImSchG Erl. 11 m.w.N.; welche konkreten Rechtsfolgen in solchen Fällen aus der Rücksichtnahmepflicht abzuleiten sein sollen, bleibt allerdings offen.

66 BayVGH Feldhaus ES BImSchG § 17-1, S. 7 f.

67 Siehe oben S. 35.

68 BayVGH Feldhaus ES BImSchG § 17-1, S. 8; ebenso *Jarass*, § 3 Rdnr. 29.

69 Siehe oben S. 29.

70 Vgl. einerseits OVG Hamburg DVBl. 1975, 207 (209 f.) - Reynolds und andererseits *Ule / Laubinger*, § 5 Rdnr. 3.

Weiterhin könnte man die dort in der Mehrzahl vorkommenden Pflanzen als Anhaltspunkt ansehen; dann müßten unter Umständen niedrigere Grenzwerte festgelegt werden. Schließlich besteht auch die Möglichkeit, sich an der durchschnittlichen Anfälligkeit der empfindlichsten am Standort vorhandenen Pflanzen auszurichten; in diesem Fall würden die besonders empfindlichen Gladiolen zu den geschützten Pflanzen gehören.

Welchen der geschilderten Wege man beschreitet, soll nach Ansicht von Hansen-Dix[71] im Rahmen einer Wertung der betroffenen Interessen entschieden werden. Dabei sei das Gewicht des zu schützenden Rechtsguts und der ihm drohenden Verletzung zu beachten. Bei der Beeinträchtigung von Leben oder Gesundheit von Menschen soll in Anbetracht der Hochrangigkeit dieser Rechtsgüter auf den Durchschnitt der jeweils empfindlichsten Gruppe (Kleinkinder, Schwangere usw.) abgehoben werden.

Zu einem ähnlichen Ergebnis gelangt schließlich Ziegler[72], der auch überdurchschnittlich geräuschempfindliche Personen schützen möchte. Lediglich außergewöhnlich empfindliche Menschen könnten keinen vollen Lärmschutz verlangen.[73]

Auch wenn diese Einschränkungen mit Ausnahme der letztgenannten auf gängige immissionsschutzrechtliche Erwägungen (Erheblichkeit, Ortsüblichkeit, Interessenabwägung, Rücksichtnahmepflicht) zurückzuführen sind und somit noch nicht den Rahmen einer herkömmlichen Auslegung des § 5 Abs. 1 Nr. 1 BImSchG sprengen, so sind hier doch Aufweichungstendenzen unverkennbar. Dieser Eindruck beruht nicht zuletzt darauf, daß die geschilderten Überlegungen ganz unterschiedliche Ansätze wählen und deswegen ein recht uneinheitliches Bild vermitteln. Dazu trägt dann sicher auch eine Entscheidung wie der soeben kurz angeschnittene Beschluß des OVG Hamburg bei, in dem ohne weitere Erklärungen sogar "sehr empfindliche Pflanzen" (Gladiolen) in den Schutzbereich des Bundes-Immissionsschutzgesetzes einbezogen wurden.[74]

Neben dieser eher versteckten Vielfalt an Meinungen, die den Maßstab der durchschnittlichen Empfindlichkeit nicht grundsätzlich in Zweifel ziehen, gibt es hier aber - anders als im Polizeirecht - auch entschieden kritische Stimmen.

---

71 S. 126 ff.; ebenso *Schröder*, S. 117 f.

72 BayVBl. 1986, 692 (693).

73 Zustimmend *Schenk*, Rdnr. 20. *Ziegler* versteht das "Empfinden eines Durchschnittsmenschen" allerdings anders als die herkömmliche Auffassung; siehe dazu unten S. 58 f.

74 OVG Hamburg DVBl. 1975, 207 (209 f.) - Reynolds; zustimmend *Landmann / Rohmer / Hansmann*, Nr. 2.2.1.3 TA Luft, Rdnr. 26, der zur Begründung auf das Gebot der gegenseitigen Rücksichtnahme verweist; kritisch *Ule / Laubinger*, § 5 Rdnr. 3 m.w.N. und *Breuer*, AöR 101 (1976), 46 (85 ff.); differenzierend *Hansen-Dix*, S. 127 f. und *Lorentz*, S. 195 f.

Sie fordern den Schutz empfindlicher Personen[75] oder besonders schadensanfälliger Pflanzen[76] und bezeichnen es bei Gefahren für die Gesundheit oder gar das Leben als "undenkbar"[77], auf einen Durchschnittsmenschen abzustellen.

2. Vorsorgegrundsatz (§ 5 Abs. 1 Nr. 2 BImSchG)

Einen wesentlichen Fortschritt gegenüber dem polizeirechtlichen Ansatz der Gewerbeordnung stellt die Einführung des Vorsorgegrundsatzes in § 5 Abs. 1 Nr. 2 BImSchG dar. Angesichts des wenig aufschlußreichen Wortlauts dieser Bestimmung ist es allerdings nicht weiter erstaunlich, wenn um den genauen Regelungsgehalt dieses Grundsatzes bis heute intensiv gestritten wird. Dabei stehen sich im wesentlichen zwei Auffassungen gegenüber: Ein Teil der Literatur schreibt § 5 Abs. 1 Nr. 2 BImSchG eine Planungs- und Verteilungsfunktion zu, die Freiräume für zukünftige Nutzungen erhalten oder zurückgewinnen soll.[78] Dieser raumbezogenen Vorsorgevariante wird eine risikobezogene entgegengesetzt, die über die Gefahrenabwehr hinaus verschärfte sicherheitstechnische Anforderungen befürwortet.[79] Spätestens seit dem Urteil des Bundesverwaltungsgerichts zur Großfeuerungsanlagen-Verordnung[80] wird das Vorsorgeprinzip jedoch überwiegend und zu Recht als multifunktionales Gebot verstanden, das diese beiden Ansätze gleichberechtigt nebeneinander bestehen läßt.[81]

Wie der vorangegangene Überblick zur Grundpflicht des § 5 Abs. 1 Nr. 1 BImSchG gezeigt hat, schränken Rechtsprechung und Literatur den Schutz besonders empfindlicher Rechtsgüter erheblich ein. Um die so entstandenen Defizite zu mildern, werden gleich beide Vorsorgevarianten herangezogen. Die raumbezogene Vorsorge soll dafür sorgen, Freiräume für besonders im-

---

75 *Winter*, S. 130.

76 *Lübbe-Wolff*, NVwZ 1986, 179 (182 f.).

77 *Müller-Glöge*, S. 47.

78 So *Feldhaus*, DVBl. 1980, 133 (135 ff.), ihm folgend VGH BadWürtt VBlBW 1982, 176 (177 f.); *Ule / Laubinger*, § 5 Rdnr. 4; *Hansen-Dix*, S. 215 f.; *Murswiek*, S. 341; *Kutscheidt*, S. 251 f.; *Martens*, DVBl. 1981, 597 (602 f.).

79 *Breuer*, Umweltschutzrecht, S. 668; *Lukes*, S. 34 f.; *Schröder*, S. 88 ff.; *Hoppe / Beckmann*, § 25 Rdnr. 36. Dieser Variante ist auch die Ansicht zuzuordnen, die dem Vorsorgegrundsatz das Gebot der Risikominimierung ("so wenig Emissionen wie möglich") entnimmt (*Hansmann*, DVBl. 1981, 898 (902), *Lübbe-Wolff*, S. 182 f. m.w.N.).

80 BVerwGE 69, 37 (42 ff.).

81 *Jarass*, § 5 Rdnr. 26; *Sellner*, Immissionsschutzrecht, Rdnr. 60; *Marburger*, Ausbau des Individualschutzes, C 59 f.; *Trute*, S. 29 ff., 54 ff., 112 ff.; *v. Lersner*, in: Kimminich / v. Lersner / Storm, Band II Sp. 1087 f.; *Hansmann*, NVwZ 1991, 829 (830) jeweils m.w.N.; wohl auch *Sendler*, UPR 1983, 33 (43). Ablehnend hingegen *Reich*, S. 190 f. ("Zweckwirrwarr").

missionsempfindliche Nutzungen und Naturgüter zu erhalten oder zu schaffen.[82] Allein das Vorsorgegebot könne verhindern, daß in wenig belasteten Gebieten die geltenden Immissionsgrenzwerte ausgeschöpft würden und mit dieser Nivellierung regional bestehender Umweltstandards besonders geeignete Lebensräume für immissionsempfindliche Nutzungen verloren gingen.[83]

Auch die risikobezogene Vorsorge versucht die Lücken zu schließen, die die restriktive Auslegung des § 5 Abs. 1 Nr. 1 BImSchG geschaffen hat. Da im Rahmen dieser Vorschrift allenfalls auf typische Risikogruppen Rücksicht genommen wird,[84] sind Gefahren für einzelne besonders empfindliche Personen nicht auszuschließen. Dem soll durch Vorsorgemaßnahmen entgegengewirkt werden.[85] Mit dieser allgemein zu beobachtenden Verlagerung der Problematik besonders empfindlicher Rechtsgüter von der Schutzpflicht auf den Vorsorgegrundsatz sind allerdings beträchtliche Nachteile für die Betroffenen verbunden. Zunächst findet bei der Vorsorge - anders als bei der Gefahrenabwehr (§ 5 Abs. 1 Nr. 1 BImSchG) - eine Abwägung zwischen dem Nutzen der Vorsorgemaßnahmen und deren Kosten für den Anlagenbetreiber statt.[86] Noch größeres Gewicht kommt aber der Tatsache zu, daß dem Vorsorgegrundsatz in § 5 Abs. 1 Nr. 2 BImSchG ganz überwiegend die drittschützende Wirkung abgesprochen wird.[87] Nachbarn können also seine Einhaltung nicht gerichtlich überprüfen lassen.

III. Verwaltungsvorschriften

1. Funktion

Mit Worten wie "schädliche Umwelteinwirkungen" und "Vorsorge" verwendet § 5 Abs. 1 Nr. 1 und 2 BImSchG an zentraler Stelle denkbar unbestimmte Rechtsbegriffe, die dringend der Konkretisierung bedürfen. Hierzu

---

82 *Trute*, S. 116; *Rid / Hammann*, VBlBW 1987, 121 (125).

83 BVerwGE 69, 37 (42 f.); *Rid / Hammann*, VBlBW 1987, 121 (125).

84 Siehe oben S. 38 und ausführlicher unten S. 43 f.

85 *Hansmann*, NVwZ 1991, 829 (830 mit Fn. 12); Länderausschuß für Immissionsschutz - Unterausschuß Recht, S. 2.

86 Zu dieser offenbar unbestrittenen Ausprägung des Verhältnismäßigkeitsgrundsatzes vgl. etwa BVerwGE 69, 37 (44 ff.); *Kutscheidt*, S. 270; *Feldhaus*, DVBl. 1980, 133 (138 f.); ausführlich *Schröder*, S. 144 ff.

87 BVerwGE 65, 313 (320); *Jarass*, § 5 Rdnr. 46; *Sellner*, Immissionsschutzrecht, Rdnr. 61; *Kloepfer*, § 7 Rdnr. 179; *Marburger*, Ausbau des Individualschutzes, C 61 f. jeweils m.w.N. Dagegen jedoch vor allem *Reich*, S. 133 ff. und *Markou*, S. 112 ff.; *Trute*, S. 350 befürwortet eine drittschützende Wirkung der raumbezogenen Vorsorge mit der Begründung, daß diese Vorsorgevariante auf die besonderen Schutzbedürfnisse der Umgebung abstelle und damit einen ausreichenden Individualbezug habe.

sollen in erster Linie sog. "Umweltstandards" beitragen, die durch zwei Elemente gekennzeichnet sind: Zum einen enthalten sie generalisierende sachverständige Aussagen zu den komplexen Wirkungszusammenhängen von Umwelteinwirkungen, mit deren Aufklärung die Genehmigungsbehörden im Einzelfall meist überfordert wären. Zum anderen versuchen die Standards, diese Aussagen auf meßbare Größen zu reduzieren.[88]

Im Immissionsschutzrecht übernehmen vor allem die Verwaltungsvorschriften TA Luft[89] und TA Lärm[90] diese Konkretisierungsarbeit. Beide Technischen Anleitungen geben den Genehmigungsbehörden ein teilweise sehr differenziertes System von Grenz- bzw. Richtwerten an die Hand, die durch nähere Angaben über das Meß- und Berechnungsverfahren ergänzt werden.[91] Sie gehören damit zur Gruppe der von Feldhaus[92] treffend als "wirkungsbezogen" umschriebenen Umweltstandards, die die Grenze nicht mehr zumutbarer Umweltbelastung mittels präzise definierter Größen bestimmen.[93]

Dieser Gewinn an Rechtssicherheit mit Hilfe zahlenmäßiger Festlegungen war allerdings von Beginn an gefährdet durch die fehlende Außenwirkung der Verwaltungsvorschriften, an die die Gerichte grundsätzlich nicht gebunden sind.[94] In seinem vielbeachteten Voerde-Urteil hob das Bundesverwaltungsgericht jedoch hervor, daß die Grenzwerte der TA Luft auf den umfassenden Erkenntnissen und Erfahrungen von Experten verschiedener Fachrichtungen beruhten und deswegen den aktuellen medizinisch-biologischen Wissensstand über die Schädlichkeit von Umwelteinwirkungen wiedergäben. Vorbehaltlich neuerer Erkenntnisse könne somit die TA Luft als "antizipiertes Sachverständigengutachten" auch der gerichtlichen Entscheidung zugrundegelegt werden.[95]

Diese zunächst von Rechtsprechung[96] und Literatur[97] weithin akzeptierte Auffassung wich freilich in der Folgezeit zunehmend der Einsicht, daß die Grenzwerte der Technischen Anleitungen nicht allein Ergebnisse naturwissen-

---

88 *Feldhaus*, UPR 1982, 137 (138 f.); *Steinebach*, Rdnr. 27; *Jarass*, NJW 1987, 1225.

89 Erste Allgemeine Verwaltungsvorschrift zum Bundes-Immissionsschutzgesetz (Technische Anleitung zur Reinhaltung der Luft - TA Luft) vom 27.2.1986 (GMBl. S. 95, ber. S. 202).

90 Allgemeine Verwaltungsvorschrift über genehmigungsbedürftige Anlagen nach § 16 der Gewerbeordnung - Technische Anleitung zum Schutz gegen Lärm (TA Lärm) vom 16.7.1968 (Beilage zum Bundesanzeiger Nr. 137 vom 26.7.1968).

91 Einen gerafften Überblick der wesentlichen Regelungen von TA Luft und TA Lärm bietet *Sellner*, Immissionsschutzrecht, Rdnr. 29 ff. und 35 ff.

92 UPR 1982, 137 (138).

93 Siehe beispielsweise die in Nr. 2.5.1 und 2.5.2 TA Luft 1986 festgelegten Immissionswerte.

94 Vgl. nur BVerfGE 78, 214 (227).

95 BVerwGE 55, 250 (256 ff.) im Anschluß an *Breuer*, DVBl. 1978, 28 (34 ff.).

96 OVG Lüneburg GewArch. 1981, 341 (342); OVG Münster UPR 1984, 277 (278); BayVGH UPR 1982, 97 f. (auch zur TA Lärm).

97 *Jarass*, § 48 Rdnr. 12; *Lukes / Feldmann / Knüppel*, S. 164 f.

schaftlichen Sachverstandes sind. In Anbetracht der vielen ungeklärten naturwissenschaftlichen Fragen[98] müssen vielmehr wertende, politische Entscheidungen über das tolerable Maß an Risiken getroffen werden.[99] Dabei spielt auch eine Rolle, welche Grenzwerte man der Wirtschaft zumuten möchte.[100] Daran sollte die grundsätzliche Verbindlichkeit auch für die Gerichte jedoch nicht scheitern. Der Weg über das "antizipierte Sachverständigengutachten" wurde im Anschluß an die atomrechtliche Wyhl-Entscheidung des Bundesverwaltungsgerichts[101] durch die Figur der "normkonkretisierenden Verwaltungsvorschrift" ersetzt. Erlasse die Exekutive solche Vorschriften, so stehe ihr dabei innerhalb des vom Gesetz bestimmten Rahmens ein "Beurteilungsbereich" zu, der von den Gerichten zu respektieren sei.[102] Da der so konstruierten Bindungswirkung dieselben Grenzen gezogen sind wie dem "antizipierten Sachverständigengutachten", änderte sich durch diese neue Linie im Ergebnis nichts: Weiterhin sollen die Technischen Anleitungen dann unbeachtlich sein, wenn die ihr zugrundeliegenden wissenschaftlichen Annahmen inzwischen überholt sind oder wenn ein atypischer Sachverhalt vorliegt, auf den die generalisierende Verwaltungsvorschrift nicht zugeschnitten ist.[103] Nicht erst die Gerichte, sondern bereits die Genehmigungsbehörden dürfen in diesen Fällen von den vorgesehenen Grenz- bzw. Richtwerten abweichen.[104]

Schien damit die Diskussion um die Bindungswirkung von TA Luft und TA Lärm zu einem vorläufigen Abschluß gekommen zu sein, so wird die dogmatische Konstruktion einer "normkonkretisierenden Verwaltungsvorschrift" neuerdings durch zwei Entscheidungen des Europäischen Gerichtshofs[105] wieder in Frage gestellt. Die TA Luft genügt nach Auffassung des Ge-

---

98 Siehe dazu oben S. 20 ff.

99 OVG Lüneburg OVGE 38, 407 (409 f.) - Buschhaus I; *Murswiek*, S. 375 f.; *Kutscheidt*, NVwZ 1983, 581 (584); *Steinebach*, Rdnr. 29 am Beispiel der Großfeuerungsanlagen-Verordnung. Interessant im hier erörterten Zusammenhang *Feldhaus*, UPR 1982, 137 (144 f. mit Fn. 74 und 76), der als Beispiel eines solchen Wertungsprozesses die Tatsache nennt, daß die Grenzwerte der TA Luft für besonders empfindliche Menschen keinen absoluten Schutz bieten; ähnlich *Hansmann*, S. 299.

100 Siehe oben S. 23.

101 BVerwGE 72, 300 (316 ff.) - Wyhl II.

102 OVG Lüneburg OVGE 38, 407 (409 f.) - Buschhaus I (den Terminus "normkonkretisierende Verwaltungsvorschrift" allerdings noch nicht verwendend); OVG Münster DVBl. 1988, 152 (153 f.); *Breuer*, Umweltschutzrecht, S. 667 f.; *Marburger*, Ausbau des Individualschutzes, C 90 f.; *Sellner*, Immissionsschutzrecht, Rdnr. 47 f. (weitere Nachweise bei *Bender / Sparwasser*, Rdnr. 269 Fn. 36); offengelassen von BVerwG NVwZ 1988, 824 (825). Kritisch *Reich*, S. 157 ff.

103 OVG Lüneburg OVGE 38, 407 (410) - Buschhaus I; *Breuer*, Umweltschutzrecht, S. 667 f.; *Marburger*, Ausbau des Individualschutzes, C 92; *Sellner*, Immissionsschutzrecht, Rdnr. 48; *Jarass*, NJW 1987, 1225 (1230). Noch bezogen auf das "antizipierte Sachverständigengutachten": BVerwGE 55, 250 (258, 261) - Voerde; *Breuer*, DVBl. 1978, 28 (36).

104 Länderausschuß für Immissionsschutz, Umwelt Nr. 73 (1979), 25 (26); *Landmann / Rohmer / Hansmann*, § 48 Rdnr. 7 und Nr. 1 TA Luft Rdnr. 9.

105 NVwZ 1991, 866 ff. und 868 f.

richtshofs nicht den Anforderungen, die an eine innerstaatliche Umsetzung der gemeinschaftsrechtlichen Luftreinhaltungsrichtlinien für Schwefeldioxid/Schwebstaub und Blei zu richten sind. Denn der TA Luft werde in der deutschen Rechtsprechung keine unmittelbare Wirkung gegenüber Dritten zuerkannt. Dies erschwere es dem einzelnen, die Einhaltung der Grenzwerte gerichtlich durchzusetzen, und lasse auch die Immissionsverursacher über den Umfang ihrer Pflichten im Ungewissen.[106] Um diesen Einwänden abzuhelfen, plant die Bundesregierung nunmehr, die Grenzwerte der EG-Richtlinien in einer Rechtsverordnung auf der Grundlage des neugeschaffenen § 48 a BImSchG umzusetzen.[107] Sie würde damit eine Forderung erfüllen, die in der Literatur schon seit langem erhoben wird.[108] Ob damit aber ganz allgemein das Ende der Grenzwertsetzung durch Verwaltungsvorschriften eingeläutet wurde, ist noch nicht absehbar. Da die Umsetzung in eine Rechtsverordnung noch aussteht, liegt der weiteren Darstellung die geltende TA Luft zugrunde.[109]

2. Schutz der überdurchschnittlich empfindlichen Rechtsgüter

Auch im Anwendungsbereich der Technischen Anleitungen spiegelt sich die oben[110] für das Bundes-Immissionsschutzgesetz beschriebene Tendenz wider, den Schutz über den normalen Rechtsgüterbestand hinaus auszudehnen.

a) TA Luft

aa) Berücksichtigung besonders empfindlicher Bevölkerungsgruppen

Zunächst wird unter Berufung auf den unter Art. 2 Abs. 2 GG gewährleisteten Gesundheitsschutz ein Gedanke erneut aufgenommen, der bereits von der Auslegung des Gefahrbegriffs in § 3 Abs. 1 BImSchG her bekannt ist:[111] Die Immissionswerte müßten in den Verwaltungsvorschriften so angesetzt werden, daß besonders empfindliche Bevölkerungs*gruppen* wie Kinder, alte Menschen und Personen, die an häufig auftretenden Krankheiten leiden, in ihrer körper-

---

106 EuGH NVwZ 1991, 866 (867) und 868 f.

107 *Dieckmann*, IUR 1991, 153.

108 *Breuer*, DVBl. 1978, 28 (37 m.w.N.); *ders.*, DVBl. 1978, 598 (601); *Soell*, ZRP 1980, 105 (109); *Marburger*, Ausbau des Individualschutzes, C 92; *Schröder*, S. 253 ff.

109 Ergeben sich allerdings aus der abweichenden Rechtsqualität einer Rechtsverordnung bedeutsame Unterschiede, so wird darauf im folgenden wenigstens kurz hingewiesen.

110 S. 36 ff.

111 Siehe oben S. 38.

lichen Integrität nicht beeinträchtigt würden.[112] Solche Risikogruppen sollen aber nur im Falle von Gesundheitsgefahren Berücksichtigung finden, während es im Rahmen der Erheblichkeit von Belästigungen (§§ 3 Abs. 1, 5 Abs. 1 Nr. 1 BImSchG) offenbar beim Maßstab der durchschnittlichen Empfindlichkeit bleibt.

bb) Einzelfallprüfung gem. Nr. 2.2.1.2 Buchst. a und Nr. 2.2.1.3 TA Luft 1986

Einen besseren Schutz besonders empfindlicher Tiere, Pflanzen und Sachgüter will die Sonderregelung erreichen, die von der TA Luft 1983[113] erstmals eingeführt und in die TA Luft 1986[114] übernommen wurde. Danach findet bei Einwirkungen von Schwefeldioxid, Fluorwasserstoff und anorganischen gasförmigen Fluorverbindungen eine Einzelfallprüfung statt, wenn die Zusatzbelastung, die von der zu genehmigenden Anlage ausgeht, bestimmte Werte überschreitet (Nr. 2.2.1.2 Buchst. a TA Luft).[115] Diese Prüfung erfolgt in zwei Schritten: Zunächst sind die zu erwartenden Luftverunreinigungen festzustellen. Anschließend muß beurteilt werden, ob diese Einwirkungen als schädliche Umwelteinwirkungen für die Allgemeinheit oder die Nachbarschaft anzusehen sind (Nr. 2.2.1.3 Abs. 2 TA Luft). Bei dieser Beurteilung sind einige (sehr allgemein formulierte) Kriterien zu berücksichtigen (Nr. 2.2.1.3 Abs. 3 und 4 TA Luft). Für besonders empfindliche Nutzungen ist hier vor allem das im vierten Spiegelstrich des Absatzes 4 angeführte Gebot zur gegenseitigen Rücksichtnahme im Nachbarschaftsverhältnis von Bedeutung.[116]

Da die Entstehungsgeschichte dieser Vorschriften sehr anschaulich die Probleme verdeutlicht, die bei der rechtlichen Behandlung von überdurchschnittlich empfindlichen Rechtsgütern auftreten, soll sie hier etwas ausführli-

---

112 *Steiger*, S. 35; *Breuer*, in: Protokoll, S. 30, 33 und 92; *Hansmann*, S. 295; *Kutscheidt*, S. 253; *Baltes*, BB 1978, 130 (132); *Schmidt-Aßmann*, AöR 106 (1981), 205 (213 f.), der von diesem Schutz aber ausdrücklich Gesundheitsgefahren für einzelne Personen mit einer besonderen Disposition ausnimmt; ebenso VDI, Richtlinie 2310 Blatt 1 Ziff. 2.7. Wie ein direkter Vergleich zeigt, weichen die genannten Autoren allerdings bei der genauen Definition dieser Risikogruppen voneinander ab; so wollen *Hansmann* und *Baltes* den Schutz kranker Menschen offenbar nicht auf häufig auftretende Krankheiten beschränken.

113 GMBl. S. 94 ff.

114 GMBl. S. 95 ff.

115 Das Grenzwertkonzept der TA Luft ist hier also gerade in einem sehr sensiblen Bereich zugunsten eines weniger wirksamen Zuwachswertkonzepts aufgegeben worden (*Lübbe-Wolff*, S. 178 f. mit weiteren kritischen Anmerkungen); auch *Wolf*, S. 198 ff. äußert erhebliche Zweifel an der Effektivität dieser Regelung.

116 Dazu *Landmann / Rohmer / Hansmann*, Nr. 2.2.1.3 TA Luft Rdnr. 26.

cher dargestellt werden.[117] Noch im Jahre 1976 hatte der Bundesinnenminister im Verfahren um das Steinkohlekraftwerk Voerde vor dem OVG Münster erklärt, daß "der Schutz des jeweils empfindlichsten (!) Partners (Mensch, Tier, Pflanze) für die Festlegung der einzelnen Immissionswerte in Nr. 2.4 TA Luft bestimmend" gewesen sei.[118] Bereits eine Sachverständigenanhörung im Februar 1978[119] ergab jedoch, daß die Grenzwerte für bestimmte Schadstoffe im Hinblick auf empfindliche Pflanzen, Tiere und andere Sachgüter nicht ausreichend seien.[120] Auch gesundheitliche Beeinträchtigungen von besonders anfälligen Menschen könnten nicht ausgeschlossen werden.[121]

Diesen Erkenntnissen versuchte die Bundesregierung in Entwürfen zur Änderung des Bundes-Immissionsschutzgesetzes und der TA Luft[122] Rechnung zu tragen. In der geplanten Gesetzesneufassung war u.a. die Einfügung eines § 6 a Abs. 1 S. 1 BImSchG vorgesehen, der die Verweisung auf Grenzwerte einer zukünftigen TA Luft enthielt. Bei Einhaltung dieser Werte war davon auszugehen, daß insoweit keine schädlichen Umwelteinwirkungen entstünden. Diese gesetzliche Vermutung konnte jedoch widerlegt werden, wenn entweder "wegen der besonderen Umstände des Einzelfalles ... Gefahren für die menschliche Gesundheit hervorgerufen werden" (§ 6 a Abs. 1 S. 2 Nr. 1 BImSchG[123]) oder wenn "der Standort der Anlage außerhalb eines nach § 44 Abs. 2 festgesetzten Gebiets liegt und der vorhandene Bestand von Tieren, Pflanzen oder anderen Sachen wesentlich beeinträchtigt wird" (§ 6 a Abs. 1 S. 2 Nr. 2 BImSchG[124]).

Von besonderem Interesse für die vorliegende Problematik ist die amtliche Begründung zu der vorgeschlagenen Neuregelung. Die Bundesregierung sah zwar unter Berufung auf die erwähnte Sachverständigenanhörung den Schutz der menschlichen Gesundheit auch bei Risikogruppen wie Kranken, Schwan-

---

117 Vgl. zum folgenden die detaillierten Angaben bei *Elsner*, NuR 1983, 223 ff.; siehe auch *Feldhaus*, UPR 1987, 1 (3).

118 Zit. nach *v. Holleben*, GewArch. 1977, 45 (47). Diese Auffassung machte sich auch das Bundesverwaltungsgericht in der Revisionsentscheidung zu eigen (BVerwGE 55, 250 <258 ff.>); dazu kritisch *Wolf*, S. 372.

119 Siehe dazu bereits oben S. 24 f.

120 Siehe insbesondere *Wentzel*, S. 36 f. (Schwefeldioxid), der betonte, daß dies schon im Jahre 1974 bekannt gewesen sei, und damit die eben zitierte Äußerung des Bundesinnenministers sehr fragwürdig erscheinen läßt; *Guderian*, S. 41 (Schwefeldioxid); *Wentzel* und *Guderian*, S. 68 ff., 71 ff. (Fluorwasserstoff); alle Zitate in: Umweltbundesamt, Grundlagen.

121 Vgl. etwa *Schlipköter*, S. 180 (Schwefeldioxid); *Winneke*, S. 185 f. (Kohlenmonoxid); *Rogge*, S. 311 (Stickstoffdioxid); alle Zitate ebenfalls in: Umweltbundesamt, Grundlagen.

122 BT-Drucks. 8/2751. Einen Überblick über den Gesetzentwurf und die damit verfolgten Ziele bietet *Staats*, VR 1979, 199 (201 ff.).

123 Zur weiteren Ausgestaltung vgl. Nr. 2.7.3 des gleichzeitig vorgelegten Entwurfs der TA Luft, BT-Drucks. 8/2751, S. 32.

124 Näheres ergab sich aus Nr. 2.7.4 mit Abb. 5 a des Entwurfs der TA Luft, BT-Drucks. 8/2751, S. 32, 34.

geren und Kindern durch die bisherigen Grenzwerte als gesichert an. Um aber den auf Grund von Art. 2 Abs. 2 GG bestehenden verfassungsrechtlichen Schutzpflichten in vollem Umfang Genüge zu tun, müsse darüberhinaus die Möglichkeit einer Sonderprüfung für atypische Einzelfälle eröffnet werden (§ 6 a Abs. 1 S. 2 Nr. 1 BImSchG).[125] Mit der Regelung des § 6 a Abs. 1 S. 2 Nr. 2 BImSchG beabsichtigte die Bundesregierung eine Verbesserung des Schutzes besonders empfindlicher Tiere, Pflanzen und anderer Sachen, der durch die am Menschen orientierten Immissionswerte nicht gewährleistet sei.[126] Die Berücksichtigung überdurchschnittlich empfindlicher Sachgüter sollte aber Beschränkungen unterworfen sein. Dementsprechend gab der Entwurf nicht nur den Landesregierungen die Handhabe, diesen Schutz aus überwiegenden Gemeinwohlgründen wieder außer Kraft zu setzen (§ 6 a Abs. 2 BImSchG). Es sollten auch nur solche Sachen berücksichtigt werden, die ihren Standort außerhalb der nach § 44 Abs. 2 BImSchG festgesetzten Gebiete haben. Innerhalb dieser Belastungsgebiete hielt die Bundesregierung die durch Industriebetriebe verursachten Luftverunreinigungen in der Regel für ortsüblich; es müsse daher den Nachbarn dieser Anlagen zugemutet werden, "sich bei der Wahl der für ihr Eigentum geeigneten Nutzungsart dieser Situation anzupassen".[127]

Der Gesetzentwurf scheiterte jedoch an den erheblichen Einwänden des Bundesrates. Dieser hielt der geschilderten Regelung entgegen, sie erreiche das Ziel nicht, die bestehende Rechtsunsicherheit zu beseitigen und den eingetretenen Investitionsstau abzubauen.[128] Das Gesetzesvorhaben wurde dann auch in der Folgezeit nicht weiterverfolgt. Stattdessen legte die Bundesregierung im Jahre 1982 eine Novelle der TA Luft vor,[129] die die oben[130] beschriebene Sonderregelung für besonders empfindliche Tiere, Pflanzen und Sachgüter (Nr. 2.2.1.2 Buchst. a i.V.m. Nr. 2.2.1.3) enthielt und den Bundesrat ohne wesentliche Änderungen passierte.[131]

Bei dieser Novellierung gingen die Beteiligten davon aus, daß ein absoluter Schutz der sehr empfindlichen Pflanzen und Tiere nicht möglich sei. Würden sich die generalisierenden Immissionsgrenzwerte der TA Luft an den jeweils empfindlichsten Sachgütern ausrichten, so führe dies dazu, daß in weiten Teilen der Bundesrepublik die Errichtung und der Betrieb von Industrieanlagen

---

125 BT-Drucks. 8/2751, S. 7, 16 f.

126 BT-Drucks. 8/2751, S. 7 f., 17.

127 BT-Drucks. 8/2751, S. 8.

128 BT-Drucks. 8/2751, S. 11 f.; zur Kritik vgl. auch die Stellungnahmen der Sachverständigen, in: Protokoll; *Breuer*, DVBl. 1978, 598 (600 f.); *ders.*, Immissionsschutz und Raumplanungsrecht, S. 513 ff.; *Salzwedel*, S. 528 ff.; *Soell*, ZRP 1980, 105 (107 f.).

129 BR-Drucks. 528/82.

130 S. 44 f.

131 BR-Drucks. 528/82 (Beschluß).

untersagt werden müsse. Denn fast überall seien bereits Luftbelastungen vorhanden, die zwar unterhalb der für den Menschen schädlichen Grenzen lägen, dafür aber Schäden an einzelnen besonders empfindlichen Pflanzen und Tieren anrichten könnten.[132]

Diese Ausgangsposition legte die Einzelfallprüfung in der TA Luft 1983 nahe, die eine konkrete Konfliktlösung ermöglichen sollte. Dabei war man sich durchaus darüber im klaren, daß die in Nr. 2.2.1.3 Abs. 3 und 4 TA Luft umschriebenen Vorgaben für die Genehmigungsbehörden nicht ausreichend sind. So fehlt es bereits an Hinweisen, welche Pflanzen, Tiere und Sachgüter als besonders empfindlich einzustufen sind. Der hierzu erfolgte Vorschlag, in einem Anhang zur TA Luft wenigstens die gegenüber Schwefeldioxid, Fluorwasserstoff und anorganischen Fluorverbindungen sehr empfindlichen Nutzpflanzen sowie wildlebenden Tiere und Pflanzen anzuführen, setzte sich nicht durch.[133] Trotz der vorauszusehenden Schwierigkeiten bei der praktischen Umsetzung wurde die TA Luft wegen der aus anderen Gründen bestehenden Eilbedürftigkeit beschlossen.

Der Appell des Bundesrates, die notwendigen Konkretisierungen noch nachzutragen,[134] hat das Umweltbundesamt inzwischen veranlaßt, im Auftrag des Bundesumweltministers umfangreiche Entscheidungshilfen für die Sonderfallprüfung vorzulegen.[135] Dort wird etwa für Pflanzen, die sehr empfindlich auf Schwefeldioxideinwirkungen reagieren, folgender Prüfungsablauf vorgeschlagen:[136] Zunächst erfolgt mit Hilfe von Artenkartierungen eine Bestandsaufnahme derjenigen Pflanzen im Beurteilungsgebiet, die als besonders empfindlich in Betracht kommen. Anschließend kann die Genehmigungsbehörde über eine Wirkungsskala, die nach Schadstoffkonzentrationen geordnet ist, sowie über alphabetische Verzeichnisse Zugriff auf etwa 1.000 Pflanzen nehmen, die in den Entscheidungshilfen erfaßt sind. Die Bewertung der zu erwartenden Beeinträchtigungen wird durch den Anhang erleichtert, der die Schäden ausführlich beschreibt, die bei diesen Pflanzen bisher beobachtet worden sind. Zudem führen die Entscheidungshilfen die Risikofaktoren auf, die die bestehende Schadstoffempfindlichkeit noch erhöhen können (synergistische Wirkungen, Standortbedingungen etc.).

---

132 *Elsner*, NuR 1983, 223 (224 f.).

133 *Elsner*, NuR 1983, 223 (225); *Landmann / Rohmer / Hansmann*, Nr. 2.2.1.2 TA Luft Rdnr. 23.

134 BR-Drucks. 528/82 (Beschluß), S. 30.

135 Umweltbundesamt, Entscheidungshilfen.

136 Umweltbundesamt, Entscheidungshilfen Teil I, S. 117 ff.

cc) Nichtanwendbarkeit der TA Luft auf atypische Sachverhalte

Rechtsprechung und Literatur sind sich darin einig, daß die generalisierenden Grenzwerte der TA Luft nur dann der gerichtlichen Einzelfallentscheidung zugrunde gelegt werden dürfen, wenn kein atypischer Sachverhalt vorliegt.[137] Ein solcher Sachverhalt soll u.a. bei einem besonderen, durch die Empfindlichkeit der Umgebung bedingten Schutzbedürfnis gegeben sein.[138] Damit stellt sich das Problem, ob diese Formulierung auch die hier diskutierten überdurchschnittlich empfindlichen Rechtsgüter erfaßt. Für die Einwirkungen von Schwefeldioxid, Fluorwasserstoff und anorganischen gasförmigen Fluorverbindungen auf Sachgüter wird die Frage durch die eben vorgestellte Sonderregelung der Nr. 2.2.1.2 Buchst. a und Nr. 2.2.1.3 TA Luft ausdrücklich beantwortet. Ob aber auch besonders empfindliche Menschen einen atypischen Sachverhalt darstellen sollen, der ein Abweichen von den Vorgaben der TA Luft gebietet, ist nicht mit Sicherheit zu klären. Äußerungen in der Literatur[139] deuten zwar darauf hin. Bei näherem Hinsehen ergeben sich jedoch einige Zweifel. Denn immerhin beschränkt Breuer selbst, der den Terminus des "atypischen Sachverhalts" in die Diskussion eingeführt hat, die besonderen Schutzbedürfnisse der Umgebung auf die anders gelagerten Fälle eines spezifischen Wohn- oder Erholungscharakters und einer außergewöhnlichen Vorbelastung.[140]

Weiterhin war beim Erlaß der TA Luft 1983 und 1986 bekannt, daß deren standardisierte Grenzwerte einen absoluten Schutz vor Gefahren für die menschliche Gesundheit nicht bieten können. Diese Festsetzungen beruhen also gerade auf der bewußten Entscheidung, daß das Risiko eventueller Schäden bei besonders empfindlichen Menschen noch vertretbar sei.[141] Damit liegt hier bereits per definitionem kein atypischer Sachverhalt vor, dessen Eigenart es ist, daß ihn "der Vorschriftengeber bei der von ihm notwendigerweise anzustellenden generellen Betrachtung nicht regeln konnte oder wollte".[142]

Versetzt man sich in die Position der herkömmlichen Auffassung, würde darüberhinaus die mit den generalisierenden Grenzwerten gleichsam erkaufte

---

137 Siehe oben S. 42.

138 *Breuer*, DVBl. 1978, 598 (599); *Lukes / Feldmann / Knüppel*, S. 165.

139 *Landmann / Rohmer / Hansmann*, Nr. 2.2.1.3 TA Luft Rdnr. 1; das Vorliegen eines atypischen Sachverhaltes bei Beeinträchtigungen von besonders empfindlichen Pflanzen bejaht auch *Sellner*, Ausbau des Individualschutzes, L 27 f.

140 *Breuer*, DVBl. 1978, 28 (36). Siehe auch *Breuer*, AöR 101 (1976), 46 (86 f.), der die Problematik hochempfindlicher Schutzgüter (hier: Pflanzen) von der Behandlung atypischer Fallgruppen deutlich absetzt.

141 So ausdrücklich *Feldhaus*, UPR 1982, 137 (144 f. mit Fn. 74 und 76).

142 OVG Lüneburg OVGE 38, 407 (410) - Buschhaus I; ebenso z.B. *Jarass*, NJW 1987, 1225 (1230).

Rechtssicherheit umgehend wieder zunichte gemacht, wenn man in Fällen besonderer Empfindlichkeit einen atypischen Sachverhalt annähme und dann zwangsläufig von der TA Luft abweichen müßte. Dies würde letztlich auch nicht in das System der Lehre von der durchschnittlichen Empfindlichkeit passen, die für das Immissionsschutzrecht grundsätzlich Geltung beansprucht.[143] Denn es wäre aus der Sicht dieser Lehre wenig sinnvoll, wenn man sich mit Hilfe der Formel des "normalen Rechtsgüterbestandes" auf Gesetzesebene dogmatisch absicherte, um diese Einschränkung bei der Anwendung der Technischen Anleitungen im Gerichtsverfahren durch die Figur des "atypischen Sachverhalts" dann gleich wieder zu gefährden.

dd) Geltung der TA Luft nur vorbehaltlich neuer Erkenntnisse

Die Anwendbarkeit der TA Luft wird weiterhin dahingehend eingeschränkt, daß die ihr zugrundeliegenden wissenschaftlichen Annahmen zum Zeitpunkt der verwaltungsgerichtlichen Entscheidung nicht überholt sein dürfen.[144] Von diesem Grundsatz profitieren auch Risikogruppen in der Bevölkerung[145] oder empfindliche Pflanzen[146]. Ergeben neue Erkenntnisse, daß hier schädliche Umwelteinwirkungen nur bei niedrigeren Immissionswerten vermieden werden können, so sind diese maßgeblich.

b) TA Lärm

Was den Schutz besonders empfindlicher Menschen betrifft, finden sich in der Literatur zur TA Lärm im wesentlichen dieselben Grundaussagen, wie sie soeben für die TA Luft beschrieben wurden. Es können daher an dieser Stelle einige kurze Hinweise genügen.

Auch bei der TA Lärm wird der strenge Maßstab des durchschnittlich empfindlichen Menschen[147] durch die Berücksichtigung der bekannten Risikogruppen gemildert.[148] Eine normative Ausformung dieses Gedankens stellt

---

143 Siehe oben S. 36.

144 Siehe oben S. 42.

145 Vgl. *Breuer*, Immissionsschutz und Raumplanungsrecht, S. 511; *ders.*, in: Protokoll, S. 33; *Landmann / Rohmer / Hansmann*, Nr. 2.2.1.1 TA Luft Rdnr. 10.

146 BVerwG NVwZ 1988, 1019 (1020); VGH BadWürtt NuR 1989, 388 (389); *Schenk*, Rdnr. 93; wohl auch *Rittstieg*, S. 110.

147 Noch vertreten von *Feldhaus*, Überlegungen, S. 168 f. und wohl auch *Gaentzsch*, S. 35.

148 Vgl. die Nachweise oben S. 44 Fn. 112, die sich ebenso auf die TA Lärm beziehen.

Nr. 2.321 Abs. 1 Buchst. f) TA Lärm dar. Dort sind für Kurgebiete, Krankenhäuser und Pflegeanstalten, wo sich regelmäßig besonders lärmempfindliche Menschen aufhalten, vergleichsweise niedrige Immissionsrichtwerte vorgesehen.[149]

Mit der räumlichen Staffelung der Richtwerte in Nr. 2.321 vermag die TA Lärm auf die gesteigerte Lärmempfindlichkeit bestimmter Personengruppen flexibler zu reagieren als das Konzept einheitlicher Grenzwerte in der TA Luft. Dennoch werden die Regelungen der TA Lärm für gewisse Fallkonstellationen als unzureichend angesehen. So soll es möglich sein, die Nachtruhe über die Vorgaben der Nr. 2.321 Abs. 2 Satz 1 TA Lärm hinaus zu verlängern, wenn dies der Schutz besonders empfindlicher Menschen (Kinder, Alte und Kranke) gebietet.[150] Rechtstechnisch bewerkstelligt man dieses Abweichen von der Verwaltungsvorschrift, indem man einen atypischen Fall annimmt, den die TA Lärm nicht berücksichtigt habe.[151]

C. Atomrecht

§ 7 Abs. 2 Nr. 3 AtG macht die Genehmigung kerntechnischer Anlagen davon abhängig, daß "die nach dem Stand von Wissenschaft und Technik erforderliche Vorsorge gegen Schäden ... getroffen ist". Diese Schadensvorsorge umfaßt zunächst die traditionelle Gefahrenabwehr.[152] Unter Rückgriff auf den Gefahrenbegriff des Polizeirechts hält man auch hier am Maßstab der durchschnittlichen Empfindlichkeit fest.[153]

Über die Gefahrenabwehr hinaus verpflichtet § 7 Abs. 2 Nr. 3 AtG nach weitgehend übereinstimmender Auffassung aber zu einer Risikovorsorge, die allerdings durch den Grundsatz der Verhältnismäßigkeit zwischen Aufwand

149 Ebenso die Regelungstechnik in § 2 Abs. 1 Verkehrslärmschutzverordnung (16. BImSchV) und § 2 Abs. 2 Sportanlagenlärmschutzverordnung (18. BImSchV). Die Grenzwerte der 16. BImSchV liegen allerdings erheblich höher als die Richtwerte der TA Lärm und nehmen damit bewußt weniger Rücksicht auf die besondere Schutzwürdigkeit der Betroffenen (*Hölder*, S. 181 f.).

150 BVerwG UPR 1983, 29; *Bethge / Meurers*, B 2.321 Rdnr. 12; *Feldhaus*, Nr. 2.321 TA Lärm S. 24; Länderausschuß für Immisssionsschutz - Unterausschuß Recht, S. 1 f.

151 So Länderausschuß für Immissionsschutz - Unterausschuß Recht, S. 1 f.; vgl. bereits oben S. 48 f.

152 Vgl. etwa *Breuer*, Umweltschutzrecht, S. 684; *Kloepfer*, § 8 Rdnr. 31; *Bender / Sparwasser*, Rdnr. 526 ff.; *Marburger*, Schadensvorsorge, S. 31 ff., 57 ff.; *Nolte*, S. 49 ff., 68 ff.

153 Außer dem Nachweis auf S. 14 Fn. 10 *Hansen-Dix*, S. 126; *Marburger*, Schadensvorsorge, S. 31; *Hanning / Schmieder*, DB 1977 Beilage Nr. 14, 1 (4).

und Nutzen begrenzt sein soll.[154] Zur näheren Konkretisierung dieser Vorsorge finden sich in der Literatur zahlreiche Vorschläge, die teils nur terminologisch, teils jedoch auch in der Sache voneinander abweichen.[155] Mit seiner zweiten Wyhl-Entscheidung[156] hat das Bundesverwaltungsgericht versucht, in dieses Dickicht ein wenig Klarheit zu bringen. Die atomrechtliche Schadensvorsorge gehe vor allem insofern über den klassischen Gefahrbegriff hinaus, als "auch solche Schadensmöglichkeiten in Betracht gezogen werden (müssen), die sich nur deshalb nicht ausschließen lassen, weil nach dem derzeitigen Wissensstand bestimmte Ursachenzusammenhänge weder bejaht noch verneint werden können und daher insoweit noch keine Gefahr, sondern nur ein Gefahrenverdacht oder 'Besorgnispotential' besteht". Im Atom- und Strahlenschutzrecht sei es deswegen unerlaubt, "exakt bis an die Gefahrengrenze zu gehen". Dies gelte sowohl für den Kollektiv- als auch für den Individualschutz.[157] Die Literatur folgt diesem Ansatz inzwischen ganz überwiegend.[158]

Genauso wie im Immissionsschutzrecht[159] bedürfen die unbestimmten Rechtsbegriffe "Gefahrenabwehr" und "Risikovorsorge" einer Umsetzung in möglichst meßbare Größen. Konkrete Vorgaben finden sich insbesondere in der auf Grund der §§ 10 bis 12 und 54 AtG erlassenen Strahlenschutzverordnung (StrSchV)[160]: Während das in § 28 Abs. 1 Nr. 2 und § 46 Abs. 1 Nr. 2 StrSchV festgelegte Strahlenminimierungsgebot der Risikovorsorge zugeordnet wird, beziehen sich die Immissionsgrenzwerte des § 45 StrSchV auf die Gefahrenabwehr.[161] Diese letztere (wegen der früheren Maßeinheit als 30-Millirem-Konzept bezeichnete) Kernvorschrift der Strahlenschutzverordnung sieht u.a. für den gesamten Körper einen Grenzwert von 0,3 mSv/a (Millisievert pro Jahr) vor.[162]

Ob diese Grenzwerte eingehalten werden, läßt sich - anders als im Immissionsschutzrecht - nicht tatsächlich feststellen. Das Bundes-Immissionsschutzgesetz erklärt in § 3 Abs. 1 die Umwelteinwirkungen für maßgeblich, die am Einwirkungsort auftreten, so daß die Umweltstandards der TA Luft und TA Lärm durch Meßstationen kontrolliert werden können. Demgegenüber

---

154 Vgl. die Nachweise in Fn. 152; a.A. etwa *Haedrich*, § 7 Rdnr. 84, 107 ff. und *Hanning / Schmieder*, DB 1977 Beilage Nr. 14, 1 (6 ff.), die den Aspekt der Risikovorsorge erst im Rahmen der behördlichen Ermessensausübung berücksichtigen wollen.

155 Vgl. den Überblick bei *Haedrich*, § 7 Rdnr. 91 ff.

156 BVerwGE 72, 300 (315 f.).

157 BVerwGE 72, 300 (315) - Wyhl II.

158 *Kloepfer*, § 8 Rdnr. 32; *Hoppe / Beckmann*, § 29 Rdnr. 32; *Bender / Sparwasser*, Rdnr. 535.

159 Siehe oben S. 40 f.

160 Verordnung über den Schutz vor Schäden durch ionisierende Strahlen in der Fassung der Bekanntmachung vom 30.6.1989 (BGBl. I S. 1321, ber. S. 1926).

161 *Kloepfer*, § 8 Rdnr. 34; *Marburger*, Schadensvorsorge, S. 77 ff.; *Nolte*, S. 87 ff.

162 Hierzu und zu den übrigen wichtigen Regelungen der Strahlenschutzverordnung siehe *Bender / Sparwasser*, Rdnr. 587 ff.; *Czajka*, NVwZ 1989, 1125 ff.

kommt es bei den Dosisgrenzwerten der Strahlenschutzverordnung auf die vom Menschen tatsächlich aufgenommene Strahlung an. Da die konkrete Strahlenbelastung etwa von dem Ernährungsverhalten und der Konstitution des einzelnen abhängt,[163] könnte man die Belastung empirisch allenfalls ermitteln, wenn man die betreffenden Personen permanent beobachten und an ein Meßsystem anschließen würde. Solche - kaum zumutbaren - Messungen stoßen freilich auf bislang ungelöste Probleme, da die Strahlenexposition durch Kernkraftwerke sich von der natürlichen Strahlenbelastung nicht abhebt. Zudem müßten sämtliche physiologischen und anatomischen Daten jedes einzelnen Menschen bekannt sein.

Angesichts dieser derzeit unüberwindlichen Hindernisse werden die Dosisgrenzwerte auf der Grundlage der in der Anlage XI zu § 45 Abs. 2 StrSchV und in der Allgemeinen Verwaltungsvorschrift zu § 45 StrSchV vom 21.2.1990[164] postulierten Annahmen hypothetisch errechnet.[165] Dabei stellen Genehmigungsbehörden, Gerichte und die meisten Sachverständigen auf die physiologischen Parameter des "reference man" oder "Standardmenschen" ab, wie sie die Internationale Strahlenschutzkommission definiert hat.[166] Unberücksichtigt bleiben deshalb etwa spezifische Stoffwechselleiden[167] oder individuelle Strahlenempfindlichkeiten. Nach Auffassung des VGH Baden-Württemberg müssen lediglich diejenigen Bevölkerungsgruppen in den Schutz einbezogen werden, die typischerweise von diesen Parametern abwichen und deren Strahlenbelastung deshalb von der standardisierten Berechnung nicht mehr abgedeckt werde. Dies soll bei kleinen Kindern der Fall sein.[168]

Diese Typisierung trifft allerdings nicht auf ungeteilte Zustimmung. Man sieht hierin einen Verstoß gegen den Gleichheitssatz[169] und verlangt, den

163 Siehe oben S. 20 und 23 f.

164 BAnz. Nr. 64 a vom 31.3.1990.

165 Zum Ganzen *Winters*, S. 71; *Nolte*, S. 26; *Feldt*, S. 128; *Sommer*, DÖV 1983, 754 (755 f.); *Wolf*, JbRSoz. 8 (1982), 240 (248); *Bender / Sparwasser*, Rdnr. 480 und 603.

166 Strahlenschutzkommission, Empfehlung 1985, BAnz. Nr. 126 a vom 12.7.1985, S. 8; *Feldt*, S. 128; VGH BadWürtt ESVGH 32, 161 (215) - Wyhl. Zum "reference man" vgl. im einzelnen oben S. 24.

167 Strahlenschutzkommission, Empfehlung 1988, BAnz. Nr. 216 vom 19.11.1988, S. 4906.

168 VGH BadWürtt ESVGH 32, 161 (215 f.) - Wyhl; ebenso *Sommer*, DÖV 1983, 754 (757); International Commission on Radiological Protection, Empfehlungen, Abs. 127 und 146. Für eine solche typisierende Berechnung offenbar auch *Roßnagel*, UPR 1990, 86 (90 mit Fn. 51); er lehnt - in Übereinstimmung mit *Sommer*, DÖV 1983, 754 (759 f.) - die Auffassung des Bundesverwaltungsgerichts, wonach es für die Klagebefugnis auf den tatsächlichen und nicht auf den (fiktiven) ungünstigsten Aufenthaltsort ankomme (BVerwGE 61, 256 <268> - Stade und BVerwGE 72, 300 <321> - Wyhl II), mit der Begründung ab, in Konsequenz dieser Rechtsprechung müßten auch pathologische Besonderheiten in der Bevölkerung berücksichtigt werden.

169 *Hinz*, S. 170, der gleichzeitig (?) eine Verletzung des Verhältnismäßigkeitsgrundsatzes annimmt.

Schutz auf Föten und kranke Menschen auszudehnen.[170] Auf welchen potentiell Geschädigten die Strahlenschutzverordnung abstellen dürfe, müsse der Gesetzgeber festlegen.[171]

Während die Strahlenschutzverordnung von 1976[172] noch ganz allgemein von der "Strahlenexposition des Menschen" (§ 45 S. 1 StrSchV) sprach, heißt es in der Neufassung des § 45 Abs. 2 StrSchV nunmehr, die Strahlenbelastung sei "für eine Referenzperson ... zu ermitteln". Auf den ersten Blick könnte man meinen, damit sei der Streit um die Maßgeblichkeit des Standard- oder Referenzmenschen zumindest auf Verordnungsebene ausdrücklich entschieden. Wie sich jedoch aus der Definition in der Anlage I zu § 2 Abs. 1 StrSchV ergibt, bezieht sich der Begriff der "Referenzperson" insbesondere auf die Lebensgewohnheiten. Auch die "übrigen Annahmen für die Dosisberechnung", hinsichtlich derer die Begriffsbestimmung auf die Anlage XI zu § 45 Abs. 2 StrSchV verweist, betreffen andere Faktoren als den der Strahlenempfindlichkeit. Diese Auslegung wird indirekt durch die Literatur zum neugefaßten § 45 Abs. 2 StrSchV bestätigt, die in dieser Vorschrift ausschließlich die Lebens- und Ernährungsgewohnheiten einer Durchschnittsperson festgelegt sieht.[173]

D. Rechtsvergleichende Aspekte

Hat der vorangegangene Überblick der Rechtsprechung und Literatur zum deutschen Polizei-, Immissionsschutz- und Atomrecht gegolten, so soll abschließend noch ein Blick über die Grenzen des nationalen Rechts hinaus geworfen werden. Dieser rechtsvergleichende Ansatz verspricht für die in dieser Arbeit behandelte Frage einige unmittelbar verwertbare Erkenntnisse. Wie die Ausführungen zur tatsächlichen Situation von Risikogruppen[174] deutlich gemacht haben, läßt sich die Problematik besonders empfindlicher Personen nicht allein mit rechtlichen Überlegungen lösen; sie wirft etwa bei der Festlegung von Grenzwerten auch zahlreiche Schwierigkeiten praktischer Natur auf. Da diese Probleme unabhängig von den Eigenheiten des nationalen Umweltrechts bestehen, kann hier ein Blick auf andere Rechtsordnungen weiterhelfen.[175]

---

170 *Teufel*, S. 260; *Hinz*, S. 170; *Grote*, L 156 f. Kritisch auch *Roth-Stielow*, EuGRZ 1980, 386 (390).

171 *Grote*, L 157.

172 BGBl. I S. 2905.

173 *Czajka*, NVwZ 1989, 1125 (1126).

174 Siehe oben S. 20 ff.

175 Zu dieser Aufgabe der Umweltrechtsvergleichung vgl. *Kloepfer*, § 6 Rdnr. 98.

Von besonderem Interesse ist dabei die Rechtslage in der Schweiz. Während nämlich im deutschen Recht die Frage nach dem Schutz überdurchschnittlich empfindlicher Menschen nur durch Auslegung der einschlägigen Gesetze beantwortet werden kann, findet sich im Schweizer Bundesgesetz über den Umweltschutz (Umweltschutzgesetz - USG)[176] eine ausdrückliche Regelung, die international als vorbildlich gilt.[177] Nach Art. 13 Abs. 2 USG hat der Bundesrat - die Schweizer Regierung also - bei der Festsetzung von Immissionsgrenzwerten "auch die Wirkungen der Immissionen auf Personengruppen mit erhöhter Empfindlichkeit, wie Kinder, Kranke, Betagte und Schwangere" zu berücksichtigen.[178] Die Grenzwerte müssen deshalb zumindest dem durchschnittlichen Schutzbedürfnis innerhalb der genannten Risikogruppen Rechnung tragen.[179]

Diese gesetzliche Vorgabe unterscheidet sich nicht wesentlich von den Forderungen, die in der Literatur zum Bundes-Immissionsschutzgesetz erhoben werden[180] und die für die Festsetzungen der TA Luft allgemein anerkannt sind[181]. Bemerkenswerterweise hat aber offenbar gerade die Bindungswirkung eines formellen Gesetzes in der Schweiz zu Grenzwerten geführt, die erheblich strenger sind als die der Bundesrepublik.[182] Dies sei an zwei Beispielen belegt. Schreibt Nr. 2.5.1 der TA Luft für Blei und anorganische Bleiverbindungen als Bestandteile des Schwebstaubes einen Jahresmittelwert von 2 µg/m³ vor, so setzt die Schweizerische Luftreinhalte-Verordnung (LRV)[183] diesen Immissionsgrenzwert auf 1 µg/m³ fest. Diese Halbierung wird ausdrücklich mit der Notwendigkeit eines zusätzlichen Sicherheitsfaktors für Risikogruppen wie Embryos und Kinder begründet.[184] Entsprechende Erwägungen[185] haben in der Luftreinhalte-Verordnung zu einem Grenzwert für Cadmium im Schwebstaub von 10 ng/m³ geführt, während den politisch Verantwort-

176 Vom 7.10.1983 (SR 814.01).

177 *Koechlin*, S. 88.

178 Wo der Bundesrat noch keine Grenzwerte durch Verordnung bestimmt hat, bindet die Weisung des Art. 13 Abs. 2 USG die Vollzugsbehörde direkt (*Schrade*, in: Kölz / Müller-Stahel, Art. 13 Rdnr. 3 f.).

179 So *Schrade*, in: Kölz / Müller-Stahel, Art. 13 Rdnr. 19.

180 Siehe oben S. 38.

181 Siehe oben S. 43 f. bei Fn. 112.

182 Vgl. die Übersicht der wichtigsten internationalen Immissionsgrenzwerte in: Bundesamt für Umweltschutz, S. 62 ff.; den Einfluß des Art. 13 Abs. 2 USG auf die Grenzwertfestsetzung betont auch *Schrade*, in: Kölz / Müller-Stahel, Art. 13 Rdnr. 24.

183 Vom 16.12.1985 (SR 814.318.142.1). Eine Zusammenstellung der Immissionsgrenzwerte findet sich in: Bundesamt für Umweltschutz, S. 58 f.

184 Bundesamt für Umweltschutz, S. 50; in dieser Veröffentlichung legt das Schweizerische Bundesamt in beispielhafter Weise die Kriterien und Wertungen offen, die den jeweiligen Grenzwerten zugrunde liegen. Zu den Risikogruppen im Hinblick auf Blei siehe bereits oben S. 18 f.

185 Vgl. Bundesamt für Umweltschutz, S. 51 f.

lichen in der Bundesrepublik 0,04 µg/m³, umgerechnet also 40 ng/m³, ausreichend erscheinen (Nr. 2.5.1 TA Luft).[186]

Obwohl Art. 13 Abs. 2 USG seinem Wortlaut nach nur für menschliche Risikogruppen gilt, ist sein Grundgedanke bei der Grenzwertfestlegung offenbar auch auf besonders immissionsempfindliche Pflanzen übertragen worden. Das Bundesamt für Umweltschutz[187] nennt in diesem Zusammenhang die Wälder, die eines besonderen Schutzes bedürften. Deren Anfälligkeit war denn auch der maßgebliche Grund für das Jahresmittel von 30 µg/m³ Schwefeldioxid,[188] das beinahe um das Fünffache unter dem Grenzwert von 140 µg/m³ in Nr. 2.5.1 TA Luft liegt.[189]

---

186 Den Schweizer Grenzwert fordert das Umweltbundesamt in Berlin bereits seit 1977 (vgl. *Kühling*, S. 123 mit Anm. 213).

187 S. 20.

188 Vgl. Bundesamt für Umweltschutz, S. 31. Einen Jahresmittelwert von 25 µg/m³ schlägt *Kühling*, S. 150 f. für Waldregionen vor (dazu unten S. 150 f.).

189 Zu den Folgen dieses Grenzwertes der TA Luft vgl. oben S. 25.

3. Kapitel

Gegenstand und Inhalt der Figur der durchschnittlichen Empfindlichkeit

Wie der historische Rückblick gezeigt hat, kann sich die Lehre von der durchschnittlichen Empfindlichkeit auf eine jahrzehntelange Tradition berufen. Dennoch finden sich bei genauerem Hinsehen einige begriffliche Unschärfen, die Anlaß zu Mißverständnissen darüber geben können, was genau Gegenstand und Inhalt dieser Figur ist. Dies betrifft zunächst die *Empfindlichkeit.*

A. "Durchschnittliche *Empfindlichkeit*" - Objektiver Zustand, subjektive Empfindung oder durchschnittliches Richtigkeitsempfinden?

I. Subjektivierende Deutungen

Das Sächsische Oberverwaltungsgericht begründete in der bereits ausführlicher referierten Entscheidung[1] das Kriterium der durchschnittlichen Empfindlichkeit mit der Erwägung, daß das Einschreiten der Polizei nicht von den wechselnden persönlichen Anschauungen der Beteiligten abhängig sein dürfe. Allein das "Empfinden eines normalen Durchschnittsmenschen" biete einen objektiven Maßstab für die Frage, ob eine Gesundheitsgefahr vorliege.[2] Dies könnte zu dem Schluß verleiten, bei dem Kriterium der "durchschnittlichen Empfindlichkeit" gehe es darum, subjektive oder gar unvernünftige Ansichten über das zulässige Maß an Beeinträchtigung auszuschalten.[3] Eine solche Intention scheinen auch Äußerungen jüngeren Datums zu verfolgen, die diesen Maßstab im Zusammenhang mit der Erheblichkeit von Nachteilen und Belä-

---

1 Siehe oben S. 28 f.

2 SächsOVG Jahrb. 10, 24 (27).

3 Dieser Ansatz wird auch daran deutlich, daß das Oberverwaltungsgericht anders als die von ihm ausdrücklich zum Beleg angeführte Entscheidung des Reichsgerichts (DJZ 9, 407) nicht mehr von den (eher objektiv zu verstehenden) wechselnden persönlichen *Verhältnissen* sprach.

stigungen (§ 3 Abs. 1 BImSchG) dahingehend umschreiben, es komme auf den "*verständigen* Durchschnittsmenschen"[4] und nicht auf das "*subjektive* Empfinden"[5] oder die "individuelle *Einstellung*"[6] des Betroffenen an.[7] Nur so sei ein Schutz "gegen die bloße Simulation starker Betroffenheit"[8] möglich.

Dieses Anliegen hat durchaus seine Berechtigung. Beim polizeirechtlichen Gefahrbegriff wird wissenschaftlich unhaltbaren oder sonstwie subjektiv eingefärbten Auffassungen jedoch schon dadurch der Boden entzogen, daß ein Schaden nach einhelliger Ansicht[9] die *objektive* Minderung eines Rechtsgüterbestandes voraussetzt.[10] Für die (erhebliche) Belästigung kann insofern nichts anderes gelten; denn sie unterscheidet sich von der Gefahr nur dadurch, daß sie eine Beeinträchtigung geringerer Intensität bezeichnet.[11] Will die Lehre von der durchschnittlichen Empfindlichkeit eine eigenständige Bedeutung bewahren, so muß sie sich also einen anderen Anwendungsbereich erschließen.

In der Tat zeigen sowohl die der Rechtsprechung zugrundeliegenden Sachverhalte als auch die in der Literatur angeführten Beispiele, daß es in Wirklichkeit um die Schutzwürdigkeit solcher Rechtsgüter geht, deren *objektiv* vorhandene Eigenschaften sie besonders schadensanfällig werden lassen.[12] Die in diesem Zusammenhang diskutierten Fälle betreffen z.B. einen einzelnen Schwerkranken[13], einen magenkranken Menschen[14], eine möglicherweise besonders empfindliche Bierproduktion[15], besonders feine und empfindliche physikalische Instrumente[16] oder besonders störanfällige Betriebe (Kliniken, Rundfunk- und Fernsehstudios)[17]. Das Interesse gilt also nicht der mehr oder

---

4 BVerwGE 68, 62 (67) - Hervorhebung nicht im Original; ebenso *Feldhaus*, Überlegungen, S. 168.

5 *Marburger*, Ausbau des Individualschutzes, C 56; *Kutscheidt*, NVwZ 1989, 193 (195) - Hervorhebung nicht im Original.

6 BayVGH BayVBl. 1986, 690; *Papier*, S. 139 - Hervorhebung nicht im Original.

7 Vgl. auch *Berkemann*, S. 85, der die Grenzwerte der TA Lärm 1968 nicht mehr für verbindlich hält, weil "der 'normal empfindende' Durchschnittsmensch ... inzwischen zu anderen *Bewertungen* seiner Empfindlichkeit gelangt" sei (Hervorhebung nicht im Original).

8 *Lübbe-Wolff*, NVwZ 1986, 179 (183).

9 Vgl. etwa *Drews / Wacke / Vogel / Martens*, S. 222 f.; *Schenke*, Rdnr. 28.

10 So auch *Hansen-Dix*, die das *subjektive Empfinden* des Betroffenen unter dem Stichwort "objektive Verminderung" diskutiert (S. 24) und davon das Problem der durchschnittlichen Empfindlichkeit deutlich absetzt (S. 25).

11 Vgl. statt vieler *Hansen-Dix*, S. 26; *Feldhaus*, § 3 BImSchG Anm. 9.

12 Dies stellt *Lübbe-Wolff*, NVwZ 1986, 179 (183) im Hinblick auf besonders empfindliche Sachen auch ausdrücklich dar. Unverständlich bleibt dabei aber, wieso dies nicht ebenso für Menschen gelten soll.

13 *Friauf*, S. 221.

14 VGH BadWürtt VRspr. 11, 739 (740).

15 BayVGH Feldhaus ES BImSchG § 17-1, S. 7 f.

16 *Drews / Wacke*, S. 54.

17 *Feldhaus*, § 3 BImSchG Anm. 10.

minder objektiv zu beantwortenden Frage, ob Beeinträchtigungen für das betreffende Rechtsgut zu erwarten sind, sondern der Beschaffenheit des Rechtsgutes selbst.[18] Dies wird im übrigen auch an dem Ausdruck *normaler Bestand* deutlich, der gleichbedeutend mit der *durchschnittlichen Empfindlichkeit* verwendet wird[19] und einen tatsächlichen Zustand beschreibt.

Fragt man nach dem Grund für diese verdeckten Differenzen, so fällt ins Auge, daß die genannten Äußerungen, die den Einfluß subjektiver Ansichten abwehren wollen, sich überwiegend auf Belästigungen durch Lärm beziehen.[20] Bei diesen Immissionen können die individuelle Disposition und die persönliche Einstellung den Beeinträchtigungen gegenüber ein wesentlicher Faktor beim Eintritt nachteiliger Wirkungen sein.[21] Subjektive Einflüsse und objektiv bestehende Beeinträchtigungen nähern sich hier also an und bedingen einander. Diese Besonderheit darf aber nicht dazu verleiten, die beiden unterschiedlichen Ebenen zu vermischen. Denn die Lärmwirkungsforschung hat Methoden entwickelt, um die Grenzen zwischen "Belästigung", "erheblicher Belästigung" und "Gefährdung" unter Berücksichtigung solcher individuellen Faktoren wissenschaftlich zu verifizieren.[22] Bei Lärmbeeinträchtigungen genügt also ebensowenig wie sonst auch die bloße Auffassung des Betroffenen, er werde belästigt oder gefährdet. Zur Vermeidung von Mißverständnissen sollte deshalb im Zusammenhang mit Geräuschimmissionen von der "überdurchschnittlichen Lärmempfindlichkeit" gesprochen werden, die die Beschaffenheit des betroffenen Rechtsgutes besser bezeichnet als etwa die "persönlichen Anschauungen" oder das "subjektive Empfinden".[23]

II. Durchschnittliche Empfindlichkeit als "durchschnittliches Richtigkeitsempfinden"

Eine weitere Variation der Lehre von der durchschnittlichen Empfindlichkeit findet sich in der Anmerkung Zieglers[24] zu einem Urteil des Bayerischen

18 So versteht auch die Ökologie den Begriff der Empfindlichkeit (siehe oben S. 17).

19 Vgl. nur *Rietdorf / Heise / Böckenförde / Strehlau*, § 1 OBG Rdnr. 10.

20 Ohne diesen besonderen Bezug aber *Marburger*, Ausbau der Individualschutzes, C 56; *Lübbe-Wolff*, NVwZ 1986, 179 (183).

21 Interdisziplinärer Arbeitskreis für Lärmwirkungsfragen, ZfL 37 (1990), 1 (2 f.); VDI, Richtlinie 2058 Blatt 1 Zif. 1; siehe auch bereits oben S. 19 f.

22 Vgl. *Jansen*, ZfL 33 (1986), 2 ff. und ZfL 34 (1987), 152 ff. Dazu steht nur scheinbar im Widerspruch, wenn *Feldhaus*, Überlegungen, S. 168 f., den Gesundheitszustand und die Einstellung des Betroffenen nicht zu den "objektivierbaren Faktoren" zählt. Er meint damit lediglich, daß diese Moderatoren meßtechnisch nicht ohne weiteres erfaßbar sind.

23 Vgl. oben S. 56 f. bei Fn. 2 bis 8.

24 BayVBl. 1986, 692 f.

Verwaltungsgerichtshofes[25], in dem es um Lärmbeeinträchtigungen durch eine Feueralarmsirene ging. Nach der Ansicht von Ziegler bezieht sich die Formel vom "Empfinden eines Durchschnittsmenschen" nicht "auf das Hörempfinden, sondern meint ein Richtigkeitsempfinden".[26] Bestimmend soll also dasjenige Ausmaß an Lärmschutz sein, welches der Durchschnittsmensch für richtig hält.[27] Keineswegs sei auf die Durchschnittseigenschaften der Menschen abzustellen.

Auch wenn Ziegler vom bekannten "Empfinden eines Durchschnittsmenschen" ausgeht und so den Eindruck erweckt, als bewege er sich auf bewährtem Terrain, stimmt seine Deutung mit dem soeben herausgearbeiteten herkömmlichen Verständnis der Lehre nicht überein. Denn das Kriterium des *normalen Bestandes* hebt sehr wohl auf die Durchschnittseigenschaften auch des Menschen ab. Betrachtet man die Konsequenzen, die Ziegler aus seinem Ansatz zieht, so wird jedoch deutlich, daß es sich bei der Einführung eines "durchschnittlichen Richtigkeitsempfindens" wohl nicht um eine Interpretation der herrschenden Ansicht handelt; es geht offenbar um Einwendungen grundsätzlicher Art. Ziegler plädiert nämlich entgegen der traditionellen Auffassung für den Schutz auch überdurchschnittlich empfindlicher Personen, da es der Durchschnittsmensch für richtig befinde, diese Gruppe nicht schutzlos zu stellen. Lediglich außergewöhnlich geräuschempfindliche Menschen könnten nach diesem Maßstab keinen vollen Lärmschutz verlangen.[28]

Diese Ausweitung des Immissionsschutzes erscheint durchaus bedenkenswert und kommt -soviel sei vorweggenommen - zu ähnlichen Ergebnissen wie die in der vorliegenden Arbeit vertretene Lösung.[29] Für den gegenwärtig interessierenden Zusammenhang bleibt aber festzuhalten, daß die Figur der durchschnittlichen Empfindlichkeit herkömmlicherweise nur diejenigen Rechtsgüter schützen will, die objektiv gesehen über eine durchschnittliche Schadensanfälligkeit gegenüber äußeren Einflüssen verfügen.[30]

---

25 BayVBl. 1986, 690 ff.

26 *Ziegler*, BayVBl. 1986, 692.

27 In diese Richtung auch *Feldhaus*, § 3 BImSchG Anm. 10, der "das Interesse eines repräsentativen verständigen Bürgers an einem vor Umweltgefahren geschützten Lebensraum" zum Maßstab für die Erheblichkeit einer Störung machen will. Ebenso *Schlabach*, in: Peters / Schenk / Schlabach, Rdnr. II/14, der zusätzlich noch die "Mehrheit der Bürger" als maßgebliches Kriterium nennt.

28 *Ziegler*, BayVBl. 1986, 692 (693); zu diesen Folgerungen siehe bereits oben S. 38.

29 Siehe unten S. 129 und 139.

30 *Zieglers* Ansatz ist aber nicht nur wegen seiner eigenwilligen Interpretation der herkömmlichen Lehre zu kritisieren. Methodisch anfechtbar erscheint auch, daß er - ähnlich wie die in Fn. 27 genannten Autoren - den "Durchschnittsmenschen" über den erforderlichen Lärmschutz entscheiden lassen will. Welche Umweltbelastungen der einzelne hinzunehmen hat, ist jedoch ausschließlich eine (nicht zuletzt verfassungs-)rechtliche Frage und kein Betätigungsfeld der Demoskopie.

B. Der Durchschnitt bei der "durchschnittlichen Empfindlichkeit"

Neben der *Empfindlichkeit* ist auch das ihr zugeordnete Attribut *durchschnittlich* klärungsbedürftig. Nähme man die herkömmliche Auffassung beim Wort, so wären von ihr nur diejenigen Menschen und Sachgüter erfaßt, die den genauen Mittelwert der Empfindlichkeit gegen bestimmte Umwelteinwirkungen bilden. Denn der "Durchschnitt" bezeichnet in der Statistik die Summe der beobachteten Werte, dividiert durch ihre Anzahl, bedeutet also nichts anderes als das arithmetische Mittel.[31] Diese streng mathematische Sichtweise will sich die Figur von der durchschnittlichen Empfindlichkeit aber offensichtlich nicht zu eigen machen.[32] Geschützt sein soll vielmehr ein "Menschentyp, der im Rahmen des Normalen liegt, wobei Unterschieden in Konstitution und Alter ... Rechnung zu tragen ist".[33] Die Figur umfaßt also eine gewisse Bandbreite konstitutioneller Varianten, die sich um den Durchschnitt herum gruppieren.

Für dieses Aufweichen des exakten Durchschnittsbegriffs, wie ihn die Statistik verwendet, sind wohl zwei Gründe maßgeblich: Zunächst zeigen die Probleme bei der Festlegung von Grenzwerten, daß die Anfälligkeit einzelner Individuen gegenüber Schadstoffen nicht exakt zu bestimmen ist.[34] Folglich scheidet die Ermittlung einer *durchschnittlichen* Empfindlichkeit erst recht aus, da sie die Kenntnis aller in Betracht kommenden Dispositionen voraussetzen würde. Von diesen kaum überwindbaren praktischen Schwierigkeiten abgesehen, schrecken die Vertreter der herkömmlichen Auffassung aber zum anderen auch vor den Konsequenzen einer wörtlich verstandenen *Durchschnittlichkeit* zurück: Die Beschränkung auf die im strengen Sinne durchschnittlich empfindlichen Menschen, so räumen sie ein, sei im Hinblick auf Art. 2 Abs. 2 GG völlig unzureichend.[35]

---

31 *Neurath*, S. 24 ff.; in diesem Sinne interpretiert den Begriff der durchschnittlichen Empfindlichkeit auch *Schrade*, in: Kölz / Müller-Stahel, Art. 13 Rdnr. 4.

32 So ausdrücklich HessVGH, Urteil vom 31.3.1976 - IV OE 50/74, S. 61 f. (nicht veröffentlicht) und *Frank Hofmann*, S. 152 f.

33 HessVGH (Fn. 32), S. 61; ebenso *Frank Hofmann*, S. 153. Dies kommt auch in dem *normalen Bestand* zum Ausdruck, der mit der *durchschnittlichen Empfindlichkeit* gleichgesetzt wird (siehe oben S. 58 bei Fn. 19).

34 Siehe oben S. 20 ff.

35 HessVGH (Fn. 32) und *Frank Hofmann*, S. 153, die freilich zu Unrecht davon ausgehen, daß bei Anwendung des mathematischen Durchschnittsbegriffs (nur) die eine Hälfte der Bevölkerung geschützt sei. Dem liegt das Mißverständnis zugrunde, das arithmetische Mittel teile die Bevölkerung stets in zwei gleichgroße Gruppen. Diese exakte Halbierung der Beobachtungsfälle erfolgt aber in der Statistik durch den sog. Median (dazu *Neurath*, S. 23 f.), der mit dem Durchschnitt nur bei den kaum denkbaren Konstellationen zusammentrifft, in denen die Empfindlichkeiten völlig symmetrisch verteilt sind.

Erweitert man deshalb den Schutz auf Menschen, die "im Rahmen des Normalen liegen", so stellt sich allerdings das Problem, wo hier genau die Grenzen verlaufen. Dieser Frage muß die Lehre von der durchschnittlichen Empfindlichkeit zwangsläufig eine genaue Antwort schuldig bleiben, sieht man einmal von offenkundigen Extremfällen ab. Die Entscheidung, ob ein bestimmter Mensch noch unter den "Durchschnitt" fällt oder nicht, kann kaum objektiv nachvollzogen werden; sie ist dezisionistischer Natur und damit letztlich in das Belieben des Rechtsanwenders gestellt.[36]

36 Ähnlich *Adamaschek*, S. 104 f.

4. Kapitel

Die Begründungen für die Figur der durchschnittlichen Empfindlichkeit

Nachdem damit der Maßstab der durchschnittlichen Empfindlichkeit genauer bestimmt ist, sollen im folgenden die Argumente diskutiert werden, die Rechtsprechung und Literatur hierzu bislang vorgetragen haben.

A. Die durchschnittliche Empfindlichkeit als Abwehr subjektiver Betrachtungsweisen

Die Maßgeblichkeit des normalen Durchschnittsmenschen begründete erstmals das Sächsische Oberverwaltungsgericht in seiner bereits eingehender dargestellten Entscheidung.[1] Das Gericht sah allein mit diesem Kriterium einen objektiven Maßstab und die Befolgung gleichmäßiger Grundsätze gewährleistet.[2]

Dieser Argumentation liegt die Annahme zugrunde, daß es um die Abwehr subjektiver Anschauungen des jeweiligen Betroffenen gehe. Da die Figur der durchschnittlichen Empfindlichkeit jedoch ganz überwiegend anders verstanden wird,[3] zielt diese Begründung von vornherein am Kern der Sache vorbei.

Davon abgesehen stellt der normale Durchschnittsbürger auch keineswegs das einzig denkbare objektive und gleichmäßig anwendbare Kriterium dar. Selbst dem genau entgegengesetzten Prinzip, nämlich der Beachtung aller besonderen Empfindlichkeiten, sofern sie nachweisbar zu Beeinträchtigungen führen, lassen sich diese Eigenschaften nicht absprechen. Der Einwand der Subjektivität und Beliebigkeit trifft im Gegenteil eher den Maßstab des "normalen Durchschnittsmenschen". Denn wo im konkreten Fall die Grenze zur

---

1 Siehe oben S. 28 f. und 56.

2 SächsOVG Jahrb. 10, 24 (27); ebenso *Brombach*, Polizei-Praxis 1951, 129 (130). Ähnlich *Möller / Wilhelm*, S. 30, die zur Begründung anführen, Rechtsbegriffe seien stets aus der Sicht eines "normalen" objektiven Dritten zu bestimmen.

3 Siehe oben S. 56 ff.

überdurchschnittlichen Empfindlichkeit verläuft, ist in vielen Fällen kaum objektiv nachvollziehbar zu beantworten.[4]

B. Durchschnittswerte als Charakteristikum jeder Gefahrenprognose

Die ausführlichste Begründung für die Beschränkung des polizeilichen Schutzes auf den "normalen Bestand" hat Dröge vorgelegt. Den ersten Grund sieht er in einer Eigentümlichkeit aller Gefahrenbeurteilungen: Diese erforderten eine Prognose darüber, ob ein Schaden mit hinreichender Wahrscheinlichkeit zu befürchten sei. Bei einer solchen vorausschauenden Bewertung könne aber nur ausgegangen werden von dem, was "gewöhnlich vorhanden ist und dem, was diesem gewöhnlich Vorhandenen regelmäßig zustößt".[5]

Diese Generalisierungen scheinen auf die Struktur der *abstrakten Gefahr* abgestimmt sein, die insbesondere Voraussetzung für den Erlaß von Polizeiverordnungen ist[6] und an die generelle Gefährlichkeit gedachter, typisierter Fälle anknüpft.[7] Inwieweit solche Typisierungen dort erforderlich sind, kann dahinstehen. Denn im Normalfall ist mit der polizeilichen Gefahr die *konkrete Gefahr* gemeint. Vor allem die Generalklauseln des § 8 MEPolG[8] und der ihm folgenden Landespolizeigesetze[9] verlangen demgemäß, daß die Gefahr im "einzelnen Fall" besteht. Entscheidend sind also die besonderen Umstände, die den konkreten Einzelfall prägen. Zu derartigen individuellen Besonderheiten gehört auch eine überdurchschnittliche Empfindlichkeit des betroffenen Rechtsgutes. Die Ansicht, eine Schadensprognose könne nur von dem ausgehen, was gewöhnlich vorhanden sei, ist deshalb in solcher Allgemeinheit im Polizei- und Ordnungsrecht nicht haltbar.

Die Argumentation Dröges beschränkt sich allerdings nicht ausschließlich auf die polizeirechtliche Ebene. Dies zeigt der eher beiläufige Hinweis, das gewöhnlich Vorhandene sei in der gesamten Rechtsordnung der Ausgangspunkt von Prognosen.[10] In dieser Verallgemeinerung klingt ein Zugeständnis an die tatsächlichen Schwierigkeiten an, die sich bei der Erstellung von Prognosen stets ergeben: Da hier zukünftige Geschehensabläufe vorausschauend

---

4 Siehe oben S. 61.

5 *Dröge*, S. 14.

6 Vgl. statt vieler *Drews / Wacke / Vogel / Martens*, S. 495 f.

7 BVerwG NJW 1970, 1890 (1892); *Drews / Wacke / Vogel / Martens*, S. 410 f.; *Hansen-Dix*, S. 55 f.

8 Musterentwurf eines einheitlichen Polizeigesetzes des Bundes und der Länder vom 25.11.1977 (abgedruckt bei *Schenke*, Anhang II).

9 Vgl. insbesondere § 11 i.V.m. § 2 Nr. 1 a) NdsSOG.

10 *Dröge*, S. 14.

beurteilt werden, muß man auf Erfahrungen zurückgreifen, die man in gleichartigen Sachverhaltskonstellationen gemacht hat.[11]

Dies mag mit gewissen Typisierungen beim Prognosevorgang verbunden sein. Hiervon ist jedoch der Lebenssachverhalt zu unterscheiden, dessen weiterer Verlauf beurteilt werden soll. Er bildet gerade als konkreter Einzelfall den Ausgangspunkt der Prognose und darf deshalb nicht typisiert werden.[12] Will man die Prognose nicht völlig von ihrem tatsächlichen Umfeld lösen und damit praktisch wertlos machen, verbietet sich in diesem Vorstadium jede Bezugnahme auf Durchschnittsfälle.[13] Andernfalls würden die den Einzelfall prägenden Elemente bereits von vornherein eingeebnet und der Prognose entzogen. Man mag zwar derartige typisierende Betrachtungsweisen aus anderen Gründen, etwa solchen der Verwaltungsvereinfachung, für richtig und erforderlich erachten.[14] Notwendiges Element jeder Prognose, wie Dröge meint, sind sie nicht. Im Gegenteil: Die Qualität von Prognosen leidet, wenn man die Besonderheiten des Einzelfalls zugunsten eines typisierten Sachverhalts vernachlässigt.

C. Eingeschränkter Individualrechtsschutz im Polizeirecht

Sein zweites Argument stützt Dröge auf eine spezifisch polizeirechtliche Erwägung. Hier werde stets auf das Ganze abgestellt, nicht auf einzelne Personen. Auch beim Vorgehen in einem Einzelfall habe die Polizei "nur die Aufrechterhaltung des allgemeinen, nicht des besonderen Friedens im Auge".[15]

Diese Argumentation ist ganz offenkundig von Vorstellungen beeinflußt, wie sie noch in der Weimarer Republik das Polizeirecht beherrschten. Es entsprach zwar schon zum Ende des 18. Jahrhunderts durchaus allgemeiner Meinung, daß der staatliche Schutzauftrag auch die Rechtsgüter des einzelnen Bürgers umfasse.[16] Dieser Gedanke fand u.a. in § 10 II 17 ALR[17] seinen Aus-

---

11 Dazu und zur Gefahrenprognose allgemein *Murswiek*, in: Kimminich / v. Lersner / Storm, Bd. I Sp. 619 ff.; *Müller-Glöge*, S. 33 ff., 37 ff.

12 Besonders deutlich in dieser Hinsicht *Hansen-Dix*, S. 31; siehe auch *Murswiek*, in: Kimminich / v. Lersner / Storm, Bd. I Sp. 619.

13 Vgl. auch *Müller-Glöge*, S. 45, der ausdrücklich betont, daß bei der Ermittlung des zu prognostizierenden Sachverhalts besonders empfindliche Menschen, Tiere, Pflanzen und andere Sachen einzubeziehen seien.

14 Dazu unten S. 76 f. und 118 ff.

15 *Dröge*, S. 14.

16 Zur historischen Entwicklung des Individualrechtsschutzes im Polizeirecht siehe den Überblick bei *Frotscher*, DVBl. 1976, 695 ff.

druck und wurde - nicht zuletzt auf Grund der vordringenden liberalen Staatsauffassung - in der Rechtsprechung des Preußischen Oberverwaltungsgerichts immer stärker ausgebildet.[18] Der einzelne Bürger profitierte von diesem Schutz aber nur als Repräsentant der Gesellschaft, also im Wege eines "Reflexes".[19] Diese Einschränkung fügte man mit Hilfe eines ungeschriebenen Tatbestandsmerkmals in die Generalklausel ein: Alle polizeilichen Maßnahmen mußten im "öffentlichen Interesse" geboten sein.[20]

Verfolgt man diesen Standpunkt konsequent weiter, dann scheidet ein Eingreifen zugunsten überdurchschnittlich empfindlicher Rechtsgüter beinahe zwangsläufig aus dem Aufgabenbereich der Polizei aus. Denn hier geht es ja gleichsam um eine gesteigerte, "qualifizierte" Form des Individualschutzes, dem diese Auffassung mit so erheblicher Skepsis begegnet. Eine Person, die die typischen Merkmale eines Durchschnittsbürgers gerade nicht erfüllt, läßt sich kaum als Repräsentant der Allgemeinheit denken.

Die lediglich indirekte Berücksichtigung von Individualinteressen gerät jedoch zusehends in Widerspruch zum modernen Verständnis staatlicher Gefahrenabwehr, das sich unter der Geltung des Grundgesetzes prinzipiell gewandelt hat. Die Verfassungsordnung räumt der Einzelpersönlichkeit einen herausragenden Stellenwert ein. Der soziale und demokratische Rechtsstaat sieht den einzelnen Menschen nicht mehr nur als Glied der Gemeinschaft. Er verpflichtet alle staatliche Gewalt zum Schutz der Menschenwürde (Art. 1 Abs. 1 GG) und betont den Wert des Individuums durch einen umfassenden Grundrechtskatalog, der die Staatsgewalten als unmittelbar geltendes Recht bindet (Art. 1 Abs. 3 GG).[21] Ein Teil der heutigen Literatur kommt deshalb im Wege einer verfassungskonformen Auslegung zu dem Ergebnis, daß die polizeiliche Generalklausel den einzelnen Bürger in gleichem Maße schützt wie die Allgemeinheit.[22]

Selbst wenn man bei der Bewertung des Individualrechtsschutzes nicht ganz so weit geht und mit der noch herrschenden Meinung fordert, daß das

---

17 Siehe oben S. 26 Fn. 2.

18 PrOVG PrVBl. 25 (1903 / 04), 79 (Einschreiten der Polizei wegen Gesundheitsgefahr auch nur einer Person); PrOVG GewArch. 6 (1907), 197 (198); PrOVG PrVBl. 37 (1915 / 16), 459 f. m.w.N.

19 PrOVGE 4, 405 (411 f.); PrOVGE 14, 378 (381 f.); PrOVGE 51, 302 f.; SächsOVG Jahrb. 10, 24 (26 f.); *Drews / Wacke*, S. 59 ff.; *Friedrichs*, § 14 Erl. 14; *Klausener / Kerstiens / Kempner*, 2. Aufl., § 14 Anm. IV 6. Dieses "Ja-aber" findet sich ganz deutlich z.B. in der Entscheidung des BadVGH PrVBl. 50 (1929), 429.

20 Vgl. die Nachweise in Fn. 19.

21 Zu dieser individualisierenden Sicht des Grundgesetzes ausführlicher unten S. 100 ff.

22 *Knemeyer*, VVDStRL 35, S. 250 ff.; *Frotscher*, DVBl. 1976, 695 (698); *Kowalzik*, S. 80 ff.; die Bedeutung des Grundgesetzes für die Stärkung des Individualrechtsschutzes betonen auch *Franßen*, S. 215 f.; *Bachof*, DVBl. 1961, 128 (130); *Martens*, DÖV 1976, 457 (458 ff.).

Einschreiten der Polizei zugunsten einzelner Personen zumindest "auch" im öffentlichen Interesse liegen muß,[23] gewinnt die Argumentation Dröges nicht an Überzeugungskraft. Denn an diese ungeschriebene Tatbestandsvoraussetzung werden mittlerweile nur noch geringe Anforderungen gestellt. So soll bei Gefährdungen des Lebens, der Gesundheit und anderer wichtiger privater Güter das öffentliche Interesse stets betroffen sein.[24] Praktische Bedeutung gewinnt diese Einschränkung nur noch bei den - hier nicht einschlägigen - Fällen, in denen ein Bürger ausschließlich seine eigenen Rechtsgüter gefährdet ("Selbstgefährdung").[25]

Vor allem aber verlaufen die Grundlinien der beiden Gefahrenabwehrmodelle genau entgegengesetzt: Während sich die heute allgemein anerkannte Auffassung bei Gefahren für individuelle Interessen in erster Linie dem Schutz des einzelnen zuwendet und allenfalls sekundär nach dem Öffentlichkeitsbezug fragt, blickt Dröge umgekehrt allein auf die Belange der Allgemeinheit und übergeht das einzelne Individuum gänzlich. Seine Argumentation beruht demnach auf einem überholten Polizeirechtsverständnis.

D. Unvereinbarkeit mit dem Grundsatz der Rechtssicherheit

Vergleichsweise ausführlich nahm der VGH Baden-Württemberg in seinem "Wyhl"-Urteil zu der Frage Stellung, warum im Rahmen des § 45 StrSchV auf den "Standardmenschen"[26] abgestellt werden dürfe. Die vorgebrachten Argumente zielen größtenteils über die spezielle atomrechtliche Problematik hinaus und lassen sich deshalb auch für den übrigen Anwendungsbereich der Lehre von der durchschnittlichen Empfindlichkeit fruchtbar machen.[27]

Konkreter Anknüpfungspunkt des Gerichts war das Vorbringen eines Klägers, die Genehmigungsbehörde habe zu Unrecht den Funktionsausfall seiner Nieren unberücksichtigt gelassen, auf Grund dessen er eine höhere

23 *Ule / Rasch*, § 1 MEPolG Rdnr. 50 f.; *Friauf*, S. 218; *Schenke*, Rdnr. 22; so ausdrücklich auch § 1 Abs. 1 BWPolG; kritisch *Götz*, Polizei- und Ordnungsrecht, Rdnr. 80; *Kowalzik*, S. 73 ff.

24 *Drews / Wacke / Vogel / Martens*, S. 228 f.; *Ule / Rasch*, § 1 MEPolG Rdnr. 50; *Bachof*, DVBl. 1961, 128 (130), der auch das Eigentum dazurechnet; *Martens*, DÖV 1976, 457 (459).

25 Vgl. aus den unterschiedlichen Blickwinkeln *Schenke*, Rdnr. 22 und *Götz*, Polizei- und Ordnungsrecht, Rdnr. 78 ff.; ausführlich *Kowalzik*, S. 65 ff.

26 Dazu siehe oben S. 24 und 52.

27 Die von vornherein auf das Atomrecht beschränkte Begründung, im Wortlaut des § 45 StrSchV habe "der generalisierende Charakter des Dosisgrenzwertkonzepts" seinen Niederschlag gefunden, da diese Bestimmung von der Strahlenexposition "des" Menschen spreche und nicht von der Belastung "eines" Menschen (VGH BadWürtt ESVGH 32, 161 <213, 215> - Wyhl), ist durch die Neufassung der Strahlenschutzverordnung obsolet geworden, die "eine Referenzperson" für maßgeblich erklärt (dazu oben S. 53).

Strahlenbelastung durch Jod 131 zu erwarten habe als ein gesunder Mensch. Der Senat wies dieses Argument zurück[28] und bestätigte die Maßgeblichkeit des "Standardmenschen". Es müßten lediglich diejenigen Bevölkerungsgruppen berücksichtigt werden, die typischerweise von den Parametern des Standardmenschen abwichen. Zur Begründung führte das Gericht aus, daß es mit der Rechtssicherheit nicht zu vereinbaren sei, wenn die Genehmigung eines Kernkraftwerkes von dem Auftreten seltener Stoffwechselanomalien in der Umgebung abhängig wäre, zumal sich diese Umstände kurzfristig ändern könnten.[29]

Diese Argumentation überzeugt aus mehreren Gründen nicht. Zunächst gewährleistet die vom Verwaltungsgerichtshof vorgeschlagene Konzeption bei näherem Hinsehen keineswegs ein größeres Maß an Rechtssicherheit. Denn die Entscheidung darüber, ob es sich bei der im Einzelfall gegebenen Konstellation (noch) um typische Abweichungen von den Merkmalen des Standardmenschen oder (bereits) um pathologische Besonderheiten einer einzelnen Person handelt, ist zumeist kaum voraussehbar.[30] Zwar ließ sich der dem Gericht vorliegende Fall des Versagens beider Nieren relativ problemlos der Kategorie "seltene Stoffwechselanomalien" zuordnen. Schwierige Zweifelsfragen stellen sich aber, wenn beispielsweise pathologische Besonderheiten zur Beurteilung anstehen, die für das Standortgebiet als typisch gelten könnten. Diese Schwierigkeiten liegen darin begründet, daß die vom VGH Baden-Württemberg vertretene Lösung letzten Endes danach fragen muß, wie häufig ein bestimmtes Phänomen in der Bevölkerung auftritt, und damit auf eine quantitative Dimension abstellt. In diesem Bereich sind exakte und berechenbare Grenzziehungen nur schwer möglich. Angesichts solcher Abgrenzungsprobleme wirkt es wenig überzeugend, wenn einem anderen Lösungsweg gerade mangelnde Rechtssicherheit vorgeworfen wird.

Weiterhin erscheint sehr fraglich, ob die Rechtssicherheit tatsächlich derart bedroht ist, wie es das Gericht darstellt. Zum einen enthält § 7 Abs. 1 Satz 2 der Atomrechtlichen Verfahrensverordnung (AtVfV)[31] i.V.m. § 7 Abs. 4 AtG - genauso wie etwa § 10 Abs. 3 Satz 3 BImSchG - eine Präklusionsvorschrift, die bereits in einem frühen Stadium des Genehmigungsverfahrens alle nicht

---

28 Das Bundesverwaltungsgericht hat in der Revisionsentscheidung diese Frage ausdrücklich offengelassen (BVerwGE 72, 300 (321) - Wyhl II).

29 VGH BadWürtt ESVGH 32, 161 (215 f.) - Wyhl; teilweise wörtlich übereinstimmend *Sommer*, DÖV 1983, 754 (757 f.), der offenbar als Richter an diesem Urteil beteiligt war. Den Grundsatz der Rechtssicherheit führt auch *Kutscheidt*, NVwZ 1989, 193 ff. für den Maßstab des Durchschnittsmenschen bei der Erheblichkeit von Lärmbelästigungen an.

30 Zu den Schwierigkeiten dieser Grenzziehung vgl. bereits oben S. 60 f.

31 Verordnung über das Verfahren bei der Genehmigung von Anlagen nach § 7 des Atomgesetzes (Atomrechtliche Verfahrensverordnung - AtVfV) in der Fassung der Bekanntmachung vom 31.3.1982 (BGBl. I S. 411).

rechtzeitig vorgetragenen Einwendungen ausschließt. Auf Grund dessen brauchen verfristete Einwendungen im Erörterungstermin nicht behandelt zu werden (formelle Präklusion). Darüberhinaus erstreckt sich der Einwendungsausschluß nach ganz überwiegender Auffassung ebenso auf ein nachfolgendes verwaltungsgerichtliches Verfahren.[32] Wie das Bundesverwaltungsgericht[33] mehrfach ausdrücklich betont hat, erfaßt diese materielle Präklusion insbesondere auch überdurchschnittlich empfindliche Rechtsgüter. Befürchtet der Einwender Gefahren wegen seiner besonderen gesundheitlichen Disposition, so ist es für eine hinreichend substantiierte Einwendung erforderlich, daß er auf diese Besonderheit hinweist. Anderenfalls ist er mit diesem Gesichtspunkt ausgeschlossen; die Genehmigungsbehörde braucht dann mögliche Gefahren für die Gesundheit nur nach den allgemein zu erwartenden Gegebenheiten im Einwirkungsbereich der Anlage zu prüfen.[34] Die materielle Präklusion schafft also für den Antragsteller bereits mit dem Ende der Einwendungsfrist ein erhebliches Maß an Rechtssicherheit.

Zweifel an der vom VGH Baden-Württemberg behaupteten Gefahr für die Rechtssicherheit weckt zum anderen die Regelung der Nr. 2.2.1.2 Buchst. a und Nr. 2.2.1.3 TA Luft, die im ähnlich komplexen immissionsschutzrechtlichen Genehmigungsverfahren eine abwägende Einzelfallprüfung für besonders empfindliche Sachgüter vorschreibt.[35] Dabei sind beispielsweise auch Pflanzen zu berücksichtigen, die im Beurteilungsgebiet relativ selten vorkommen; hier können sich ebenfalls die einzubeziehenden Umstände kurzfristig ändern. Diese in die TA Luft 1983 erstmals aufgenommene Regelung hat die Rechtssicherheit offenbar nicht über Gebühr beeinträchtigt; denn sie wurde in der Neufassung der TA Luft 1986 beibehalten. Eine solche Einzelfallprüfung, wie sie hier zum Schutz von Sachgütern vorgesehen ist, drängt sich um so mehr dort auf, wo es um Gefährdungen der menschlichen Gesundheit geht.

Dies leitet zugleich zu dem dritten und entscheidenden Einwand über. Der vom VGH Baden-Württemberg angeführte Grundsatz der Rechtssicherheit ist

32 BVerwGE 60, 297 (301 ff.) - Wyhl I mit ausführlicher Begründung zu der gleichlautenden Vorgängervorschrift von § 7 Abs. 1 Satz 2 AtVfV; bestätigt durch BVerfGE 61, 82 (109 ff.) - Sasbach; *Kloepfer*, § 4 Rdnr. 73 und § 8 Rdnr. 46; *Hoppe / Beckmann*, § 12 Rdnr. 25 und § 29 Rdnr. 49; zu § 10 Abs. 3 BImSchG *Landmann / Rohmer / Kutscheidt*, § 10 BImSchG Rdnr. 152 ff.; *Schmidt / Müller*, S. 46 f. jeweils m.w.N. zum Streitstand.

33 BVerwGE 60, 297 (311) - Wyhl I; BVerwGE 80, 207 (219 f.) - Mülheim-Kärlich.

34 BVerwGE 60, 297 (311) - Wyhl I; BVerwGE 80, 207 (219 f.) - Mülheim-Kärlich; zustimmend etwa *Landmann / Rohmer / Kutscheidt*, § 10 BImSchG Rdnr. 120; *Jarass*, § 10 Rdnr. 59. Ob diese Auffassung überzeugt, kann dahinstehen; für die hier zu diskutierende Frage der Rechtssicherheit genügt die Feststellung, daß die Verwaltungsgerichtsbarkeit die Präklusionsvorschrift des § 7 Abs. 1 Satz 2 AtVfV so praktiziert und eine Änderung dieser Rechtsprechung nicht zu erwarten ist.

35 Siehe oben S. 44 und 47.

zwar ein wesentliches Element des Rechtsstaatsprinzips und genießt somit Verfassungsrang.[36] Das Gericht übersieht jedoch, daß dieser Grundsatz nicht unbeschränkt gilt, sondern häufig - wie auch hier - in Widerspruch zu dem verfassungsrechtlichen Gebot der materiellen Gerechtigkeit im Einzelfall tritt. Da keines der beiden Prinzipien generellen Vorrang hat, müssen sie gegeneinander abgewogen werden.[37] Hierbei sind auf seiten der materiellen Gerechtigkeit insbesondere die Grundrechte und das Willkürverbot des Art. 3 Abs. 1 GG zu beachten.[38] Eine solche Abwägung findet in der Entscheidung des VGH Baden-Württemberg nicht einmal ansatzweise statt.[39] Das Gericht verliert kein Wort über das Grundrecht auf körperliche Unversehrtheit, in dessen Schutzbereich durch die Nichtbeachtung "krankhafter Abweichungen"[40] eingegriffen werden könnte.[41] Ebensowenig setzt es sich mit dem naheliegenden Problem auseinander, ob dieser unterschiedliche Schutz mit Art. 3 Abs. 1 GG vereinbar ist.

E. Fehlende Kausalität

Gegen die Beachtlichkeit pathologischer Besonderheiten führt der VGH Baden-Württemberg des weiteren ins Feld, die gesundheitliche Gefährdung des betreffenden Klägers "resultiere" nicht aus dem Betrieb des Kernkraftwerkes, sondern in Wahrheit aus seiner Krankheit.[42] Faßt man diese etwas unbestimmte Erwägung in rechtliche Kategorien - und nur dann ist sie hier zu berücksichtigen -, so scheint das Gericht auf den Gesichtspunkt der Kausalität abstellen zu wollen. Die dem Kläger drohende, über seinen bereits bestehenden Nierenschaden hinausgehende Gesundheitsgefahr soll dem Anlagenbetreiber offenbar nicht zugerechnet werden, da er sie nicht in rechtlich relevanter Weise verursache.[43] Es ist also zu klären, inwieweit die Frage der Kausalität

---

36 BVerfGE 2, 380 (403); BVerfGE 15, 313 (319), ständige Rechtsprechung.

37 Vgl. statt vieler BVerfGE 35, 41 (47) m.w.N.

38 *Herzog*, in: Maunz / Dürig, Art. 20 VII Rdnr. 61.

39 Vgl. demgegenüber *Kutscheidt*, NVwZ 1989, 193 ff., der im differenziert objektiv-subjektiven Maßstab ein typisches Beispiel dafür sieht, wie die Rechtsprechung das Spannungsverhältnis zwischen Rechtssicherheit und Einzelfallgerechtigkeit zu lösen versucht hat. Diese Beurteilung bezieht *Kutscheidt* aber lediglich auf die erheblichen Belästigungen i.S.d. § 3 Abs. 1, § 5 Abs. 1 Nr. 1 BImSchG. Wie er das Spannungsverhältnis im Falle von Gesundheitsgefahren aufzulösen gedenkt, bleibt offen.

40 VGH BadWürtt ESVGH 32, 161 (215) - Wyhl.

41 Zu der Frage, ob Gesundheitsgefahren für überdurchschnittlich empfindliche Personen vom Schutzbereich des Art. 2 Abs. 2 GG umfaßt sind, siehe unten S. 100 ff.

42 VGH BadWürtt ESVGH 32, 161 (216) - Wyhl.

43 Dies klar auszusprechen hat der Verwaltungsgerichtshof vielleicht auch deswegen vermieden, weil die Zurechnung das Bestehen einer Gefahr voraussetzt (besonders deutlich *Herrmann*,

Auswirkungen auf den Schutz überdurchschnittlich empfindlicher Rechtsgüter hat.[44]

Ausgangspunkt ist dabei im Polizei- wie auch im Umweltrecht[45] die sog. Äquivalenztheorie, die alle Bedingungen als gleichwertig erachtet. Kausal ist somit jedes Einzelereignis, das nicht hinweggedacht werden kann, ohne daß der Erfolg entfiele (conditio sine qua non).[46] Sofern im Einwirkungsgebiet der Anlage ausschließlich der besonders empfindlichen Person ein Schaden droht, setzt danach nicht nur der Anlagenbetreiber, sondern auch die Person selbst eine notwendige Bedingung für die Gefahr. Dies ist freilich keine Besonderheit der hier diskutierten Problematik. Auch sonst leisten nicht zuletzt die Opfer von Gefahren einen kausalen Beitrag zu deren Entstehen, was Pietzcker zu der zugespitzten Aussage "ohne Gefährdeten keine Gefahr"[47] veranlaßt hat.

Die Umkehrung der Rollen von Störer und Gestörtem, die hier angelegt ist, zeigt bereits, wie notwendig eine Einschränkung der Äquivalenzlehre auch im Polizei- und Umweltrecht ist. Um hier zu einer sachgerechten Zurechnung zu gelangen, sind verschiedene Lösungsvorschläge entwickelt worden.[48] Geht man von der wohl noch herrschenden Theorie der unmittelbaren Verursachung[49] aus, so spricht einiges dafür, daß man dem Anlagenbetreiber eine Gesundheitsgefahr in der Regel auch dann zurechnen muß, wenn diese nur auf Grund der besonderen Anfälligkeit eines Nachbarn zu befürchten ist. Denn nach dieser Auffassung ist verantwortlich, wer selbst unmittelbar die konkrete Gefahr setzt und damit die Gefahrengrenze überschreitet.[50] Die besondere Anfälligkeit stellt im Normalfall einen unterschwelligen Zustand dar, der für sich

---

DÖV 1987, 666 <668 f.>), das Gericht einen Gefahrenzustand aber gerade verneinen wollte. Demgegenüber betont *Lübbe-Wolff*, NVwZ 1986, 179 (183), daß die besondere Empfindlichkeit gegen Belästigungen dem Empfindlichen selbst *zuzurechnen* sei. Diese Überlegung beruht allerdings auf dem Mißverständnis, bei der durchschnittlichen Empfindlichkeit gehe es um den "Schutz gegen die bloße Simulation starker Betroffenheit" (*Lübbe-Wolff*, a.a.O.), und wird von der Autorin für die in Wirklichkeit gemeinte objektive Schädigungsempfindlichkeit auch ausdrücklich abgelehnt (zu dieser Unterscheidung siehe oben S. 56 ff.).

44 Die folgenden Ausführungen beziehen sich auf den vom VGH Baden-Württemberg entschiedenen Fall einer besonders empfindlichen Person. Sie gelten aber genauso etwa für besonders schadensanfällige Pflanzen.

45 Die Parallelen beider Rechtsgebiete bei der Kausalitätsproblematik betonen etwa *Feldhaus / Schmitt*, WiuVw. 1984, 1 (8 ff.). Zur immissionsschutzrechtlichen Zurechnung speziell vgl. VGH BadWürtt NVwZ 1989, 276 (277 f.).

46 Vgl. statt vieler *Drews / Wacke / Vogel / Martens*, S. 310 f.

47 *Pietzcker*, DVBl. 1984, 457 (458 a.E.).

48 Vgl. etwa den Überblick bei *Drews / Wacke / Vogel / Martens*, S. 311 ff.; bezogen auf das Umweltrecht *Feldhaus / Schmitt*, WiuVw. 1984, 1 (7 ff.).

49 BVerwG JZ 1986, 896 (897) mit Anm. von *Karpen*; VGH BadWürtt VBlBW 1982, 371 (372); OVG Hamburg DÖV 1983, 1016 (1017); OVG Münster NVwZ 1985, 355 (356); *Drews / Wacke / Vogel / Martens*, S. 313 f.; *Götz*, Polizei- und Ordnungsrecht, Rdnr. 192 f.; *Friauf*, S. 232; *Kloepfer*, § 3 Rdnr. 35 jeweils m.w.N.

50 Siehe die Nachweise in Fn. 49.

genommen keinerlei staatliche Reaktion herausfordern würde. Erst durch die Inbetriebnahme der Anlage zeichnet sich ein drohender Schaden konkret ab.[51]

Gegen diese Lösung ließe sich freilich vorbringen, daß die gesundheitliche Labilität bei Eintritt der Gefahr immerhin noch ursächlich mitwirkt[52] und zudem der zeitlich letzte Kausalbeitrag nicht unbedingt der entscheidende sein muß.[53] Angesichts solcher Unwägbarkeiten räumen auch die Vertreter der Unmittelbarkeitslehre ein, daß die Zurechnung letztlich nur im Wege einer wertenden Betrachtungsweise erfolgen kann.[54] Anhaltspunkte bei dieser Wertung sollen beispielsweise die Kriterien der Pflichtwidrigkeit und der Risikozurechnung[55] bieten. Zurechnungsmaßstäbe werden auch den einschlägigen Gesetzen und der Verfassung entnommen.[56]

Als Ergebnis einer solchen Risikozurechnung ist für die vorliegende Problematik zunächst der Grundsatz von Bedeutung, daß der aktiv Gefährdende und nicht der passiv Gefährdete polizeipflichtig ist.[57] Die Position des überdurchschnittlich empfindlichen Menschen wird weiterhin dadurch gestärkt, daß er keinerlei Umweltrisiken begründet. Er verhält sich also - um einen von Feldhaus geprägten Begriff zu verwenden - "umweltadäquat"[58]. Den Anlagenbetreiber hingegen hat das Atomgesetz bereits typisierend als Störer benannt,[59] indem es seine Anlage grundsätzlich als gefährlich ansieht und deswegen durch § 7 Abs. 1 einem Genehmigungsverfahren unterwirft. Die Nachbarschaft wird demgegenüber gerade für schutzbedürftig gehalten (§ 7 Abs. 2 Nr. 3 AtG). Diese klare Wertung des Gesetzes hinsichtlich der Rollenverteilung zwischen Störer und Gestörtem verkehrt der VGH Baden-Württemberg in ihr Gegenteil, wenn er meint, die Gesundheitsgefahr resultiere nicht aus dem Kernkraftwerk, sondern aus der Krankheit des betreffenden Klägers.

---

51 Dieses Kriterium bezeichnet *Pietzcker*, DVBl. 1984, 457 (459) als den "richtigen Kern" der Unmittelbarkeitslehre.

52 Nach Ansicht von *Pietzcker*, DVBl. 1984, 457 (459) scheidet die Unmittelbarkeitslehre nur diejenigen Bedingungen aus, deren Beitrag *vor* der Entstehung der konkreten Gefahrensituation lag.

53 Vgl. OVG Münster UPR 1984, 279 (280); *Schenke*, Rdnr. 90; *Drews / Wacke / Vogel / Martens*, S. 314 f.

54 OVG Münster UPR 1984, 279; *Drews / Wacke / Vogel / Martens*, S. 311, 315; *Schenke*, Rdnr. 90; so auch als Repräsentanten anderer Lösungswege etwa *Bender / Sparwasser*, Rdnr. 1059 f. und *Herrmann*, DÖV 1987, 666 (668 ff.).

55 *Pietzcker*, DVBl. 1984, 457 (459 f.); *Götz*, Polizei- und Ordnungsrecht, Rdnr. 193; *Friauf*, S. 232.

56 *Herrmann*, DÖV 1987, 666 (670 ff.); *Bender / Sparwasser*, Rdnr. 1060.

57 *Pietzcker*, DVBl. 1984, 457 (460); die dort genannten Ausnahmen von dieser Faustregel treffen hier nicht zu.

58 *Feldhaus / Schmitt*, WiuVw. 1984, 1 (12 f.); zustimmend *Trute*, S. 28 m.w.N.

59 So für den Anwendungsbereich des Bundes-Immissionsschutzgesetzes *Trute*, S. 27.

Somit sind grundsätzlich auch solche Beeinträchtigungen dem Anlagenbetreiber zuzurechnen, die durch die besondere Schadensanfälligkeit der Nachbarschaft (mit-)verursacht werden.[60]

Bereits an dieser Stelle sei eine Einschränkung dieses Grundsatzes entwikkelt, die freilich den vom VGH Baden-Württemberg entschiedenen Fall eines Nierenkranken[61] nicht berührt, da sie nur bestimmten extrem empfindlichen Personen gilt. Zu diesem Personenkreis gehören Menschen, die schon auf ganz alltägliche Umwelteinflüsse nachteilig reagieren. So kann bei stark gefährdeten Lungenkranken bereits ein kalter Lufthauch einen schweren Asthmaanfall auslösen und zum Tode führen.[62] Diese Personen, die ich in Abgrenzung zu den lediglich besonders empfindlichen Menschen kurz als "hochgradig empfindlich" bezeichnen möchte, befinden sich auf einem derart hohen Gefährdungsniveau, daß auch völlig umweltadäquate Einflüsse Gefahren für sie darstellen und es letztlich dem Zufall überlassen bleibt, welche unter mehreren Ursachen die bedrohlichen Zustände hervorruft. Hier sind mit den Immissionen der beantragten Anlage keine spezifischen Gefahren verbunden, die sich in ihrer Wirkung von anderen Umwelteinflüssen prinzipiell unterscheiden. Da die Anlage somit die Risiken für den hochgradig Empfindlichen nicht erkennbar erhöht, verhält sich der Betreiber umweltadäquat.[63] Ihm ist die Gesundheitsgefahr, die dieser Person droht, in diesem speziellen Fall nicht zuzurechnen.[64]

---

60 Die Frage der Zurechenbarkeit wird man möglicherweise anders beantworten müssen, wenn eine besonders empfindliche Person ihren Wohnsitz in dem Einwirkungsbereich einer *bereits bestehenden* Anlage nimmt. Damit wäre einer der unter dem Stichwort "latente Gefahr" diskutierten Fälle gegeben, in denen eine Gefahr erst durch nachträgliche Veränderungen in der Umgebung der Anlage entsteht. Da sich diese Arbeit auf die Genehmigung neuer Anlagen beschränkt (siehe oben S. 15), muß diese Frage aber offen bleiben, zumal hier vieles streitig ist (vgl. etwa *Markou*, S. 179 ff.; *Drews / Wacke / Vogel / Martens*, S. 322 ff.; *Schenke*, Rdnr. 92 und 96).

61 Siehe oben S. 69.

62 Das Beispiel findet sich bei *Ulmer*, in: Umweltbundesamt, Grundlagen, S. 132 f.

63 Zur Umweltadäquanz und zur *erkennbaren* Risikoerhöhung als Voraussetzung für die Zurechenbarkeit *Feldhaus / Schmitt*, WiuVw. 1982, 1 (12 f.).

64 Einen entsprechenden Gedanken entwickelt das Bundessozialgericht, ausgehend von der im Sozialrecht herrschenden Theorie der wesentlichen Bedingung (vgl. dazu GrS BSGE 30, 167 <177 f.>; zuletzt etwa BSGE 64, 167 <172 f.>). Nach dieser Rechtsprechung stellt der schädigende Vorgang dann nicht mehr eine wesentliche Bedingung dar, wenn eine beim Geschädigten vorhandene Krankheitsanlage mitursächlich für den Eintritt des Schadens war und diese Anlage so leicht ansprechbar ist, daß es zur Auslösung akuter Erscheinungen nicht besonderer, in ihrer Eigenart unersetzlicher äußerer Einwirkungen bedurfte, sondern jedes andere alltäglich vorkommende ähnlich gelagerte Ereignis zu derselben Zeit die Erscheinungen ausgelöst hätte (BSG NJW 1962, 702; BSG SozR 2200 § 548 Nr. 51; BSG SozR 3100 § 30 Nr. 72). Die Parallelen zwischen dem sozialrechtlichen und dem polizeirechtlichen Kausalitätsbegriff werden nicht zuletzt daran deutlich, daß auch bei der Definition der Unmittelbarkeitstheorie im Polizeirecht von der "wesentlichen Bedingung / Ursache" die Rede ist (z.B. PrOVGE 82, 343 <350>; PrOVGE 89, 238 <240>; VGH BadWürtt VBlBW 1982, 371 <372>; OVG Münster UPR 1984, 279).

F. Grenzen wissenschaftlicher Erkenntnismöglichkeiten und allgemeines Lebensrisiko

In der Literatur zum Chemikalienrecht wird zwar der Schutz des einzelnen Menschen besonders betont und deswegen ein "Durchschnittsindividuum" als Bezugsobjekt für die Gefahrenprognose abgelehnt.[65] Dennoch soll es aber zulässig sein, lediglich "vulnerable Gruppen" zu schützen und einzelne besonders empfindliche Personen unbeachtet zu lassen. Diese Beschränkung des Individualschutzes wird mit den Grenzen der wissenschaftlichen Erkenntnismöglichkeiten sowie dem allgemeinen Lebensrisiko begründet.[66]

Diese Gesichtspunkte sind seit der Kalkar-Entscheidung des Bundesverfassungsgerichts eng mit dem Begriff des sog. Restrisikos verknüpft.[67] Das Bundesverfassungsgericht[68] hält ein solches Restrisiko im Atomrecht für zulässig, wenn es nach dem Stand der Wissenschaft und Technik "praktisch ausgeschlossen" erscheint, daß Schäden für Leben, Gesundheit und Sachgüter eintreten. "Ungewißheiten jenseits dieser Schwelle praktischer Vernunft haben ihre Ursache in den Grenzen des menschlichen Erkenntnisvermögens; sie sind unentrinnbar und insofern als sozial-adäquate Lasten von allen Bürgern zu tragen".[69]

Wissenslücken spielen des weiteren beim sog. Gefahrenverdacht[70] eine Rolle, der im Bereich zwischen Gefahr und Restrisiko angesiedelt wird. Er umschreibt also eine Situation, in der einerseits Schäden nicht praktisch auszuschließen sind, andererseits aber nicht genügend Anhaltspunkte vorliegen, um die hinreichende Wahrscheinlichkeit von Schädigungen und damit eine Gefahr zu bejahen.[71] Bei solchen Ungewißheiten gewinnt der Vorsorgegrund-

---

65 *Rehbinder / Kayser / Klein*, Einführung Rdnr. 57; *Sellner*, Ausbau des Individualschutzes, L 40; a.A. *Uppenbrink / Broecker / Schottelius / Schmidt-Bleek*, § 1 Rdnr. 4.

66 *Rehbinder / Kayser / Klein*, Einführung Rdnr. 57; ähnlich *Sellner*, Ausbau des Individualschutzes, L 40.

67 Diese Verbindung stellen *Rehbinder / Kayser / Klein* an anderer Stelle (§ 1 Rdnr. 8) ausdrücklich her. Auch andere Autoren wollen mögliche Gesundheitsschäden für besonders empfindliche Personen mit dem Gedanken des Restrisikos rechtfertigen (vgl. etwa *Feldhaus*, UPR 1982, 137 <144 f. mit Fn. 74>; *Hansmann*, S. 298; *ders.*, DVBl. 1981, 898 mit Fn. 5; *Salzwedel*, in: Protokoll, S. 39; *Siebert*, ZfU 1980, 617 <626>; *Gerlach*, S. 54).

68 BVerfGE 49, 89 (137 f., 141, 143).

69 BVerfGE 49, 89 (143) - Kalkar. Diese Auffassung hat überwiegend Zustimmung gefunden (vgl. aus der unüberschaubar gewordenen Literatur etwa *v. Mangoldt / Klein / Starck*, Art. 2 Rdnr. 158; *Isensee*, Das Grundrecht auf Sicherheit, S. 41 f.; *Breuer*, Umweltschutzrecht, S. 616 f.; *Kloepfer*, § 2 Rdnr. 17; *Bock*, S. 162; kritisch hingegen z.B. *Hasso Hofmann*, S. 332 ff.; *Murswiek*, in: Kimminich / v. Lersner / Storm, Band II Sp. 269 ff., insbesondere auch zu den "Grenzen des menschlichen Erkenntnisvermögens"; *Steiger*, S. 36 ff.; *Hermes*, S. 237 ff.; *Roßnagel*, UPR 1986, 46 <55> jeweils m.w.N.).

70 Dazu etwa *Kloepfer*, § 3 Rdnr. 14 ff.; *Richter*, S. 50 ff. und 144 ff.

71 Mit dieser vorsichtigen Formulierung (ähnlich *Jarass*, § 5 Rdnr. 35 m.w.N.) wird - etwa gegenüber den Ausführungen bei *Murswiek*, S. 378 ff., insbes. 386, 389 - klargestellt, daß der

satz Bedeutung, wie er in § 5 Abs. 1 Nr. 2 BImSchG geregelt ist.[72] In seiner risikobezogenen Variante[73] greift er - zumindest auch - in den Fällen des Gefahrenverdachts ein,[74] um so lückenhaftes Wissen über die Wirkungen von Immissionen abzufedern.[75]

Bezieht man die herkömmliche Begriffstrias Gefahr, Gefahrenverdacht (Vorsorge) und Restrisiko[76] auf die Problematik überdurchschnittlich empfindlicher Rechtsgüter, so ergeben sich im Vergleich zu den "Normalfällen" keine grundlegenden Unterschiede. Da der Kenntnisstand über die Wirkungen von Schadstoffen auf anfällige Menschen besonders lückenhaft ist,[77] werden bei ihnen allerdings häufiger als sonst Schäden eintreten, die man zuvor den Kategorien Gefahrenverdacht oder Restrisiko zugeordnet hat. Diese Tendenz verstärkt sich noch dadurch, daß eine solche Prognose vermutlich in der Mehrzahl der Fälle von vornherein ganz unterbleibt: Der einzelne Betroffene wird oftmals nicht um seine besondere Anfälligkeit gegenüber einzelnen Schadstoffen wissen, sondern erst durch den Eintritt nachteiliger Folgen davon erfahren, sofern er diese gesundheitlichen Beeinträchtigungen überhaupt auf ganz bestimmte Einwirkungen zurückführen kann.

Dies rechtfertigt es aber keineswegs, unter Hinweis auf die Grenzen wissenschaftlicher Erkenntnismöglichkeiten den Schutz besonders empfindlicher Personen generell abzulehnen. Zu dieser Gruppe gehören auch Menschen, deren anfällige Disposition sehr wohl bekannt ist, die von Wissenslücken also eben nicht betroffen sind.[78] Hier werden Beeinträchtigungen der Gesundheit vielmehr bewußt hingenommen. Die Grenzen der menschlichen Erkenntnismöglichkeiten sind somit lediglich geeignet, den Schutz überdurchschnittlich

---

Gefahrenverdacht die Anforderungen, die an das Vorliegen einer Gefahr gestellt werden, gerade nicht erfüllt.

72 Zur entsprechenden Risikovorsorge im Atomrecht vgl. oben S. 50 f.

73 Vgl. oben S. 39 bei Fn. 79 bis 81.

74 Für eine weitergehende Vorsorge auch unterhalb der Schwelle des Gefahrenverdachts sprechen sich etwa *Lübbe-Wolff*, S. 182 f. und *v. Lersner*, in: Kimminich / v. Lersner / Storm, Band II Sp. 1088 aus.

75 BVerwGE 69, 37 (43); OVG Lüneburg GewArch. 1980, 203 (205); *Kloepfer*, § 3 Rdnr. 14; *Lukes*, S. 35; zum Atomrecht BVerwGE 72, 300 (315) - Wyhl II; ablehnend hingegen *Feldhaus*, DVBl. 1980, 133 (136).

76 Kritisch hiergegen etwa *Hasso Hofmann*, S. 332 ff. mit dem Einwand, die Grenze dieser Begriffe festzulegen sei keine Frage der Auslegung, sondern obliege dem Gesetzgeber, und *Richter*, S. 55 ff. und 153 ff. unter Hinweis auf die mangelnde quantitative Deduzierbarkeit der Begriffe. - Bei der Abgrenzung von Gefahr, Gefahrenverdacht und Restrisiko wird zu Recht meist zwischen bestimmungsmäßigem Betrieb und Unfällen unterschieden (vgl. etwas *Reich*, S. 86 f. und passim). Der Schutz vor Unfällen kann jedoch in dieser Untersuchung vernachlässigt werden, da in Anbetracht der bei solchen Ereignissen drohenden Schädigungen besondere Empfindlichkeiten kaum mehr zusätzlich ins Gewicht fallen.

77 Siehe oben S. 21 ff.

78 Zutreffend deshalb *Wolf*, S. 315 f., der unter den Begriff des Restrisikos nur "verdeckte" Synkrasien einzelner Personen subsumiert.

anfälliger Personen mit Hilfe der gängigen rechtlichen Kategorien "Gefahrenverdacht" und "Restrisiko" genauer zu fassen und zu differenzieren. In den Fällen hingegen, wo Beeinträchtigungen solcher Personen mit hinreichender Wahrscheinlichkeit zu erwarten sind und sich deshalb nicht mehr bloß als Gefahrenverdacht oder Restrisiko bewerten lassen, versagt dieses Argument. Gerade an diesem entscheidenden Punkt aber müßte sich die Überzeugungskraft der herkömmlichen Auffassung erweisen.

Ob das allgemeine Lebensrisiko, das mit den Grenzen der wissenschaftlichen Erkenntnismöglichkeiten in einem Atemzug genannt wird,[79] eine zusätzliche selbständige Begründung liefern soll, ist fraglich.[80] Denn das durch solche Erkenntnisgrenzen definierte Restrisiko wird üblicherweise eben dem allgemeinen Lebensrisiko zugerechnet.[81] Freilich taucht der Gedanke eines allgemeinen Lebensrisikos an anderer Stelle als eigenständiger Gesichtspunkt auf: Der VGH Baden-Württemberg rechtfertigt in seiner bereits ausführlich gewürdigten Wyhl-Entscheidung die Unbeachtlichkeit seltener Stoffwechselanomalien mit einem "schicksalbedingten Lebensrisiko", das der einzelne zu tragen habe.[82] Das läßt es geraten erscheinen, diese Figur auf ihre besondere Bedeutung für die vorliegende Problematik zu überprüfen.

Die Vorstellung von einem allgemeinen Lebensrisiko ist im Zivilrecht entwickelt worden und dient dort als - keineswegs unumstrittenes[83] - Haftungskorrektiv. Hierunter sollen "grundsätzlich alle mit der natürlichen Existenz eines Menschen als solcher üblicherweise verbundenen Möglichkeiten fallen, rechtlich relevante Nachteile zu erleiden".[84] Bemerkenswerterweise will Mädrich[85] dieser Kategorie auch bestimmte Fälle von "Schadenspraedisponiertheiten" zuordnen. Der körperlich Anfällige trage ebenso wie der Gesunde ein allgemeines Lebensrisiko. Seine besondere Situation bestehe nun darin, daß ihm bereits Einwirkungen von geringer Intensität bedrohlich würden. Er sei demnach vielfältigeren Risiken ausgesetzt, die üblicherweise mit seinem Leben verbunden seien. Diesen Umstand müsse er zunächst einmal als sein persönliches Schicksal hinnehmen.[86]

---

79 Vgl. *Rehbinder / Klein / Kayser*, Einführung Rdnr. 57.

80 So verweisen *Rehbinder / Klein / Kayser* an anderer Stelle (§ 1 Rdnr. 8) nur noch auf die Grenzen menschlicher Erkenntnismöglichkeiten.

81 Vgl. etwa *Haedrich*, § 7 Rdnr. 69; *Rauschning*, VVDStRL 38, 192.

82 VGH BadWürtt ESVGH 32, 161 (216).

83 Eine Zusammenstellung des Meinungsstandes bietet *Mädrich*, S. 13 ff.; vgl. aus jüngerer Zeit BGHZ 107, 359 (367); BGH NJW 1991, 747 (748). Kritisch etwa Münchener Kommentar-*Grunsky*, Rdnr. 72 vor § 249 m.w.N.

84 *Mädrich*, S. 38.

85 S. 52 ff.

86 *Mädrich*, S. 53.

Der Definition des allgemeinen Lebensrisikos gemäß soll dies aber nur für ganz geringfügige Beeinträchtigungen des Körpers gelten, die mit dem täglichen Leben ohnehin üblicherweise und zwangsläufig verbunden sind. Als Beispiel nennt Mädrich[87] einen versehentlichen Tritt auf den Fuß, der wegen einer schweren arteriellen Störung zur Amputation des Oberschenkels führt.[88] Ob man solche "täglich und hundertfach"[89] vorkommenden Folgen des sozialen Zusammenlebens überhaupt auf eine Stufe mit den Risiken technischer Anlagen stellen kann, die Gegenstand dieser Arbeit sind, erscheint einigermaßen zweifelhaft. Zumindest aber gehören derartige extreme Empfindlichkeiten zu den Risiken, die dem Anlagenbetreiber ohnehin nicht mehr zugerechnet werden können.[90]

Mit einem allgemeinen Lebensrisiko lassen sich demnach ebenfalls keine neue Erkenntnisse gewinnen, die den Maßstab der durchschnittlichen Empfindlichkeit rechtfertigen könnten.

G. Typisierung aus Gründen der Praktikabilität

Während die Drögesche These, jede Prognose könne nur von gewöhnlich vorhandenen Umständen ausgehen, sich in solcher Allgemeinheit als nicht haltbar erwiesen hat,[91] gewinnt dieser Gedanke im Umweltrecht unter dem Stichwort "typisierende Betrachtungsweise" an Gewicht. Ausgangspunkt und zugleich entscheidendes Argument ist dabei die Besonderheit umweltbedingter Beeinträchtigungen:[92] Die weiträumig wirkenden Emissionen treffen auf ein sich stetig änderndes Umfeld. Diese Änderungen beruhen nicht nur auf unterschiedlichen synergetischen Wirkungen oder auf der verschieden intensiven Aufnahme von Schadstoffen, die sich etwa nach der Aufenthaltsdauer im jeweiligen Belastungsgebiet richtet. Die Wirkungsweise der Immissionen hängt auch von der physischen und psychischen Konstitution des einzelnen Betroffenen ab.[93] An dieser unüberschaubaren Vielfalt individueller Eigenschaften

---

87 S. 54 f.

88 Der Fall wurde vom OLG Karlsruhe VersR 1966, 741 f. entschieden.

89 So *Mädrich*, S. 54 Fn. 61 unter Berufung auf OLG Karlsruhe VersR 1966, 741 (742).

90 Siehe oben S. 72. Dementsprechend wird auch in der zivilrechtlichen Literatur (vgl. etwa Münchener Kommentar-*Grunsky*, Rdnr. 72 vor § 249 und die weiteren Nachweise bei *Lange*, S. 149 Fn. 360 und 361) gegen die Lösung *Mädrichs* vorgetragen, dieselben Ergebnisse ließen sich mit Hilfe der gängigen Zurechnungskriterien begründen, ohne eine so unbestimmte Figur wie das allgemeine Lebensrisiko bemühen zu müssen.

91 Siehe oben S. 63 f.

92 Zum folgenden *Schmidt-Aßmann*, AöR 106 (1981), 205 (212 ff.); zu Typisierungen im Immissionsschutzrecht vgl. auch *Bender / Sparwasser*, Rdnr. 286.

93 Zu diesen tatsächlichen Umständen siehe bereits oben S. 18 ff., 21.

könnten, so lautet die Befürchtung, die komplexen Genehmigungsentscheidungen scheitern. Es sei deshalb erforderlich, Beeinträchtigungen auch im Schutzbereich des Art. 2 Abs. 2 GG durch Typisierungen handhabbarer zu machen. Die generalisierenden Immissionswerte der Umweltstandards könnten deshalb selbst dann Geltung beanspruchen, wenn einer einzelnen Person wegen ihrer besonderen Disposition ein Gesundheitsschaden drohe.

Ähnliche Praktikabilitätserwägungen sollen im Atomrecht das typisierende Kriterium des "Standardmenschen" stützen. Man beruft sich darauf, daß die genaue Ermittlung der Strahlenbelastung, die der einzelne zu erwarten habe, auf kaum überwindliche Schwierigkeiten stoße. Denn zum einen mache dies eine zeitweilige totale Überwachung der Lebensweise der Bevölkerung erforderlich; und zum anderen sei der damit verbundene Aufwand völlig indiskutabel.[94]

Im Vergleich zu der Argumentation Dröges wirken diese Ausführungen einleuchtender, weil sie auf die praktischen Erfordernisse des immissionsschutz- und atomrechtlichen Genehmigungsverfahrens verweisen können. Ob sie allerdings letztlich zu überzeugen vermögen, soll an dieser Stelle noch dahinstehen und später in einem größeren verfassungsrechtlichen Zusammenhang diskutiert werden.[95]

H. Weitere Begründungen

I. Hansen-Dix

Nach Ansicht von Hansen-Dix stellt man auf eine durchschnittliche Empfindlichkeit ab, um zu verhindern, daß die Polizei schon wegen der besonderen Empfindlichkeit einzelner Personen oder Rechtsgüter in den Freiheitsbereich anderer eingreifen dürfe.[96] Mit diesem Argument gerät Hansen-Dix in die Nähe einer petitio principii. Das Unterbleiben solcher Eingriffe ist gerade die beabsichtigte Folge der Lehre von der durchschnittlichen Empfindlichkeit, kann also nicht zu deren Begründung herangezogen werden. Die entscheidende Frage, warum die Polizei nicht überempfindliche Rechtsgüter soll schützen dürfen, bleibt unbeantwortet. Und die Beeinträchtigung des Frei-

---

94 VGH BadWürtt ESVGH 32, 161 (213) - Wyhl; *Sommer*, DÖV 1983, 754 (757).

95 Siehe unten S. 118 ff.

96 *Hansen-Dix*, S. 25; die dortigen Nachweise in Fn. 35 belegen diese Aussage allerdings nicht.

heitsbereiches des einen zum Schutz des anderen ist keine Besonderheit der hier behandelten Problematik,[97] hat also keinen eigenen Argumentationswert.

II. Bundesverwaltungsgericht

Ähnlich unbestimmt hat sich das Bundesverwaltungsgericht zu den Vorschriften der Gewerbeordnung über genehmigungsbedürftige Anlagen geäußert. Es rechtfertigt den Maßstab des "normal empfindenden Menschen" damit, daß nur diese Auslegung dem Sinn und Zweck der §§ 16 ff. GewO gerecht werde.[98] Welcher Aspekt der durchaus vielschichtigen ratio legis der Gewerbeordnung gemeint ist und inwiefern diese einer Einbeziehung überdurchschnittlich empfindlicher Personen entgegensteht, erfährt man nicht.

J. Zusammenfassende Würdigung

Faßt man die bisherige Auseinandersetzung mit der Lehre von der durchschnittlichen Empfindlichkeit zusammen, so fällt dreierlei ins Auge. Zunächst unterscheidet sich diese Lehre in ihrem Erscheinungsbild grundlegend von anderen derart herrschenden Meinungen: Die vorgebrachten Argumente bilden keinen festen Kanon, auf den man immer wieder zurückgreift. Vielmehr finden sich nur vereinzelte Begründungsansätze, die in späteren Äußerungen zum Thema nicht mehr aufgegriffen werden.

Weiterhin werden zur Begründung zumeist sehr allgemeine und zugleich wenig faßbare Erwägungen angeboten, etwa die Gewährleistung eines gleichmäßigen Maßstabes[99], die Bewahrung der Rechtssicherheit[100] oder das schicksalbedingte Lebensrisiko[101]. Bemühungen um eine schlichte Auslegung der einschlägigen Gesetzesbestimmungen fehlen hingegen weitgehend.

Darin liegt wohl letztlich die dritte Besonderheit begründet: Sieht man einmal von dem Hinweis auf die Typisierung aus Gründen der Praktikabilität[102] ab, sind für den Maßstab der durchschnittlichen Empfindlichkeit bisher

---

97 Zur Dialektik von Schutz und Freiheit vgl. etwa *Murswiek*, S. 138 f.

98 BVerwG Buchholz 451.20 § 16 GewO Nr. 2, S. 3 (4).

99 Siehe oben S. 62.

100 Siehe oben S. 67.

101 Siehe oben S. 75.

102 Siehe oben S. 76 f.

keine Argumente vorgebracht worden, die die damit verbundenen einschneidenden Folgen überzeugend zu tragen vermögen. Auch der Gesichtspunkt der Zurechnung rechtfertigt lediglich Beschränkungen in bestimmten Fällen hochgradiger Anfälligkeit.[103]

---

103 Siehe oben S. 72.

5. Kapitel

Die typisierende Betrachtungsweise

Versucht man den Maßstab der durchschnittlichen Empfindlichkeit in eine rechtsmethodische Kategorie einzuordnen, so wird man zu Recht immer wieder auf die Figur der *typisierenden Betrachtungsweise* verwiesen.[1] Diese Methode soll im folgenden analysiert werden.

Auf eine kurze Formel gebracht, besteht die Eigenart der typisierenden Betrachtungsweise darin, "daß der Gesetzesanwender bewußt davon absieht, das Differenzierungspotential der Norm auszuschöpfen, um den Gesetzesvollzug zu vereinfachen"; zwischen das Gesetz und die Realität wird die Schablone des Typus geschoben.[2] Damit sind allerdings nur die groben Strukturen bezeichnet. Genauer erfassen läßt sich das methodische Vorgehen dieser Typisierung nur, wenn man sie der individuellen Rechtsanwendung gegenüberstellt.

Die einzelfallbezogene Subsumtion erfordert es zunächst, den realen Lebensverhalt von seiner Fülle juristisch bedeutungsloser Details zu befreien und auf den entscheidungserheblichen Sachverhalt[3] zu reduzieren. Um diesen Prozeß zielgerecht zu steuern, muß eine Beziehung zwischen dem tatsächlichen Geschehen und der Rechtsordnung hergestellt werden. Dies erfolgt durch die sog. *Grundfrage*[4], die danach forscht, ob dem realen Phänomen ein normativer Tatbestand entspricht. Ist so ein erster Berührungspunkt zwischen Realität und Norm geschaffen, beginnt der eigentliche Subsumtionsvorgang. Durch das "Hin- und Herwandern des Blickes zwischen Obersatz und Lebenssachverhalt"[5] werden die beiden Ebenen einander genähert, bis feststellbar ist, ob Tatbestand und Sachverhalt kongruent sind oder nicht. Der so umschriebene

---

1 Etwa von *Schmidt-Aßmann*, AöR 106 (1981), 205 (212 ff.) und *Bender / Sparwasser*, Rdnr. 286.

2 *Isensee*, Die typisierende Verwaltung, S. 16 f.

3 Zu der Unterscheidung von "Lebensverhalt" und "Sachverhalt" siehe *Hruschka*, S. 12, der dort als dritten Begriff noch den des "Rechtsfalles" einführt (= ontisches Korrelat des Sachverhaltes).

4 Dazu grundlegend *Hruschka*, S. 21 ff. und passim, inbes. S. 29, 57.

5 *Engisch*, S. 15.

"Vorgang der wechselseitigen Erhellung"[6] ergibt also nicht nur den subsumtionsfähigen Sachverhalt; während dieser sich allmählich herausbildet, beeinflußt er seinerseits in gleichem Maße die Interpretation der Norm und erreicht so ihre Anwendbarkeit im konkreten Fall. Der individuelle Einzelfall bestimmt folglich bis zuletzt den Subsumtionsprozeß mit.

Ganz anders stellt sich die Rechtsanwendung bei der Typisierung dar. Wie Isensee[7] - ausgehend von der typisierenden Betrachtungsweise im Steuerrecht - herausgearbeitet hat, wird zwar auch hier zunächst ein konkreter Lebensverhalt mit Hilfe der "Grundfrage" zu einer Norm in Bezug gesetzt. Dann erarbeitet sich der Rechtsanwender aber nicht mehr aus dem individuellen Lebensverhalt den korrespondierenden individuellen Sachverhalt. Vielmehr sucht er für den zur Entscheidung anstehenden Einzelfall einen - vermeintlich - passenden typisierten Normalfall. Ist dieser gefunden, so folgt ein "subsumtiver Kurzschluß"[8]; Gegenstand der Rechtsfindung ist dann nicht mehr der konkrete Lebensverhalt, sondern der vorbereitete, konfektionierte Sachverhaltstypus. Ohne daß die individuellen Besonderheiten des Einzelfalles berücksichtigt wurden, steht damit zugleich auch das Ergebnis fest: Mit unbeeinflußbarer Selbstverständlichkeit tritt die für den Typus bereits bekannte Rechtsfolge ein.

Entsprechend geht auch die Lehre von der durchschittlichen Empfindlichkeit bei der Subsumtion vor, was an dem eingangs[9] vorgestellten polizeirechtlichen Beispiel demonstriert sei, in dem ein einzelner Schwerkranker durch Hundegebell ernsthaft in seiner Gesundheit gefährdet wird. Dieser Lebensverhalt wird durch die Grundfrage mit der polizeilichen Generalklausel des § 8 MEPolG in Verbindung gebracht. Anstatt jedoch im Anschluß daran die Relation zwischen normativer und faktischer Ebene zu verdichten und so den konkreten Sachverhalt herzustellen, wird nach einem subsumtionsfertigen Sachverhalts-Typus gesucht und in Gestalt des "Normalmenschen" gefunden. Indem dieses Sachverhaltsklischee der Subsumtion quasi untergeschoben wird, ist das Resultat der Rechtsanwendung vorgezeichnet: Da Hundegebell beim durchschnittlichen Menschen allenfalls zu - polizeirechtlich irrelevanten - Belästigungen führt, ist keine Gefahr gem. § 8 MEPolG gegeben und somit ein Einschreiten der Polizei ausgeschlossen.

Im Umweltrecht findet die Methode der typisierenden Betrachtungsweise vor allem bei den Umweltstandards wie etwa der TA Luft und TA Lärm An-

---

6 *Larenz*, S. 269.

7 Die typisierende Verwaltung, S. 58 ff.; eine Zusammenfassung seiner Ergebnisse findet sich bei *Kraft*, S. 108 f.

8 *Kraft*, S. 108.

9 Siehe oben S. 14.

wendung.[10] Die in diesen Standards enthaltenen generalisierenden Sachverständigenaussagen[11] stellen auf einen typisierten Sachverhalt ab, um so die Fülle der nicht vollständig und vor allem nicht ex ante abzuschätzenden Sachverhaltsvarianten zu erfassen.[12] Soll etwa beurteilt werden, ob die von einer geplanten Anlage ausgehenden Luftverunreinigungen den Anforderungen des § 5 Abs. 1 Nr. 1 BImSchG genügen, so fragt die Genehmigungsbehörde bei der Subsumtion unter den Begriff der "schädlichen Umwelteinwirkungen" nicht danach, inwieweit die gem. Nr. 2.6 TA Luft ermittelten Werte im vorliegenden Einzelfall Gefahren oder erhebliche Belästigungen und Nachteile verursachen können. Die Behörde greift vielmehr auf die Grenzwerte der Nr. 2.5 TA Luft zurück, die eine typisierte Antwort auf diese Frage geben. So bleibt insbesondere eine im Einzelfall möglicherweise gegebene besondere Empfindlichkeit von Nachbarn unberücksichtigt.

Die Vorzüge und Nachteile dieser Methode liegen auf der Hand. An Vorteilen sind der einheitliche Gesetzesvollzug, damit verbunden ein großes Maß an Voraussehbarkeit und nicht zuletzt eine erhebliche Erleichterung der praktischen Umsetzung des Gesetzes zu verbuchen. Dem steht jedoch eine Reihe negativer Faktoren gegenüber:[13] Die typisierende Rechtsanwendung bewirkt eine Differenzierungssperre; nicht die Arbeit am konkreten Fall mit seinen Besonderheiten steht im Mittelpunkt, sondern die rein mechanische Zuordnung zu einem vermeintlichen "Normalfall". Rechtliche Wertungen, die beim individuellen Fallvergleich unerläßlich sind, brauchen nicht mehr vorgenommen zu werden; die Frage nach der eigentlichen ratio legis tritt in den Hintergrund. Dies führt zwar zu einer intellektuellen Entlastung des Rechtsanwenders. Zugleich wird aber das jeweilige Ergebnis regelmäßig ohne jeden Argumentationsbedarf gefunden. Die Aussage, das konkret betroffene Rechtsgut gehöre noch oder bereits nicht mehr zum Typus der durchschnittlichen Empfindlichkeit, genügt als Begründung. Bei dieser Subsumtion in der Art eines Pawlow-Reflexes[14] bleibt die Rationalität der Entscheidung zunehmend auf der Strecke. Zudem wird die Fortentwicklung der Gesetzesinterpretation unmöglich: Ist einmal ein bestimmter Falltypus als *durchschnittlich* erkannt, so tritt dieser an die Stelle des Gesetzes.

Diese allgemeinen Bedenken, die natürlich auch auf den Maßstab der durchschnittlichen Empfindlichkeit zurückfallen, machen eine gründliche Auseinandersetzung mit der typisierenden Betrachtungsweise unerläßlich. Dabei kann grundsätzlich auf die Erkenntnisse zurückgegriffen werden, die

10 *Rittstieg*, S. 178; *Steiger*, S. 34 f.

11 Siehe oben S. 40 f.

12 Speziell zu diesem Typisierungsprozeß siehe *Scholz*, S. 99 f., 106.

13 Zum folgenden insbesondere *Isensee*, Die typisierende Verwaltung, S. 62 ff.

14 So *Isensee*, Die typisierende Verwaltung, S. 60.

insbesondere Isensee bei der Untersuchung dieser Methode im Steuerrecht gewonnen hat. Obwohl die dortige typisierende Rechtsanwendung mit derjenigen im Polizei- und Umweltrecht im wesentlichen übereinstimmt, gilt es allerdings zwei Unterschiede zu beachten. Zum einen werden die Härten, die mit Typisierungen verbunden sein können, im Steuerrecht teilweise durch die von Isensee[15] als "hypothetisch" bezeichnete Spielart der typisierenden Betrachtungsweise gemildert. Der Typus stellt hier von vornherein nur eine widerlegliche Vermutung dar, die der davon nachteilig Betroffene ausräumen kann. Er muß lediglich darlegen, daß in seinem Fall Besonderheiten vorliegen, auf die die Eigenschaften des jeweiligen Typus nicht mehr zutreffen. Die Figur der durchschnittlichen Empfindlichkeit bedient sich hingegen der strengen "kategorischen Typisierung"[16], die solche Ausnahmen nicht zuläßt und in der steuerrechtlichen Literatur deswegen weitgehend als verfassungswidrig angesehen wird.[17]

Der andere Unterschied betrifft die Begründung des typisierenden Vorgehens. Im Steuerrecht wird die Typisierung mit dem Grundsatz der Gleichmäßigkeit und Einfachheit der Besteuerung gerechtfertigt und dementsprechend umfassend angewandt.[18] Im Gegensatz dazu sieht man die *durchschnittliche Empfindlichkeit* als Bestandteil der vom Gesetz vorgegebenen Begriffe der *Gefahr* und der *Erheblichkeit* von Nachteilen / Belästigungen an. Hier wird die typisierende Betrachtungsweise also nicht durch übergeordnete Gesichtspunkte bestimmt, sondern von der Normebene her gesteuert. Ob diese Methode im Polizei- und Umweltrecht einen Platz hat, kann daher nur mit Hilfe einer gründlichen Gesetzesauslegung beurteilt werden, der sich das folgende Kapitel widmet.

---

15 Die typisierende Verwaltung, S. 32 f.; vgl. auch *Osterloh*, JuS 1990, 100 f.

16 Dazu *Isensee*, Die typisierende Verwaltung, S. 33.

17 Vgl. die Nachweise bei *Osterloh*, JuS 1990, 100 Fn. 10.

18 Vgl. die Nachweise bei *Isensee*, Die typisierende Verwaltung, S. 16 und *Osterloh*, JuS 1990, 100 (101).

6. Kapitel

Auslegung

Der Maßstab der durchschnittlichen Empfindlichkeit wird sowohl bei der Einschätzung von *Gefahren* als auch im Zusammenhang mit der *Erheblichkeit* von Nachteilen und Belästigungen angewandt.[1] Die nachfolgende Auslegung der einschlägigen Vorschriften des Polizei-, Immissionsschutz- und Atomrechts muß deshalb zwischen diesen beiden interpretationsbedürftigen Begriffen unterscheiden.

Soweit es um die Gefahren geht, läßt sich der Gegenstand der Auslegung allerdings noch genauer fassen. Da hier die Figur der durchschnittlichen Empfindlichkeit dem *Schaden* zugeordnet wird,[2] kann sich die Interpretation auf dieses Element des Gefahrbegriffs konzentrieren. Die polizeilichen Generalklauseln der Länder nennen zwar den *Schaden* nicht ausdrücklich als Tatbestandsmerkmal. Dies könnte Zweifel daran wecken, ob die Auslegung, die stets dem Gesetzestext gelten muß, sich an diesen Begriff halten darf. Die Zweiteilung des polizeirechtlichen Terminus der *Gefahr* in den *Schaden* und die *Wahrscheinlichkeit* hat sich aber im Laufe der Zeit gleichsam gewohnheitsrechtlich verfestigt und ist nun auch durch die Legaldefinitionen in den neueren Landespolizeigesetzen gesetzlich festgeschrieben worden.[3] Das Immissionsschutzrecht, das sich eng an den polizeirechtlichen Gefahrbegriff anlehnt,[4] bestätigt die Bedeutsamkeit des Schadens mit dem zentralen Ausdruck der "schädlichen Umwelteinwirkungen" (§ 3 Abs. 1 BImSchG). Das Atomgesetz schließlich spricht in § 7 Abs. 2 Nr. 3 expressis verbis von der "Vorsorge gegen Schäden".

---

1 Siehe oben S. 13 f..

2 Siehe oben S. 13.

3 Vgl. die Nachweise auf S. 13 Fn. 2.

4 Vgl. statt vieler *Martens*, DVBl. 1981, 597 (599) m.w.N. und *Rid / Hammann*, VBlBW 1987, 121 (122).

A. Wortsinn

Ausgangspunkt - und zugleich Grenze - jeder Auslegung ist der Wortsinn. Dabei stellt man zunächst auf den allgemeinen Sprachgebrauch ab und fragt dann, ob der interpretationsbedürftige Ausdruck in der juristischen Fachsprache einen besonderen, davon abweichenden Bedeutungsgehalt hat.[5]

Der allgemeine Sprachgebrauch beschränkt den Schadensbegriff keineswegs auf die Verletzung durchschnittlich empfindlicher Rechtsgüter. Niemand käme auf den Gedanken, von einem "Schaden" allein deshalb nicht mehr zu sprechen, weil die gesundheitlichen Beeinträchtigungen bei einem besonders anfälligen Menschen eingetreten sind. Auch bei Sachschäden differenziert die Alltagssprache nicht nach der Empfindlichkeit des geschädigten Gegenstandes. Dies bestätigt ein Blick in die einschlägigen Wörterbücher. Die genaueste Definition findet sich immer noch in dem "Deutschen Wörterbuch" von Jacob und Wilhelm Grimm, das als Schaden "*jede* verletzung oder beeinträchtigung, die jemand an leib und leben oder hab und gut erleidet, ohne rücksicht auf den thäter oder die ursache"[6], bezeichnet.

Die juristische Fachsprache stimmt mit diesem allgemeinen Sprachgebrauch in dem hier entscheidenden Punkt überein. Von besonderem Interesse ist dabei der Schadensbegriff der §§ 249 ff. BGB, dem für die gesamte Rechtsordnung grundlegende Bedeutung zukommt. Zivilrechtliche Rechtsprechung und Literatur bejahen hier ganz einhellig einen Schaden auch dann, wenn dieser nur deswegen eintritt oder ein größeres Ausmaß annimmt, weil sich der Geschädigte infolge von Krankheit, besonderer Disposition oder sonstiger Anomalien als übermäßig anfällig erweist.[7] Der Schädiger müsse die geschädigte Person auch ansonsten so nehmen, wie sie ist. So könne sich der Schadensersatz etwa dadurch beträchtlich erhöhen, daß das Opfer über ein Spitzeneinkommen verfüge.[8] Eine Grenze wird erst dort gezogen, wo es dem Geschädigten an einem Minimum an physischer oder psychischer Widerstandskraft gebricht. Dies betrifft jedoch nur ganz extreme Fälle[9], und vor al-

---

5 *Larenz*, S. 305 ff., 328 f.

6 *Grimm / Grimm*, Sp. 1970 (Hervorhebung nicht im Original).

7 BGHZ 20, 137 (139); BGHZ 107, 359 (363) m.w.N.; OLG Frankfurt NJW 1984, 1409 (1410); Palandt-*Heinrichs*, Rdnr. 67 vor § 249; Münchener Kommentar-*Grunsky*, Rdnr. 51 vor § 249; *Lange*, S. 129 ff. Wie diese Nachweise zeigen, wird das Problem zwar immer unter dem Gesichtspunkt der Zurechenbarkeit diskutiert. Damit wird aber zugleich als selbstverständlich vorausgesetzt, daß auch der - logisch vorrangige - Schaden gegeben ist.

8 *Lange*, S. 131.

9 Vgl. etwa den vom OLG Karlsruhe VersR 1966, 741 f. entschiedenen Sachverhalt (siehe oben S. 76 bei Fn. 88).

lem werden diese Einschränkungen nicht durch Korrekturen am Schadensbegriff vorgenommen. Vielmehr rechnet man die Folgen der Verletzung dem Schädiger mangels adäquater Verursachung[10] bzw. auf Grund der Schutzzwecklehre[11] nicht mehr zu oder sieht den Schaden als Verwirklichung eines allgemeinen Lebensrisikos an[12]. Dem Wortsinn nach kann ein *Schaden* also bei allen Rechtsgütern eintreten, ohne daß es auf den Grad ihrer Anfälligkeit ankäme.

Ganz so eindeutig steht die Figur der durchschnittlichen Empfindlichkeit freilich nicht im Widerspruch zum Gesetzeswortlaut, soweit es um die *Erheblichkeit* von Nachteilen und Belästigungen (§ 5 Abs. 1 Nr. 1 i.V.m. § 3 Abs. 1 BImSchG) geht. Denn *erheblich* sind dem allgemeinen Sprachgebrauch nach solche Beeinträchtigungen, die ins Gewicht fallen oder beträchtlich sind.[13] Da hier gerade offen bleibt, bei welchen Beeinträchtigungen dies zu bejahen ist, bedarf dieser Begriff einer weiteren Konkretisierung. Er verlangt also wesentlich dringender als der *Schaden* nach einer wertenden Betrachtung. Dies sieht auch die herkömmliche Auffassung so, die die Erheblichkeit mit der Unzumutbarkeit für die betroffene Umgebung gleichsetzt und eine Abwägung zwischen den widerstreitenden Interessen eröffnet.[14] Wenn dabei dann Belästigungen von überdurchschnittlich empfindlichen Rechtsgütern generell als nicht *erheblich* bezeichnet werden, läßt sich dies mit dem Wortsinn wohl noch vereinbaren.

B. Systematische Auslegung

Die systematische Interpretation sieht die auslegungsbedürftige Norm in ihrem gesetzlichen Kontext. Die mehrdeutige Regelung ist so auszulegen, daß keine Widersprüche zu anderen sachlich benachbarten Vorschriften entstehen.[15]

---

10 BGH NJW 1976, 1143 (1144).

11 Münchener Kommentar-*Grunsky*, Rdnr. 51 a vor § 249.

12 *Mädrich*, S. 52 ff.; zu diesem Ansatz siehe bereits oben S. 75.

13 Duden, S. 731.

14 Siehe oben S. 35 f.; eine solche umfassende Güterabwägung scheidet nicht nur bei Gesundheitsschäden aus, sondern auch bei Sachschäden (vgl. oben S. 36 mit Fn. 61 und ausführlicher unten S. 144 f.).

15 *Larenz*, S. 310 f.

I. Die Unterscheidung von konkreter und abstrakter Gefahr

Wie insbesondere die polizeiliche Generalklausel zeigt, verstehen die Polizeigesetze unter einer *Gefahr* im Regelfall die konkrete Gefahr.[16] Nur beim Erlaß von Polizeiverordnungen genügt ausnahmsweise das Bestehen einer abstrakten Gefahr.[17] Diese strenge Unterscheidung wird durch die Lehre von der durchschnittlichen Empfindlichkeit verwischt. Denn die mit dieser Figur verbundene typisierende Betrachtungsweise ist ein konstituierendes Element der abstrakten Gefahr,[18] während die Prognose einer konkreten Gefahr auf den Einzelfall mit allen seinen individuellen Besonderheiten abstellt.[19] Der "normale Bestand an Rechtsgütern" als Bestandteil des konkreten Gefahrbegriffs ist demnach mit der Systematik der Polizeigesetze nicht in Einklang zu bringen.

Entsprechendes gilt im Immissionsschutz- und Atomrecht. Die Anlagengenehmigung stellt in beiden Rechtsgebieten eine typische Einzelfallentscheidung dar, die allein die konkreten Umstände zu bewerten hat. Für den Anwendungsbereich des Bundes-Immissionsschutzgesetzes hat Jarass[20] herausgearbeitet, daß dort ebenfalls zwischen konkret und abstrakt schädlichen Umwelteinwirkungen unterschieden wird. Der im vorliegenden Zusammenhang interessierende Schutzgrundsatz des § 5 Abs. 1 Nr. 1 BImSchG verwendet diesen Begriff in seiner konkreten Ausprägung.[21]

Dies bestreitet zwar Reich[22] mit der Begründung, daß die Aufspaltung der "schädlichen Umwelteinwirkungen" in zwei Begriffsvarianten keine Stütze in § 3 Abs. 1 BImSchG finde. Die dortige Legaldefinition abstrahiere von den einzelnen Schutzobjekten; deshalb stelle auch die einzelfallbezogene Genehmigungsentscheidung stets auf die abstrakte Gefahrenqualität von Immissionen ab.[23] Dieses Argument vermag jedoch nicht zu überzeugen. Wie Reich

---

16 Siehe oben S. 63.

17 Vgl. etwa § 48 BremPolG oder § 33 NdsSOG; im Musterentwurf eines einheitlichen Polizeigesetzes ist die Polizeiverordnung nicht ausdrücklich geregelt.

18 *Schenke*, Rdnr. 221; *Trute*, S. 79 f.; *Isensee*, Die typisierende Verwaltung, S. 98.

19 Siehe bereits oben S. 63.

20 § 3 Rdnr. 8 ff.; *ders.*, DVBl. 1983, 725 (731 f.); zustimmend *Richter*, S. 107 f.; *Markou*, S. 120 ff.; *Feldhaus / Schmitt*, WiuVw. 1984, 1 (21 ff.).

21 *Jarass*, § 3 Rdnr. 9 und § 5 Rdnr. 5; BVerwGE 69, 37 (43 f.); BayVGH NVwZ 1988, 175; *Richter*, S. 107 f.; *Markou*, S. 123 f.; *Sendler*, UPR 1983, 33 (43); *Hansmann*, NVwZ 1991, 829 (831 f.).

22 S. 58 ff.

23 *Reich* ist offensichtlich der Ansicht, daß durch diese "Ausweitung" des Gefahrbegriffs (S. 59) und die damit verbundene Lockerung des Kausalnachweises (S. 58) der Immissionsschutz verbessert werde; er übersieht dabei aber die nachteiligen Konsequenzen seiner Auffassung zumindest für den Schutz überdurchschnittlich empfindlicher Rechtsgüter.

selbst an anderer Stelle[24] unterstreicht, steht der immissionsschutzrechtliche Gefahrenbegriff fest in der Tradition des Polizeirechts.[25] Da der Gefahrbegriff dort regelmäßig mit der konkreten Gefahr gleichgesetzt wird, brauchte dies im Wortlaut von § 3 Abs. 1 und § 5 Abs. 1 Nr. 1 BImSchG nicht eigens hervorgehoben zu werden. Vielmehr wäre umgekehrt eine ausdrückliche Regelung erforderlich gewesen, wenn das Bundes-Immissionsschutzgesetz hier ausnahmsweise den polizeirechtlichen Sprachgebrauch hätte durchbrechen wollen.

Der eigentliche Grund für die von Reich propagierte Ausblendung der konkreten Umstände des Einzelfalls tritt zutage, wenn er die Abstraktionswirkung der Immissionsgrenzwerte betont und deren uneingeschränkte Geltung mit "vollzugstechnischen Gründen" rechtfertigt.[26] Hieran ist richtig, daß Grenzwerte stets auf typische Fälle abstellen[27] und sich damit der Figur der abstrakten Gefahr nähern. Untergesetzliche Umweltstandards sollen jedoch lediglich die im Gesetz verwandten unbestimmten Rechtsbegriffe konkretisieren, dürfen nicht aber ihrerseits deren Auslegung steuern, wie dies bei Reich geschieht.

Alles in allem widerspricht es also auch der Systematik des Bundes-Immissionsschutzgesetzes, die schädlichen Umwelteinwirkungen ohne weiteres aus der nivellierenden Sicht der typisierenden Betrachtungsweise zu beurteilen.

II. "Schaden" in § 7 Abs. 2 Nr. 3 und §§ 25 ff. AtG

Resultiert das eben vorgebrachte systematische Argument aus dem Gegensatz von konkreter und abstrakter Gefahr, so legt die mehrfache Verwendung des Begriffes des *Schadens* im Atomgesetz es nahe, hier zu einer einheitlichen Auslegung zu gelangen. Ansatzpunkt sind dabei die Haftungsvorschriften der §§ 25 ff. AtG. Zur Interpretation des dortigen Schadensbegriffs greift die atomrechtliche Literatur auf die einigermaßen gesicherten und zugleich fein verästelten Konturen des bürgerlichrechtlichen Schadensersatzrechtes (§§ 249 ff. BGB) zurück.[28] So wird der zivilrechtliche Grundsatz übernommen, daß der Schaden auch solche Einbußen umfaßt, die allein auf der besonderen Konstitution des Geschädigten beruhen.[29] Man geht sogar noch weiter

24 S. 31.
25 Siehe oben S. 84 bei Fn. 4.
26 *Reich*, S. 58 f.
27 Siehe oben S. 81 f.
28 *Haedrich*, §§ 29-30 Rdnr. 4.
29 Vgl. bereits oben S. 85 f.

und tritt für eine "Ausweitung der Adäquanz"[30] ein: Der Schutzzweck des Atomgesetzes gebiete es, auch besonders eigenartige und ganz unwahrscheinliche Folgen einzubeziehen.[31]

Schließt der diesen Kausalitätsfragen vorgelagerte Schadensbegriff der §§ 25 ff. AtG somit Verletzungen an überdurchschnittlich empfindlichen Rechtsgütern ein, so kann für den "Schaden" i.S.d. § 7 Abs. 2 Nr. 3 AtG nichts anderes gelten. Überzeugende Gründe für eine unterschiedliche Auslegung desselben Wortes innerhalb dieses Gesetzes sind nicht ersichtlich. Im Gegenteil würde eine solche Differenzierung in Konflikt mit dem Grundsatz geraten, daß gerade im Anwendungsbereich des Art. 2 Abs. 2 GG der präventive Schutz Vorrang vor dem nachträglichen Ausgleich von Schäden hat.[32] Dies gilt in besonderem Maße für Verletzungen der körperlichen Unversehrtheit durch ionisierende Strahlen, deren Folgen in der Regel irreparabel sind. Hat man - zu Recht - erkannt, daß auch Schäden bei besonders strahlenempfindlichen Personen eine Haftung nach dem Atomgesetz auslösen, so müssen demnach solche Möglichkeiten umso mehr bei der Schadensvorsorge (§ 7 Abs. 2 Nr. 3 AtG) berücksichtigt werden.

III. Der Untersuchungsgrundsatz (§ 24 VwVfG)

Bei einer systematischen Auslegung, die nicht nur das direkte gesetzliche Umfeld der mehrdeutigen Norm beachtet, sondern auch andere Gesetze berücksichtigt, die mit der Norm in einem engen sachlichen Zusammenhang stehen, sind u.a. die Verwaltungsverfahrensgesetze des Bundes und der Länder einzubeziehen. Diese Vorschriften gelten für die verfahrensrechtliche Vollziehung der Polizeigesetze sowie des Bundes-Immissionsschutz- und des Atomgesetzes (vgl. nur § 1 Verwaltungsverfahrensgesetz des Bundes - VwVfG). Diese Feststellung ist deswegen von Bedeutung, weil aus § 24 VwVfG und den entsprechenden Vorschriften der Länder teilweise ein grundsätzliches Typisierungsverbot abgeleitet wird. Vor allem der Abs. 2 des § 24 VwVfG halte die Behörden zur umfassenden Aufklärung des Einzelfalles an und verbiete damit, durch Typisierungen von vornherein auf die Ermittlung individueller Umstände zu verzichten.[33]

---

30 *Fischerhof*, vor § 25 AtG Rdnr. 9.

31 *Einbeck*, S. 37; *Fischerhof*, vor § 25 AtG Rdnr. 9.

32 *Hermes*, S. 263 f. m.w.N. Daß auch besonders empfindliche Menschen vom Schutzbereich dieses Grundrechts umfaßt sind, wird unten (S. 100 ff.) noch näher begründet.

33 *Pestalozza*, S. 188 f.; *Kraft*, S. 109 f.; *Clausen*, in: Knack, § 24 Anm. 6.

Träfe diese Auffassung zu, so ergäben sich daraus weitere gravierende Bedenken gegen die Figur der durchschnittlichen Empfindlichkeit, die sich die typisierende Betrachtungsweise ja methodisch nutzbar macht. Hier wird jedoch übersehen, daß § 24 VwVfG reines Verfahrensrecht ist, das die Auslegung der materiellen Vorschriften des Polizei- und Umweltrechts nicht beeinflussen kann. Die Verwaltungsverfahrensgesetze regeln lediglich den formellen Vollzug; die inhaltliche Seite der Entscheidungen hingegen ist durch die materiellen Gesetze vorgegeben. Diese Unterscheidung kommt auch im Wortlaut des § 24 Abs. 2 VwVfG zum Ausdruck, der der Behörde aufgibt, nicht etwa alle denkbaren, sondern nur die für den Einzelfall *bedeutsamen* Umstände zu berücksichtigen. Welche Umstände für die Verwaltungsentscheidung bedeutsam sind, bestimmt aber das materielle Recht. § 24 Abs. 2 VwVfG setzt also das gesetzliche Gebot, typisierend oder einzelfallbezogen zu verfahren, voraus; er spricht sich selbst weder für noch gegen die typisierende Arbeitsweise aus.[34]

IV. Zwischenergebnis

Während sich demnach aus § 24 VwVfG keine Erkenntnisse über die Zulässigkeit der Figur der durchschnittlichen Empfindlichkeit ergeben, begründen die beiden zuvor angeführten systematischen Argumente - die Unterscheidung von konkreter und abstrakter Gefahr sowie der Schadensbegriff des Atomgesetzes - erhebliche Zweifel an diesem Maßstab.

C. Teleologische Auslegung

Die teleologische Auslegung, die nach dem Zweck, dem Grundgedanken der gesetzlichen Bestimmung fragt,[35] wird im Geltungsbereich des Bundes-Immissionsschutz- und des Atomgesetzes dadurch erleichtert, daß beiden Gesetzen in ihrem § 1 eine ausdrückliche Zweckbestimmung vorangestellt ist. Bei Auslegungszweifeln genießt diejenige Interpretation den Vorzug, die die-

34 *Stelkens / Bonk / Leonhardt*, § 24 Rdnr. 38; ebenso *Kopp*, § 24 Rdnr. 5, der ganz allgemein betont, daß sich der Umfang der vorzunehmenden Ermittlungen nach den Rechtssätzen bestimmt, welche die formellen und materiellrechtlichen Voraussetzungen für die Entscheidung regeln.

35 *Larenz*, S. 318.

ser Zweckbestimmung am besten gerecht wird.[36] Dabei gilt der in § 1 BImSchG und § 1 Nr. 2 AtG normierte Schutzgedanke, der die Position der überdurchschnittlich empfindlichen Rechtsgüter stärken könnte, zwar nicht unbeschränkt. Diese Schranken setzt jedoch erst das Verfassungsrecht. So kann eine allzu extensive Handhabung des § 1 BImSchG mit den grundrechtlich gewährleisteten Rechtspositionen der Anlagenbetreiber kollidieren.[37] Da solche möglichen Konflikte auf der verfassungsrechtlichen Ebene auszutragen sind, dürfen sie an dieser Stelle vernachlässigt werden und der verfassungskonformen Auslegung überlassen bleiben.[38]

Auch die teleologische Interpretation des Atomgesetzes braucht sich mit eventuellen Begrenzungen des Schutzzweckes (§ 1 Nr. 2 AtG) nicht zu befassen. Denn dessen Vorrang vor dem in § 1 Nr. 1 AtG geregelten Förderungsgedanken[39] wird gerade mit der herausragenden Bedeutung von Leben und körperlicher Unversehrtheit (Art. 2 Abs. 2 GG) begründet. Einschränkungen dieses Vorranges können sich also allenfalls aus verfassungsrechtlichen Erwägungen ergeben.

Untersucht man den Schutzzweck des § 1 BImSchG und § 1 Nr. 2 AtG auf eine Aussage zur vorliegenden Fragestellung hin, so bestätigen sich die Zweifel an dem Maßstab der durchschnittlichen Empfindlichkeit. Beide Bestimmungen nennen als Schutzgüter ganz allgemein "Menschen, Tiere und Pflanzen ... sowie Kultur- und sonstige Sachgüter"[40] (§ 1 BImSchG) bzw. "Leben, Gesundheit und Sachgüter" (§ 1 Nr. 2 AtG). Sie beziehen also sämtliche Mitglieder der jeweiligen Gruppe unterschiedslos und ohne jede Einschränkung in den Schutzbereich ein.[41] Differenzierungen nach der Empfindlichkeit des betreffenden Rechtsgutes werden nicht vorgenommen.

Aus dieser ebenso schlichten wie wesentlichen Erkenntnis sind bisher weder im Immissionsschutz- noch im Atomrecht konkrete Schlußfolgerungen für die Behandlung besonders anfälliger Güter gezogen worden. Eine Ausnahme bildet allerdings die Begründung der Bundesregierung zu dem - später vom Bundesrat abgelehnten - Gesetzentwurf zur Änderung des Bundes-Immissi-

---

36 So für § 1 BImSchG *Boisserée / Oels / Hansmann / Schmitt*, § 1 Anm. 4; *Jarass*, § 1 Rdnr. 1; allgemein zu dieser Funktion legislativer Zweckbestimmungen *Vitzthum / Geddert-Steinacher*, S. 39 ff.

37 *Jarass*, § 1 Rdnr. 1.

38 Siehe unten S. 95 ff.

39 Zu diesem Vorrang grundlegend BVerwG DVBl. 1972, 678 (680) - Würgassen; *Haedrich*, § 1 Rdnr. 8; *Kloepfer*, § 8 Rdnr. 12 jeweils m.w.N.

40 Die ebenfalls genannten Schutzgüter Boden, Wasser und Atmosphäre können im vorliegenden Zusammenhang vernachlässigt werden.

41 Vgl. dazu die Aussage bei *Frank Hofmann*, S. 231, der Schutzzweck des § 1 BImSchG sei "auf den Schutz des Menschen schlechthin gerichtet".

onsschutzgesetzes.[42] Dort wird die geplante Verbesserung des Schutzes besonders empfindlicher Tiere, Pflanzen und anderer Sachen mit dem Hinweis auf den Schutzzweck des Bundes-Immissionsschutzgesetzes gestützt; dieser umfasse auch die besonders empfindlichen Sachgüter.[43]

Wie nahe dieser Gedanke liegt, zeigt nicht zuletzt ein Blick auf § 1 ChemG, der ganz allgemein den Schutz des Menschen vor schädlichen Einwirkungen zum Zweck des Gesetzes erklärt. Hieraus schließt Sellner[44], daß das Schutzziel der einzelne Mensch sei und deshalb auf eine möglicherweise bestehende besondere Empfindlichkeit abgestellt werden müsse, soweit diese Eigenschaft sich wissenschaftlichen Erkenntnissen eröffne.[45] Die Übertragbarkeit dieses Arguments auf das Immissionsschutz- und Atomrecht scheitert nicht etwa daran, daß diese Rechtsmaterien keinen vergleichbaren Individualschutz böten. Zwar erhebt § 1 BImSchG anders als § 1 ChemG nicht "*den* Menschen" zum Schutzziel, sondern bedient sich der Pluralform; diese Abweichung soll aber offenbar keinen sachlichen Unterschied anzeigen.[46] Davon geht auch der Bayerische Verwaltungsgerichtshof aus, der ausdrücklich hervorhebt, daß das Anliegen des Immissionsschutzrechts nicht der Schutz einer mehr oder weniger abstrakten Durchschnittsnachbarschaft sei, sondern der "jedes einzelnen individuellen Nachbarn".[47]

Soweit es um Pflanzen, Tiere und Sachgüter geht, könnte diese teleologische Auslegung allerdings bei denjenigen Vertretern in der immissionsschutzrechtlichen Literatur auf Widerspruch stoßen, die diesen Rechtsgütern die Qualität als eigenständige Schutzobjekte absprechen und sie nur in ihrer Bedeutung für den Menschen schützen wollen.[48] Denn hieraus wird eine tendenzielle Verminderung des Sachgüterschutzes abgeleitet, die in erster Linie solche Pflanzen und Tiere treffen soll, die noch empfindlicher auf Schadstoffe

---

42 Siehe oben S. 45 ff.

43 BT-Drucks. 8/2751, S. 6.

44 Ausbau des Individualschutzes, L 40; vgl. bereits oben S. 14 mit Fn. 12.

45 Ebenso *Rehbinder / Kayser / Klein*, § 1 Rdnr. 8; ablehnend hingegen *Uppenbrink / Broecker / Schottelius / Schmidt-Bleek*, § 1 Rdnr. 4.

46 So spricht auch die Amtl. Begründung zu § 1 BImSchG mehrfach von "*dem* Menschen" (BT-Drucks. 7/179, S. 28). Die Aussage von *Landmann / Rohmer / Kutscheidt*, § 1 BImSchG Rdnr. 8, aus dem Wortlaut des § 1 BImSchG werde man nicht schließen können, daß das Gesetz auch dem Schutz des einzelnen dienen solle, steht dem wohl nicht entgegen; denn sie fällt im Zusammenhang mit der Frage nach der drittschützenden Wirkung von Vorschriften des Bundes-Immissionsschutzgesetzes, betrifft also eine andere Problematik (so auch die entsprechende Differenzierung bei *Sellner*, Ausbau des Individualschutzes, L 39 f.).

47 BayVGH Feldhaus ES BImSchG § 17-1, S. 7 f.; siehe auch oben S. 37.

48 So etwa *Landmann / Rohmer / Kutscheidt*, § 1 BImSchG Rdnr. 4; *Schmatz / Nöthlichs / Weber*, § 1 BImSchG Erl. 4; *Kraft*, S. 79 f. Fn. 103; *Winter*, S. 129; wohl auch Länderausschuß für Immissionsschutz, Umwelt Nr. 73 (1979), 25 f.

reagieren als Menschen.[49] Ein derartiger Einwand ließe sich jedoch gleich in zweifacher Hinsicht entkräften.

Zunächst ist die beschriebene Abstufung der Schutzintensität mit § 1 BImSchG kaum in Einklang zu bringen, der alle Schutzobjekte gleichberechtigt nebeneinander aufführt.[50] Der insofern unzweideutige Wortlaut kann auch nicht durch den Hinweis auf § 3 Abs. 1 BImSchG relativiert werden, aus dem die gegenteilige Ansicht folgert, Sachgüter seien nur als Teil der "Allgemeinheit" oder der "Nachbarschaft", also im Hinblick auf den Menschen, schützenswert.[51]

Spricht man sich dennoch für einen bloß mittelbaren Sachgüterschutz aus, so rechtfertigt dies aber jedenfalls nicht den Schluß, daß besonders empfindliche Pflanzen, Tiere und andere Sachen nur eingeschränkten Schutz genössen. Zur Nachbarschaft gehören nämlich nicht nur die Menschen, die im Einwirkungsbereich einer Anlage leben. Auch Personen, die Rechte an dortigen Sachen haben, zählen zu den Nachbarn.[52] Da besonders schadstoffanfällige Sachgüter regelmäßig bestimmten natürlichen oder juristischen Personen gehören, sind sie zumindest über ihre Eigentümer und deren Eigenschaft als Nachbarn genauso geschützt wie Sachen geringerer Empfindlichkeit.[53] Und der Begriff der "Nachbarschaft" läßt keine Differenzierungen danach zu, welchen Anfälligkeitsgrad das Eigentum der Nachbarn hat.

Anders als das Bundes-Immissionsschutz- und das Atomgesetz enthalten die Polizeigesetze der Länder keine Zweckbestimmung. Aber auch ohne entsprechende ausdrückliche Regelung läßt sich feststellen, daß die polizeilichen Generalklauseln ihrem Grundgedanken nach ebenfalls keine Differenzierungen zwischen durchschnittlich und überdurchschnittlich empfindlichen Rechtsgütern vornehmen. Es fehlt jeder Anhaltspunkt dafür, daß sie den Schutz vor Gefahren für die öffentliche Sicherheit, die ja auch die Unverletzlichkeit der subjektiven Rechte und Rechtsgüter des einzelnen umfaßt,[54] in unterschiedlicher Weise gewährleisten wollen.

---

49 So *Kloepfer*, § 7 Rdnr. 20; *Breuer*, Umweltschutzrecht, S. 661 f., der freilich dem lediglich mittelbaren Schutz von Pflanzen, Tieren und anderen Sachen kritisch gegenübersteht (vgl. sogleich bei Fn. 50).

50 *Breuer*, Umweltschutzrecht, S. 661; *v. Holleben*, GewArch. 1977, 45 (46 f.); *Reich*, S. 39; *Rittstieg*, S. 155.

51 So die in Fn. 48 nachgewiesenen Stimmen. Hiergegen mit weiteren Argumenten *Reich*, S. 41; *Lübbe-Wolff*, NVwZ 1986, 179 (180).

52 *Landmann / Rohmer / Kutscheidt*, § 3 BImSchG Rdnr. 6; *Jarass*, § 3 Rdnr. 59; *Schenk*, Rdnr. 24.

53 Zu diesem Gedanken vgl. *Reich*, S. 41; *Lübbe-Wolff*, NVwZ 1986, 179 (180).

54 Vgl. nur *Drews / Wacke / Vogel / Martens*, S. 232 ff.; ebenso die Legaldefinition des § 2 Nr. 2 BremPolG.

Aus der Sicht der teleologischen Auslegung werden demzufolge auch solche Rechtsgüter geschützt, die von besonders empfindlicher Beschaffenheit sind.

D. Historische Gesichtspunkte

Bei der Auslegung mehrdeutiger Regelungen greift die herkömmliche Methodenlehre auch auf die Entstehungsgeschichte der betreffenden Norm zurück.[55] Dies erscheint nicht unproblematisch. Denn die zumeist herangezogenen Äußerungen einzelner an dem Gesetzgebungsverfahren beteiligter Abgeordneter und die Amtlichen Begründungen geben nicht unbedingt die Regelungsabsicht *des* parlamentarischen Gesetzgebers wieder.[56] Welchen Stellenwert solche genetischen Aspekte letztlich haben, kann allerdings dahinstehen, da die Gesetzesmaterialien für die hier erörterte Problematik ohnehin wenig hergeben.

Bei der Beratung der einschlägigen Gesetze wurde zwar stets betont, daß man am traditionellen Verständnis des Gefahrbegriffes festhalten wolle. So plädierten während der Verhandlungen über das neue Preußische Polizeiverwaltungsgesetz im zuständigen Parlamentsausschuß sowohl ein Vertreter des Innenministeriums als auch ein Ausschußmitglied dafür, den § 14 PrPVG möglichst eng an § 10 II 17 ALR anzulehnen, damit die Rechtsprechung des Oberverwaltungsgerichts aufrechterhalten bleibe.[57] Desgleichen unterstreicht die Amtliche Begründung zum Regierungsentwurf des Bundes-Immissionsschutzgesetzes[58], daß die in Rechtsprechung und Literatur entwickelten Regeln zur Genehmigung nach den §§ 16 ff. GewO für § 5 BImSchG auch in Zukunft Gültigkeit hätten. Der Maßstab der durchschnittlichen Empfindlichkeit wurde aber - soweit ersichtlich - bei keiner der erwähnten Gesetzesberatungen ausdrücklich genannt.[59] Ob die am Gesetzgebungsverfahren Beteilig-

---

55 Dazu *Larenz*, S. 313 ff.

56 Skeptisch daher z.B. BVerfGE 54, 277 (297 f.). Für *Larenz*, S. 315 sind derartige Bekundungen "dennoch von erheblichem Wert für die Auslegung".

57 Vgl. den Ausschußbericht, abgedruckt bei *Klausener / Kerstiens / Kempner*, 1. Aufl., S. 130 f.; die inhaltliche Übereinstimmung mit § 14 PrPVG betont ihrerseits wiederum die Allgemeine Begründung zum Musterentwurf eines einheitlichen Polizeigesetzes, Ziff. 3.21.

58 BT-Drucks. 7/179, S. 30.

59 Eine Ausnahme bildet die amtliche Begründung für den Gesetzentwurf zur Änderung des Bundes-Immissionsschutzgesetzes, die zeigt, daß man einen besseren Schutz von besonders empfindlichen Menschen und Sachgütern als notwendig erachtete (siehe oben S. 45 ff. und 91 f.). Hieraus lassen sich für die historische Auslegung aber keine substantiellen Schlüsse ziehen, da das Gesetzesvorhaben - wenn auch aus anderen Gründen - später scheiterte.

ten dieses Kriterium weiterhin als maßgeblich festschreiben wollten, bleibt also offen.

Die historische Interpretation beschränkt sich freilich zu Unrecht meist auf solche Fragen der Gesetzesentstehung. Dabei bleibt dann das übrige geschichtliche Umfeld unbeachtet, obwohl sich hier durchaus aufschlußreiche Gesichtspunkte für die Auslegung ergeben können.[60] Dies zeigt gerade auch der Maßstab der durchschnittlichen Empfindlichkeit. Das Preußische Oberverwaltungsgericht hat diese Figur vor ungefähr neunzig Jahren anhand von Geruchs- und Lärmbeeinträchtigungen des alltäglichen Lebens entwickelt,[61] bei denen man ohnehin Mühe hat, eine polizeirechtlich relevante Gefahr anzunehmen. Demgegenüber geht es heutzutage im Atom- und Immissionsschutzrecht um Gefahren für Leib und Leben, deren Ausmaß das Oberverwaltungsgericht nicht vor Augen hatte und haben konnte. Diesen historischen Kontext vernachlässigt die herrschende Lehre, indem sie den Maßstab der durchschnittlichen Empfindlichkeit ungeprüft und ohne jede Einschränkung in die heutige Zeit übernimmt.

Diese Vorbehalte werden noch dadurch bestärkt, daß das Preußische Oberverwaltungsgericht selbst den "normalen Bestand" nicht mehr als geeignetes Kriterium ansah, falls ein Notstand vorliegen sollte[62] - eine Einschränkung, die man in aktuellen Stellungnahmen zumeist vergebens sucht.[63] Das Gericht hatte mangels geeigneten Fallmaterials keinen Anlaß mehr, diese hypothetische Ausnahme zu konkretisieren; als (Extrem-)Beispiel für einen solchen Notstand nannte es lediglich die unmittelbare Lebensgefahr.[64] Trotz dieser Unbestimmtheit läßt sich jedoch nicht übersehen, daß auch das Oberverwaltungsgericht Bedenken hatte, seinen Maßstab in allen Fällen uneingeschränkt anzuwenden.

E. Verfassungsorientierte Auslegung

Faßt man das Ergebnis der bisherigen Auslegung zusammen, so hat keines der herkömmlichen vier Kriterien Argumente für die Figur der durchschnittlichen Empfindlichkeit erbracht. Im Gegenteil läßt sich feststellen, daß dieser Maßstab insbesondere mit Wortlaut, Systematik und Zweck der betreffenden Vorschriften kaum zu vereinbaren ist. Alles spricht dafür, zumindest in den

---

60 Zu dieser Erweiterung der historischen Auslegung vgl. *Alexy*, S. 294.

61 Siehe oben S. 30 f.

62 PrOVGE 49, 299 (303).

63 Zu einer Ausnahme siehe oben S. 33 f. bei Fn. 47.

64 PrOVGE 49, 299 (303).

Gefahrbegriff auch besonders empfindliche Rechtsgüter einzubeziehen. Etwas anders stellt sich die Lage dar, wo es um die Erheblichkeit von Nachteilen und Belästigungen geht. Insofern erscheinen gewisse Einschränkungen durch eine wertende Betrachtung zulässig.

Letzten Aufschluß verspricht eine verfassungsrechtliche Überprüfung, die sich hier geradezu aufdrängt. Immerhin verwehrt die herkömmliche Auffassung einem nicht unbedeutenden Personenkreis jeden Schutz, den etwa das zentrale Grundrecht des Art. 2 Abs. 2 GG gewährt. Auf der anderen Seite könnten Grundrechtspositionen der Risikoverursacher aber auch dazu zwingen, den Schutz überdurchschnittlich empfindlicher Rechtsgüter einzuschränken. Solche Zweifelsfälle im Spannungsfeld divergierender Grundrechte verlangen nach einer verfassungskonformen Auslegung. Sie gebietet, unter mehreren denkbaren Interpretationen diejenige zu wählen, die mit dem Grundgesetz in Einklang steht.[65]

Genau besehen geht es im vorliegenden Zusammenhang allerdings nicht darum, eine Norm in einer bestimmten Auslegung auf ihre Verfassungsmäßigkeit zu überprüfen, wie es die Aufgabe der verfassungskonformen Auslegung beim Normenkontrollverfahren ist. Die Lehre von der durchschnittlichen Empfindlichkeit wirft vielmehr die Frage auf, welche der in Betracht zu ziehenden Auslegungen den Zielen der Verfassung am nächsten kommt. Für diese Spielart der verfassungskonformen Auslegung bietet sich der exaktere Terminus der verfassungs*orientierten* Auslegung an.[66]

I. Schutzrichtung der Grundrechte

Um die Meßlatte der Grundrechte an die Problematik besonders anfälliger Rechtsgüter anlegen zu können, muß zuvor geklärt werden, ob die betroffenen Personen sich überhaupt auf grundrechtlichen Schutz berufen können. Dies ist angesichts der Besonderheit umweltbedingter Beeinträchtigungen nicht selbstverständlich. Denn die Grundrechte sind "in erster Linie dazu bestimmt, die Freiheitssphäre des einzelnen vor Eingriffen der öffentlichen Gewalt zu sichern; sie sind Abwehrrechte des Bürgers gegen den Staat".[67] In dieser klassischen Ausprägung kommen sie zum Tragen, wenn Umwelteinwirkungen dem Staat ohne weiteres als Eingriff in Rechte seiner Bürger zugeordnet werden können. Dies betrifft vor allem Emissionen der öffentlichen Hand (etwa

---

65 BVerfGE 2, 266 (282); zuletzt BVerfGE 69, 1 (55) m.w.N.; *Larenz*, S. 330.

66 Zu dieser Unterscheidung *Stern*, Bd. I § 4 III 8 d; *Wank*, JuS 1980, 545 (547 f.).

67 So grundlegend BVerfGE 7, 198 (204) - Lüth; aus der staatsrechtlichen Literatur vgl. nur *Stern*, Bd. III/1 § 65 IV 2, § 66.

in Form von Tiefflügen der Bundeswehr) oder Belastungen durch den Autoverkehr, für die der Staat als "Zweckveranlasser" unmittelbar verantwortlich ist.[68]

Der größere Anteil an Immissionen geht jedoch von Aktivitäten privater Dritter aus. Hier versagt nach herkömmlichem Verständnis die Abwehrfunktion der Grundrechte. Um den Grundrechtsschutz gegen solche Beeinträchtigungen von privater Seite nicht leerlaufen zu lassen, sind vielerlei Anstrengungen unternommen worden, den Grundrechten eine zusätzliche Schutzdimension zu eröffnen.[69]

Alle diese Bemühungen ranken sich um die Rechtsprechung des Bundesverfassungsgerichts, das in zahlreichen Entscheidungen vom Urteil zur Fristenlösung bis hin zum Verkehrslärm-Beschluß[70] eine solche staatliche Schutzpflicht entwickelt hat. Danach sind die staatlichen Organe verpflichtet, sich schützend vor die grundrechtlichen Rechtsgüter zu stellen und diese vor rechtswidrigen Eingriffen Dritter zu bewahren. Auf Grund ihrer Bedeutung standen Leben und körperliche Unversehrtheit bisher im Mittelpunkt des Interesses. Eine staatliche Schutzpflicht wird aber - mit Abstufungen im einzelnen - zunehmend auch für andere Grundrechte wie Art. 14 Abs. 1 GG anerkannt.[71]

Dieser Schutzpflichtgedanke ist im Grundsatz von der Literatur übernommen worden.[72] Beträchtliche Auffassungsunterschiede bestehen allerdings hinsichtlich der Herleitung der Schutzpflicht. Zumeist wird der in den späteren Entscheidungen des Bundesverfassungsgerichts[73] betonte objektiv-rechtliche Gehalt der Grundrechte als Begründung aufgegriffen.[74] Hermes[75] leitet dagegen die Schutzpflicht jedenfalls für Art. 2 Abs. 2 GG aus der "Funktion der Grundrechte als nach allen Seiten zu schützende personale Garantien"[76]

---

68 Zu diesen und ähnlichen Fallgruppen staatlicher Eingriffe vgl. *Rauschning*, VVDStRL 38, 181 f.; *Hermes*, S. 83 ff.

69 Vgl. zum folgenden den Überblick bei *Stern*, Bd. III/1 § 69 IV mit zahlreichen Nachweisen.

70 Im einzelnen: BVerfGE 39, 1 (41 ff.) - Fristenlösung; BVerfGE 46, 160 (164 f.) - Schleyer; BVerfGE 49, 89 (141 ff.) - Kalkar; BVerfGE 53, 30 (57 ff.) - Mülheim-Kärlich; BVerfGE 56, 54 (73 ff.) - Flughafen Düsseldorf; BVerfG (Vorprüfungsausschuß) NJW 1983, 2931 (2932) - Luftreinhaltung; BVerfG (Kammer) NJW 1987, 2287 - AIDS-Bekämpfung; BVerfGE 77, 170 (214 ff.) - C-Waffen; BVerfGE 79, 174 (201 f.) - Verkehrslärm.

71 BVerfG (Vorprüfungsausschuß) NJW 1983, 2931 (2932) - Luftreinhaltung; BVerwGE 60, 297 (305) -Wyhl I; *Stern*, Bd. III/1 § 69 IV 5 und 6 d; *Steiger*, S. 44 f.; *Trute*, S. 237 ff. jeweils m.w.N.

72 Vgl. die umfangreichen Nachweise bei *Stern*, Bd. III/1 § 69 IV 4 mit Fn. 237 und 238 sowie bei *Hermes*, S. 58 ff.

73 Seit BVerfGE 53, 30 (57) - Mülheim-Kärlich.

74 So etwa *Stern*, Bd. III/1 § 69 IV 5 c; *Hasso Hofmann*, S. 87, 309 ff.

75 S. 190 ff.

76 *Hermes*, S. 280 These 7.

ab. Beiden Begründungsansätzen ist gemeinsam, daß die positive Schutzverpflichtung als eigenständiges Element neben das negative Eingriffsverbot tritt.[77] Diesen grundrechtsdogmatischen Dualismus hält insbesondere Murswiek für entbehrlich. Ihm genügt die klassische Abwehrfunktion der Grundrechte, um Schutzpflichten zu begründen.[78] Der moderne Staat habe das Verhältnis seiner Bürger untereinander umfassend geregelt. Es sei somit alles erlaubt, was nicht verboten sei. Für Beeinträchtigungen durch Dritte ergibt sich daraus eine klare Unterscheidung: Rechtswidrige Eingriffe könne der Betroffene mit den rechtlichen Mitteln abwehren, die der Rechtsstaat zu diesem Zweck zur Verfügung stelle. Legale Beeinträchtigungen Dritter müßten hingegen auf Grund des allgemeinen Verbots privater Gewaltanwendung hingenommen werden. Diese Duldungspflicht stelle eine staatliche Grundrechtseinschränkung dar. Alle Eingriffe privater Dritter in grundrechtlich geschützte Rechtsgüter, die der Staat nicht verbiete, müsse dieser sich demnach als Folge seiner Rechtssetzung zurechnen lassen.

Die praktischen Auswirkungen dieser unterschiedlichen dogmatischen Herleitungen sind geringer, als man auf den ersten Blick meinen könnte.[79] Unterschiedliche Ergebnisse stellen sich noch am ehesten dort ein, wo es um die Erfüllung der Schutzpflichten durch den Gesetzgeber geht. Während das Bundesverfassungsgericht unter Berufung auf die Gestaltungsfreiheit der gesetzgebenden Organe nur evidente Verletzungen beanstanden möchte,[80] stellt Murswiek dem eine differenziertere und teilweise wesentlich strengere Lösung gegenüber.[81]

Wie der Hinweis des Bundesverfassungsgerichts auf den Entscheidungsspielraum der Legislative schon andeutet, sind derartige Abweichungen im Ergebnis nicht mehr zu erwarten, sobald sich die Wirkung der grundrechtlichen Schutzpflichten auf die verfassungsorientierte Auslegung bestehender Gesetze beschränkt. In diesen Fällen hat der Gesetzgeber sich bereits für eine bestimmte Maßnahme entschieden, die es nur noch im Einklang mit dem

---

77 *Isensee*, Das Grundrecht auf Sicherheit, S. 33.

78 Zum folgenden *Murswiek*, S. 65 ff., 91 ff., 102 ff.; zusammenfassend S. 276 ff. und WiuVw. 1986, 179 (182 ff.); ihm folgend *Bock*, S. 144 ff. m.w.N. in Fn. 294. Kritisch dagegen etwa *Hermes*, S. 95 ff., 219 ff.; *Stern*, Bd. III/1 § 69 IV 5 b ß; *Trute*, S. 222 ff.

79 Vgl. etwa BVerfGE 53, 30 (58) - Mülheim-Kärlich und BVerwGE 60, 297 (305) - Wyhl I, die (zumindest bei atomrechtlichen Genehmigungen) hinsichtlich der Schutzpflichten nicht weniger strenge Maßstäbe anlegen wollen als bei staatlichen Eingriffsgesetzen und sich damit dem Ansatz *Murswieks* annähern.

80 BVerfGE 56, 54 (80 ff.) - Flughafen Düsseldorf; BVerfG (Vorprüfungsausschuß) NJW 1983, 2931 (2932) - Luftreinhaltung; zustimmend etwa *Denninger*, in: Alternativkommentar, Rdnr. 30 vor Art. 1; ähnlich *Isensee*, Das Grundrecht auf Sicherheit, S. 38 ff., 49 ff. Ausdrücklich ablehnend *Murswiek*, S. 109 ff.

81 Vgl. insbesondere *Murswiek*, WiuVw. 1986, 179 (184 f., 190 ff.) mit Unterschieden bei den - von ihm so bezeichneten - primären und sekundären Schutzpflichten; zustimmend *Bock*, S. 156 ff.

Grundgesetz auszulegen gilt. Ein struktureller Unterschied zum unmittelbaren staatlichen Eingriff läßt sich dann auch aus der Sicht der herkömmlichen Auffassung kaum noch aufrechterhalten.[82] Da die vorliegende Problematik eine solche verfassungsorientierte Auslegung geltenden Rechts verlangt, kann hier dahinstehen, welcher der beschriebenen dogmatischen Wege die besseren Argumente auf seiner Seite hat.

Die folgende grundrechtliche Diskussion geht auf besonders empfindliche Personen und Sachgüter getrennt ein. Denn wie berechtigt die Skepsis gegenüber der Erwartung auch sein mag, aus der Verfassung präzise Vorgaben für das zulässige Ausmaß von Umweltbeeinträchtigungen entnehmen zu können,[83] so herrscht doch in einem Punkt weitgehend Einigkeit: Art. 2 Abs. 2 GG verpflichtet zu einem intensiveren Schutz von Leben und körperlicher Unversehrtheit, als es Art. 14 GG für das Eigentum zu leisten vermag.[84]

II. Beeinträchtigungen besonders empfindlicher Personen

1. Freiheitsgrundrechte auf seiten der Immissionsbetroffenen

a) Grundrecht auf Leben und körperliche Unversehrtheit (Art. 2 Abs. 2 GG)

Gesundheitlich besonders anfällige Personen werden sich in erster Linie auf das Grundrecht des Art. 2 Abs. 2 GG berufen.[85]

aa) Schutzbereich

Anders als das Schutzgut des Lebens, das sich im Sinne der "biologisch-psychischen Existenz"[86] beschreiben läßt,[87] ist die durch Art. 2 Abs. 2 Satz 1

82 Ausführlich dazu *Geddert-Steinacher*, S. 95 ff., insbes. S. 100 ff. m.w.N. Eine abgestufte Intensität der Schutzpflichten je nach Adressat (Legislative, Judikative, Exekutive) wird auch von anderen Autoren zunehmend propagiert (vgl. etwa *Hermes*, S. 265 ff. m.w.N.).

83 Zurückhaltend etwa *Richter*, S. 295; *Degenhart*, DVBl. 1983, 826 (828 f.).

84 Vgl. etwa *Schmidt-Aßmann*, AöR 106 (1981), 205 (211); *Trute*, S. 239 m.w.N.; *Hasso Hofmann*, S. 307 Fn. 47. Trotz aller Vorbehalte gegen ein "Wertsystem der Grundrechte" ebenso *Murswiek*, S. 179 f.

85 Weitergehende Schlußfolgerungen ließen sich u.U. aus einem umfassenden Umweltschutzgrundrecht ableiten. Soweit ein solches jedoch über die Teilgewährleistungen des geschriebenen Grundrechtskatalogs hinausgeht, wird es inzwischen überwiegend und zu Recht abgelehnt (BVerwGE 54, 211 (219); *v. Mangoldt / Klein / Starck*, Art. 2 Abs. 2 Rdnr. 158; *v. Münch*, in: ders., Art. 2 Rdnr. 61; *Rauschning*, VVDStRL 38, 177 f. jeweils m.w.N.

86 *v. Mangoldt / Klein / Starck*, Art. 2 Rdnr. 129.

GG ebenfalls gewährleistete körperliche Unversehrtheit nicht ohne weiteres zu erfassen. Als weitgehend gesichert können allerdings drei Markierungen gelten, die dem Schutzbereich eine gewisse Struktur verleihen und ihn so einigermaßen praktikabel machen.[88] Zunächst umfaßt Art. 2 Abs. 2 GG die Freiheit vor Verletzungen der körperlichen Gesundheit, anders gesprochen: den menschlichen Körper in seiner "objektiven Substanz".[89] Hierzu gehört auch die Unverletzlichkeit und Funktionsfähigkeit innerer Organe. Weiterhin soll das Grundrecht auf körperliche Unversehrtheit vor genetischen Schäden bewahren. Schließlich schützt Art. 2 Abs. 2 Satz 1 GG gegen solche psychischen Einwirkungen, die ihrer Wirkung nach körperlichen Eingriffen gleichzusetzen sind. Dazu zählt das Bundesverfassungsgericht[90] etwa den Fluglärm, da dieser das persönliche Befinden in einer Weise ändern kann, die der Zufügung von Schmerzen vergleichbar ist.

Diese sich teilweise überlappenden Teilgewährleistungen sind auf dem Gebiet des Umweltrechts in zweifacher Hinsicht genauer zu fassen. Zum einen greift Art. 2 Abs. 2 Satz 1 GG nicht erst dann, wenn Gesundheitsschäden bereits eingetreten sind; der Schutz erfaßt vielmehr auch Grundrechtsgefährdungen.[91] Zum anderen liegen aber bloße Belästigungen, wie sie beispielsweise § 5 Abs. 1 Nr. 1 BImSchG einbezieht, nicht mehr im Schutzbereich des Grundrechts auf körperliche Unversehrtheit.[92]

bb) Beschränkungen des Schutzbereichs durch die Gesichtspunkte der Typisierung und der Situationsbestimmtheit

Alles in allem verfügt somit Art. 2 Abs. 2 Satz 1 GG über einen beträchtlichen Wirkungsradius. Andererseits jedoch sind Bestrebungen unverkennbar,

---

87 Die gelegentlich anzutreffende extensive Interpretation des Rechts auf Leben als Recht auf *menschenwürdiges* Leben ist mit Art. 2 Abs. 2 GG nicht zu vereinbaren; vgl. dazu die überzeugenden Argumente bei *Bock*, S. 127 m.w.N. zum Streitstand.

88 Zum folgenden siehe *Hermes*, S. 223 ff. mit reichhaltigen Nachweisen aus Rechtsprechung und Literatur.

89 *Dürig*, in: Maunz / Dürig, Art. 2 Abs. 2 Rdnr. 30.

90 BVerfGE 56, 54 (75 ff.) - Flughafen Düsseldorf.

91 BVerfGE 49, 85 (141 f.) - Kalkar; BVerfGE 53, 30 (57) - Mülheim-Kärlich; BVerfGE 56, 54 (77 f.) - Flughafen Düsseldorf; *Degenhart*, Umweltschutzrecht, S. 539; *Schmidt-Aßmann*, AöR 106 (1981), 205 (211). Dieser Grundsatz gilt im übrigen auch für andere Grundrechte (vgl. ausführlich *Murswiek*, S. 127 ff.).

92 BVerwGE 80, 254 (257); *Rauschning*, VVDStRL 38, 180; *Hermes*, S. 225; *Steiger*, S. 34; *Hansen-Dix*, S. 84; *Hoppe / Beckmann*, § 4 Rdnr. 60 ff.; *Baltes*, BB 1978, 130 (133); einen anderslautenden Vorschlag macht *Murswiek*, S. 192 f. *Soell*, NuR 1985, 205 (208) tendiert hingegen dazu, *erhebliche* Belästigungen in den Schutzbereich des Art. 2 Abs. 2 GG einzubeziehen.

die den Schutzbereich insbesondere im Hinblick auf die in dieser Untersuchung aufgeworfene Frage beträchtlich einschränken wollen.

(1) Hier ist zunächst die Argumentation anzuführen, mit der die Geltung von Umweltstandards auch dort verteidigt wird, wo deren Immissionswerte für eine einzelne besonders disponierte Person eine Gesundheitsgefahr darstellen. Solche Gefahren sollen, soweit nicht typische Risikogruppen betroffen sind, von vornherein als sozialadäquat aus dem Schutzbereich des Art. 2 Abs. 2 GG herausfallen.[93] Zur Begründung wird vorgebracht, nur mit Hilfe derartiger Typisierungen könne "die übersteigerte Konkretheit grundrechtsrelevanter Beeinträchtigungsvorgänge" handhabbarer gemacht werden.[94]

Das, was hier reichlich distanziert als "übersteigert" bezeichnet wird, ist aber gerade eines der konstituierenden Elemente des verfassungsrechtlichen Gesundheitsschutzes. Art. 2 Abs. 2 GG schützt die körperliche Unversehrtheit des einzelnen "so wie sie ist"[95]. Diese grundrechtliche Gewährleistung hat also nicht ein wie auch immer geartetes Idealbild des menschlichen Körpers vor Augen, sondern akzeptiert den in der Realität bestehenden Zustand und stellt ihn gerade mit all seinen Unzulänglichkeiten unter Schutz.[96] Mit gutem Grund gilt Art. 2 Abs. 2 Satz 1 GG selbst innerhalb des Grundrechtskatalogs, der ja das einzelne Individuum in den Mittelpunkt stellt,[97] als "personale Garantie par excellence"[98]. Folglich darf sich die Prüfung von gesundheitsbedrohenden Einwirkungen in diesem Stadium der verfassungsrechtlichen Beurteilung keiner objektivierten Durchschnittswerte oder "Normalfälle" bedienen,[99] um so körperlich besonders anfälligen Menschen den grundrechtlichen Schutz des Art. 2 Abs. 2 GG gänzlich zu verweigern.[100] Da die Grundrechte keine Gruppenrechte darstellen, sondern wesensnotwendig dem einzelnen Individuum gelten,[101] verbietet es sich ebenso, auf vermeintliche Risiko*gruppen* abzustel-

---

93 So *Schmidt-Aßmann*, AöR 106 (1981), 205 (212 ff.).

94 *Schmidt-Aßmann*, AöR 106 (1981), 205 (213); siehe bereits oben S. 76 f.

95 *Hermes*, S. 224.

96 Zu Recht wird deshalb auch immer wieder betont, daß die Schutzgüter Leben und Gesundheit - im Unterschied etwa zum Eigentum - dem Recht vorgegeben sind (vgl. statt vieler *Trute*, S. 229 und 237 m.w.N.; *Ihlefeld*, S. 137 ff.).

97 BVerfGE 61, 82 (100).

98 *Hermes*, S. 198.

99 *Hermes*, S. 224; *Ihlefeld*, S. 214 ff., insbes. S. 216. Ebenso wohl *Rehbinder / Kayser / Klein*, Einführung Rdnr. 57 und § 1 Rdnr. 8 mit der Bemerkung, die "Wertordnung des Grundgesetzes" verbiete es, beim Gesundheitsschutz auf ein Durchschnittsindividuum abzustellen. Auch *Scholz*, DB 1979 Beilage Nr. 10, 1 (12, 15 f., 20, 23) will Art. 2 Abs. 2 GG auf solche Gesundheitsgefahren anwenden, die allein besonders disponierten Personen drohen.

100 *Trute*, S. 228 f., insbes. Fn. 82 hält deshalb Typisierungen erst im Rahmen des Gesetzesvorbehaltes des Art. 2 Abs. 2 Satz 3 GG für zulässig (dazu unten S. 112).

101 Vgl. statt vieler *Stern*, Bd. III/1 § 70 I 1 m.w.N. (zum Sonderfall des Art. 9 Abs. 1 GG siehe *Stern*, Bd. III/1 § 70 I 2 b).

len. Geschützt ist vielmehr die körperliche Unversehrtheit jedes einzelnen ungeachtet seiner Empfindlichkeit.[102]

Dieses Ergebnis wird bestätigt durch den engen Zusammenhang zwischen dem Grundrecht auf Leben und körperliche Unversehrtheit einerseits und dem Gebot zum Schutz der Menschenwürde in Art. 1 Abs. 1 GG andererseits. Diese Bestimmung stellt als "oberstes Verfassungsprinzip"[103] eine Auslegungsregel für andere Normen des Grundgesetzes dar.[104] In dieser Funktion unterstreicht Art. 1 GG die individualistische Sichtweise des Grundgesetzes: Träger der Menschenwürde ist allein der einzelne konkrete Mensch.[105] Da dieser personale Gehalt auch auf Art. 2 Abs. 2 GG ausstrahlt und dort sogar seinen besonderen Ausdruck findet,[106] sind bei der Abgrenzung des Schutzbereiches Typisierungen oder Generalisierungen, die stets das einzelne Individuum unbeachtet lassen, fehl am Platz.

Dem läßt sich auch nicht die Formel von der "Gemeinschaftsbezogenheit und Gemeinschaftsgebundenheit" des Bürgers entgegengehalten, mit der das Bundesverfassungsgericht[107] den durch Art. 1 Abs. 1 GG geprägten Individualismus des Grundgesetzes relativiert. Denn diese erforderliche kollektive Komponente wird von dem Gericht in aller Regel als Begrenzung der allgemeinen Handlungsfreiheit (Art. 2 Abs. 1 GG) angewandt.[108] Die Gemeinschaftsgebundenheit kann deshalb nur ein gewisses Maß an Belästigungen rechtfertigen, das mit dem Zusammenleben in einer modernen Industriegesellschaft untrennbar verbunden ist.[109] Im Schutzbereich des Art. 2 Abs. 2 GG vermag sie auch dann keine Wirkung mehr zu entfalten, wenn es um Gesundheitsgefahren für besonders empfindliche Personen geht.

Von diesen grundsätzlichen Einwänden einmal abgesehen, steht die hier diskutierte Berufung auf eine bessere Handhabbarkeit zu einseitig unter dem Primat der Praktikabilität. Solche praxisbezogenen Gesichtspunkte sollten

---

102 Im Ansatz ebenso *Hansmann*, S. 295, der betont, daß die Grundrechte Individualschutz gewährten und deshalb insbesondere das Recht aus Art. 2 Abs. 2 GG jedermann zustünde. Wenn er dann daraus den Schluß zieht, Grundrechtsschutz genössen "demnach auch Säuglinge, Alte, Kranke und andere Risiko*gruppen*" (Hervorhebung nicht im Original), so sollen mit dieser Formulierung wohl nicht einzelne besonders empfindliche Individuen aus dem Schutzbereich des Art. 2 Abs. 2 GG ausgeschlossen werden.

103 BVerfGE 54, 341 (357).

104 *Geddert-Steinacher*, S. 164 ff.; *Hermes*, S. 194 ff. m.w.N.; vgl. auch BVerfGE 6, 32 (36) - Elfes.

105 *Stern*, Bd. III/1 § 58 I 3; *Leisner*, S. 11 f.

106 *Hermes*, S. 196.

107 Vgl. etwa BVerfGE 4, 7 (15 f.); BVerfGE 27, 1 (7); BVerfGE 45, 187 (227); BVerfGE 50, 166 (175).

108 So etwa BVerfGE 4, 7 (15 f.); BVerfGE 8, 274 (329); BVerfGE 56, 37 (49). Eine Ausnahme stellt vor allem BVerfGE 50, 290 (353) - zu Art. 9 Abs. 1 GG - dar.

109 *Scholz*, DB 1979 Beilage Nr. 10, 1 (17, 22). Vgl. auch *Markou*, S. 77, 83 f.

zwar immer in die rechtlichen Erwägungen mit einbezogen werden. Sie dürfen jedoch nicht zum Leitgedanken der verfassungsrechtlichen Interpretation erhoben werden.

(2) Eine weitere Restriktion des Schutzbereichs von Art. 2 Abs. 2 Satz 1 GG ist mit der vermeintlichen "Situationsbestimmtheit" dieses Grundrechts verbunden. Genau besehen werden unter diesem Stichwort zwei unterschiedliche Aussagen zusammengefaßt, was nicht zuletzt daran deutlich wird, daß die eine überwiegend im Atomrecht, die andere hingegen im Immissionsschutzrecht diskutiert wird.

Zum einen weist die Situationsbedingtheit eine zeitliche Dimension auf.[110] Die Gewährleistung von Leben und körperlicher Unversehrtheit in Art. 2 Abs. 2 GG soll unter dem Vorbehalt sozialadäquater zivilisatorischer Risiken stehen. Daraus zieht Degenhart[111] den Schluß, daß diese Grundrechtsgarantie durch die jeweilige technisch-zivilisatorische Situation geprägt und somit vom technischen Fortschritt abhängig sei. Dies verdeutlicht er am Beispiel der Atomenergie: Durch die gesetzgeberische Grundsatzentscheidung zugunsten der Kernenergienutzung werde die Schutzwirkung des Art. 2 Abs. 2 GG dahingehend verändert, daß bestimmte technisch-zivilisatorische Risiken nicht mehr als Grundrechtseingriff, sondern als grundrechtsimmanente Beschränkung zu qualifizieren seien.[112]

Diese Auffassung führt unweigerlich dazu, daß nun nicht mehr die Grundrechte den Maßstab für die verfassungsrechtliche Beurteilung technischer Risiken setzen, sondern daß umgekehrt die technische Entwicklung die rechtlichen Anforderungen bestimmt; je schneller die technischen Risiken wachsen, desto enger wird der Schutzbereich des Art. 2 Abs. 2 Satz 1 GG. Zwar nimmt Degenhart[113] den vom Bundesverfassungsgericht[114] postulierten "dynamischen Grundrechtsschutz" ausdrücklich für sich in Anspruch. Er polt ihn aber gleichsam um: Ursprünglich als Garantie für eine stetige Verbesserung des Schutzes vor technischen Risiken gemeint, dient er hier sinnwidrig zur Rechtfertigung des genauen Gegenteils.[115]

Dies mag zur Kritik an Degenharts These genügen.[116] Denn bei dieser Art von Situationsbedingtheit ergibt sich für den Grundrechtsschutz von über-

---

110 So ausdrücklich *Degenhart*, DVBl. 1983, 926 (934).

111 Kernenergierecht, S. 146 ff.; *ders.*, DVBl. 1983, 926 (934 f.).

112 *Degenhart*, Kernenergierecht, S. 149.

113 Kernenergierecht, S. 148 Fn. 20 und S. 155 Fn. 40.

114 BVerfGE 49, 89 (137) - Kalkar.

115 *Hasso Hofmann*, BayVBl. 1983, 33 (35); *Murswiek*, S. 148 f.; *Hermes*, S. 242.

116 Weitere Gegenargumente finden sich bei *Murswiek*, S. 146 ff.; *Hasso Hofmann*, BayVBl. 1983, 33 (35 ff.); *Hermes*, S. 241 ff.; ablehnend auch *Trute*, S. 227 f.; *Richter*, S. 138 ff.; *Steiger*, S. 35 f.

durchschnittlich empfindlichen Menschen gegenüber den "Normalfällen" keine Besonderheit. Jene werden lediglich früher, nicht aber generell anders durch die Senkung der Anforderungen an die technische Sicherheit betroffen, die mit Degenharts Auffassung verbunden ist.

Anderes gilt für die zweite, die räumliche Komponente der Situationsbestimmtheit, die in erster Linie im Immissionsschutzrecht vertreten wird. Hiernach soll die Gewährleistung der körperlichen Unversehrtheit davon abhängig sein, in welcher räumlichen Situation sich die einzelne Person befindet. Die Schwelle, oberhalb derer überhaupt erst ein Eingriff in Art. 2 Abs. 2 Satz 1 GG vorliegt, wird also etwa danach bestimmt, ob sich das jeweilige Individuum in einem vorbelasteten Gebiet oder in einer Gegend mit geringen Immissionen aufhält.[117] Dies rechtfertigt dann auch gebietsbezogene Standards etwa in der TA Lärm, die zwar nicht bei Durchschnittsmenschen, wohl aber bei einzelnen besonders disponierten Personen zu Gesundheitsschäden führen können. In letzter Konsequenz bedeutet diese Auffassung beispielsweise, daß der Gesundheitsschutz für einen besonders empfindlichen Schwerkranken nur dann gesichert ist, wenn dieser sich in einem für schutzwürdig befundenen Klinikviertel aufhält.[118]

Die Grenze der Situationsgebundenheit des Art. 2 Abs. 2 GG und damit einen Grundrechtseingriff sieht Schmidt-Aßmann[119] immerhin dort gegeben, wo eindeutige schwere Gefahren zu erwarten seien. Dabei bleibt allerdings völlig offen, wann die Schwelle zu solchen "eindeutigen schweren Gefahrenlagen" überschritten ist[120] und welche verfassungsrechtliche Erwägungen gerade diese Grenzziehung veranlassen. Vor allem aber sollte man nicht auf halbem Wege stehen bleiben, wenn man schon eine solche Einschränkung zuläßt. Denn die offensichtliche und bewußte[121] Parallele zur Situationsprägung des Eigentumsschutzes gem. Art. 14 GG trifft auch dann nicht zu, wenn es sich "nur" um einfache Gesundheitsgefahren handelt. Dies zeigt bereits ein direkter Vergleich der Struktur beider Grundrechte. Die Situationsgebundenheit des Eigentums ist überwiegender Auffassung nach Ausfluß seiner Sozialbin-

117 *Schmidt-Aßmann*, AöR 106 (1981), 205 (214). Das dort in Fn. 38 als Beleg für diese Ansicht herangezogene Urteil des Bundesverwaltungsgerichts (DVBl. 1976, 779 ff.) enthält zwar einen kurzen Hinweis auf Art. 2 Abs. 2 GG (S. 782); es betrifft jedoch eine andere Problematik, nämlich die Frage der Erheblichkeit / Zumutbarkeit von Belästigungen, einen Bereich also, in dem nach herkömmlichem Verständnis Art. 2 Abs. 2 GG noch gar nicht zum Tragen kommt (siehe oben S. 100).

118 Vgl. *Friauf*, S. 202 und bereits oben S. 14 mit Fn. 5.

119 AöR 106 (1981), 205 (214).

120 Wie mißverständlich diese Begriffsprägung ist, belegt die Interpretation von *Richter*, S. 137, der hierunter jede Gesundheitsbeeinträchtigung versteht und nur bloße Belästigungen ausklammert.

121 Vgl. *Schmidt-Aßmann*, AöR 106 (1981), 205 (214); *ders.*, S. 27.

dung.[122] Eine Art. 14 Abs. 2 GG entsprechende Regelung enthält Art. 2 Abs. 2 GG aber mit gutem Grund nicht; Leben und Gesundheit lassen sich nicht "vergesellschaften".[123] Die Gewährleistung der körperlichen Unversehrtheit ist folglich auch in räumlicher Hinsicht situationsunabhängig.[124]

cc) Schranken

Es bleibt somit festzuhalten, daß auch Gefahren für die Gesundheit von überdurchschnittlich empfindlichen Menschen Eingriffe in den Schutzbereich des Art. 2 Abs. 2 GG darstellen. Nicht anders als bei Personen mit "normaler" Konstitution genießen jedoch Leben und körperliche Unversehrtheit solcher Menschen keinen absoluten Schutz. Auch hier sind unter gewissen Voraussetzungen Einschränkungen möglich.

(1) In formeller Hinsicht dürfen Eingriffe gem. Art. 2 Abs. 2 Satz 3 GG nur auf Grund eines Gesetzes erfolgen. Dieser Gesetzesvorbehalt gilt auch dann, wenn Art. 2 Abs. 2 GG in seiner schützenden Funktion zum Tragen kommt.[125] Insoweit bestehen keine verfassungsrechtlichen Bedenken gegen die herrschende Auffassung, die besonders anfälligen Menschen den staatlichen Schutz weitestgehend versagt. Denn sie tut dies in Gestalt der Auslegung geltenden Gesetzesrechts, insbesondere von § 5 Abs. 1 Nr. 1 BImSchG und § 7 Abs. 2 Nr. 3 AtG.

Einen Verstoß gegen die zweite formelle Anforderung müßte man hingegen annehmen, würde man mit einer in der atomrechtlichen Literatur vertretenen Auffassung[126] die Beachtung des Zitiergebotes (Art. 19 Abs. 1

---

122 Vgl. vorerst nur BVerwGE 49, 365 (368); ausführlicher unten S. 133.

123 So zu Recht *Hermes*, S. 243; ähnlich *Steiger*, S. 35.

124 *Hermes*, S. 241 ff. Ebenso *Peine*, DÖV 1988, 937 (944), der allerdings eine Differenzierung nach Gebietskategorien damit rechtfertigen möchte, daß Maschinenlärm etwa in einem Industriegebiet als weniger belästigend empfunden werde als in einem Wohngebiet. Obwohl *Peine* dabei ausdrücklich auf Art. 2 Abs. 2 GG Bezug nimmt, geht aus dem unmittelbaren Kontext hervor, daß er diese Beschränkung des Schutzes (nur?) bei erheblichen Belästigungen vornehmen will. Im Bereich der Gesundheitsgefahren ließen sie sich auch nicht plausibel begründen (ebenso *Steiger*, S. 35). Zunächst werden gebietsbezogene Erwartungshaltungen wohl kaum derart gravierend differieren, daß von ihnen der Schritt über die Schwelle zur Gesundheitsgefahr abhängig sein könnte (so auch *Ramsauer*, S. 118 Fn. 41). Aber selbst wenn man dies einmal unterstellt, dürfen subjektive Erwartungen keinen Einfluß auf das Ausmaß des Gesundheitsschutzes haben.

125 *Hermes*, S. 258 m.w.N.; *Rauschning*, VVDStRL 38, 189, 193; *Hinz*, S. 167 f.; *Hasso Hofmann*, S. 311 ff., insbes. S. 315 f. und S. 353; a.A. *Götz*, Dosisgrenzwerte, S. 184; *Hanning / Schmieder*, DB 1977 Beilage Nr. 14, 1 (8). Art. 2 Abs. 2 Satz 3 GG muß selbstverständlich erst recht beachtet werden, wenn man mit *Murswiek* den unterlassenen bzw. ungenügenden Schutz als einen staatlichen Eingriff ansieht (vgl. *Murswiek*, S. 134 ff.).

126 *Hasso Hofmann*, BayVBl. 1983, 33 (37 f.); *Hinz*, S. 168 f.

Satz 2 GG) verlangen. Danach ist mit der gesetzlichen Sanktionierung der Kernenergie notwendig eine Belastung mit Risiken verbunden, die das Grundrecht auf Leben und körperliche Unversehrtheit einschränken. Deshalb müsse der Gesetzgeber dieses Grundrecht im Atomgesetz zitieren. Dem hält jedoch Hermes[127] zu Recht die ratio des Art. 19 Abs. 1 Satz 2 GG entgegen. Die mit dieser Bestimmung verbundene "Warnfunktion"[128] ist nur bei der Schaffung neuer Eingriffsbefugnisse des Staates gefordert. Sie läuft hingegen leer, soweit es - wie hier - um Beeinträchtigungen durch private Dritte geht. In solchen Fällen braucht das Zitiergebot demnach nicht beachtet zu werden.[129]

(2) Ausgangspunkt für die materielle Prüfung von Grundrechtseinschränkungen ist stets die Erkenntnis des Bundesverfassungsgerichts, daß das Gesetz, welches den Eingriff gestattet, seinerseits im Lichte der besonderen Bedeutung des Grundrechts gesehen werden muß.[130] Ein wesentliches Mittel zur praktischen Umsetzung dieser Wechselwirkung ist der Grundsatz der Verhältnismäßigkeit, der gerade bei Eingriffen in den Schutzbereich des Art. 2 Abs. 2 GG gewahrt sein muß.[131] Da es sich beim Schutz von Leben und körperlicher Unversehrtheit um ganz elementare Grundrechte handelt, ist hier eine besonders sorgfältige Prüfung erforderlich.[132]

Darüberhinaus ist das Verhältnismäßigkeitsprinzip dazu prädestiniert, miteinander kollidierende Rechtsgüter in ein ausgewogenes Verhältnis zu bringen. Dies setzt voraus, diejenigen Interessen zu benennen und zu gewichten, die den Rechtspositionen überdurchschnittlich empfindlicher Menschen entgegenstehen. Bevor aber die Grundrechte der Anlagenbetreiber dargestellt werden, die hier in erster Linie von Bedeutung sein können, ist noch auf den Schutz besonders anfälliger Personen durch die allgemeine Handlungsfreiheit und die Eigentumsgarantie einzugehen.

---

127 S. 260.

128 Dazu und zu den daraus resultierenden Einschränkungen siehe *Hendrichs*, in: v. Münch, Art. 19 Rdnr. 16 ff.

129 Zum gleichen Ergebnis kommen mit anderer Begründung OVG Lüneburg ET 1979, 284 (293) - Krümmel (insoweit nicht abgedruckt in DVBl. 1979, 686 ff.); *Rauschning*, VVDStRL 38, 190 mit Fn. 66; *Götz*, Dosisgrenzwerte, S. 184 f.

130 Grundlegend BVerfGE 7, 198 (208 f.) - Lüth; weiterhin z.B. BVerfGE 17, 108 (117).

131 BVerfGE 17, 108 (117); BVerfGE 51, 324 (346).

132 *v. Mangoldt / Klein / Starck*, Art. 2 Rdnr. 135; *v. Münch*, in: ders., Art. 2 Rdnr. 72.

b) Grundrecht auf freie Entfaltung der Persönlichkeit (Art. 2 Abs. 1 GG)

Die Beschränkung des Schutzbereichs von Art. 2 Abs. 2 GG auf gesundheitliche Schäden[133] legt die Frage nahe, ob die unterhalb dieser Schwelle bleibenden Belästigungen nicht von Art. 2 Abs. 1 GG erfaßt werden. Rauschning[134] verneint dies mit der Begründung, umweltbedingte Beeinträchtigungen fielen in den Bereich des Gesundheits- und Eigentumsschutzes; dessen Grenzen dürften nicht auf dem Weg über die allgemeine Handlungsfreiheit erweitert werden.

Diese Auffassung verkennt jedoch das Verhältnis zwischen Art. 2 Abs. 1 GG und den übrigen Freiheitsgrundrechten. Art. 2 Abs. 1 GG kommt als "Auffanggrundrecht"[135] zum Zuge, *soweit* der vorliegende Lebenssachverhalt nicht durch ein spezielles Grundrecht geschützt ist.[136] Genau dies aber ist bei bloß belästigenden Immissionen der Fall, denen der Schutz durch Art. 2 Abs. 2 GG auch von Rauschning[137] versagt wird. Dem kann nicht etwa entgegengehalten werden, daß der Schritt von der umweltbedingten Belästigung zum Gesundheitsschaden kein qualitativer, sondern nur ein quantitativer sei, daß hier also im Grunde ein und dieselbe Thematik einschlägig sei, die bereits von Art. 2 Abs. 2 GG vollständig abgedeckt werde. Denn das Bundesverfassungsgericht zieht die Grenze zwischen Art. 2 Abs. 1 GG auf der einen und den besonderen Freiheitsrechten auf der anderen Seite streng fallbezogen danach, ob die Freiheit "in dem betroffenen Lebensbereich unter dem gleichen Gesichtspunkt"[138] nicht schon specialiter geschützt wird. Davon kann aber bei den bloßen Belästigungen eben keine Rede sein.

Die Behauptung schließlich, Art. 2 Abs. 1 GG schütze vor Belästigungen nur insoweit, als diese sich auf den geistig-kommunikativen Bereich bezögen, umfasse also keine Umwelteinwirkungen,[139] müßte erst noch begründet werden. Denn abgesehen davon, daß etwa Lärmbelästigungen sehr wohl die soziale Kommunikation erheblich behindern können,[140] ist diese Beschränkung des Art. 2 Abs. 1 GG recht zweifelhaft. Das Bundesverfassungsgericht - und mit ihm ein großer Teil der Literatur - hat sich ausdrücklich gegen eine enge Auslegung des Art. 2 Abs. 1 GG ausgesprochen und versteht unter dem Be-

---

133 Siehe oben S. 100.

134 VVDStRL 38, 180; ihm folgend *Henneke*, S. 91.

135 *Dürig*, in: Maunz / Dürig, Art. 2 Abs. 1 Rdnr. 6.

136 BVerfGE 19, 206 (225); BVerfGE 30, 292 (335 f.); BVerfGE 58, 358 (363); *v. Mangoldt / Klein / Starck*, Art. 2 Rdnr. 34 f.

137 Vgl. VVDStRL 38, 179 f.

138 BVerfGE 58, 358 (363).

139 So *Rauschning*, VVDStRL 38, 180; *Benda*, UPR 1982, 241 (242); *Henneke*, S. 91.

140 Siehe dazu Rat der Sachverständigen, Umweltgutachten 1987, Tz. 1433 ff.; *Jansen*, ZfL 33 (1986), 2 (5).

griff der freien Entfaltung der Persönlichkeit "die menschliche Handlungsfreiheit im weitesten Sinne".[141] Dementsprechend wird beispielsweise mit der Gestaltung der Haar- und Barttracht ein Phänomen diesem Schutzbereich zugerechnet,[142] dessen Nähe zu Beeinträchtigungen der körperlichen Unversehrtheit unverkennbar ist.

Nimmt man die Funktion des Art. 2 Abs. 1 GG als umfassenden Auffangtatbestand ernst, so verbietet sich die beschriebene Einschränkung. Auch immissionsbedingte Belästigungen fallen demnach in den Schutzbereich des Art. 2 Abs. 1 GG.[143]

c) Eigentumsgarantie (Art. 14 Abs. 1 GG)

Die Diskussion um das verfassungsrechtlich zulässige Ausmaß an Umweltbelastungen wurde lange ausschließlich unter dem Gesichtspunkt des Eigentumsschutzes geführt. Beim Verkehrslärm etwa konzentrierte man sich auf die Frage, welche Nutzungsbeeinträchtigungen der Grundeigentümer noch hinnehmen müsse. Die nachteiligen Wirkungen für die körperliche Unversehrtheit spielten demgegenüber kaum eine Rolle. Erst in letzter Zeit wird neben dem objektbezogenen Regelungsmodell des Art. 14 GG auch das personenbezogene des Art. 2 Abs. 2 GG in die Überlegungen einbezogen.[144]

Der dennoch fortbestehende tendenzielle Vorrang der Eigentumsgarantie, der nicht zuletzt in der Reihenfolge der Grundrechtsprüfung zum Ausdruck kommt,[145] läßt sich jedenfalls für die Problematik überdurchschnittlich empfindlicher Menschen nicht mehr aufrechterhalten.[146] Im Gegenteil verliert hier

---

141 BVerfGE 6, 32 (36) - Elfes; aus der Literatur z.B. *v. Mangoldt / Klein / Starck*, Art. 2 Rdnr. 2, 6 ff.

142 So *v. Mangoldt / Klein / Starck*, Art. 2 Rdnr. 79; *v. Münch*, in: ders., Art. 2 Rdnr. 20.

143 So auch *Frank Hofmann*, S. 55 ff.; *Scholz*, DB 1979 Beilage Nr. 10, 1 (17); *Murswiek*, S. 192; *Markou*, S. 92 f. Was die Entscheidung des Bundesverwaltungsgerichts (BVerwGE 54, 211 <219 ff.>) angeht, die sich nach *Rauschnings* Auffassung "dezidiert gegen eine solche Anwendung des Art. 2 I GG ausgesprochen" habe (VVDStRL 38, 180), so betrifft sie eine anders gelagerte Problematik. In ihr ging es um die Frage, ob sich die Kläger hinsichtlich der Erhaltung eines von ihrem Wohnort recht weit entfernten Landschaftsschutzgebietes auf Art. 2 Abs. 1 GG berufen konnten. Dies hat das Bundesverwaltungsgericht mit dem Argument abgelehnt, daß die Beseitigung des umstrittenen Waldstückes die Kläger nicht mehr oder weniger "angehe" als jeden anderen Staatsbürger auch und überdies "nicht irgendwie speziell mit den Klägern, mit ihrem Dasein oder ihrem Verhalten zu tun" habe (BVerwGE 54, 211 <220>). Von umweltvermittelten Belästigungen läßt sich genau dies aber wohl kaum behaupten.

144 *Schmidt-Aßmann*, S. 25 ff.; *ders.*, AöR 106 (1981), 205 f.; *Frank Hofmann*, S. 46 ff.

145 Vgl. etwa BVerfGE 79, 174 (191 ff. und 201 ff.) - Verkehrslärm; *Schmidt-Aßmann*, S. 7 ff. und 25 ff.; *Frank Hofmann*, S. 35 ff. und 46 ff.

146 Grundsätzliche Kritik an den Argumenten, die BVerwGE 54, 211 (222 f.) für diesen Vorrang anführt, übt *Ihlefeld*, S. 208 ff.

Art. 14 Abs. 1 GG weitgehend seine Bedeutung. Der eine Grund dafür ergibt sich aus der Eigenart dieser Fallkonstellation: Kann ein Eigentümer sein Grundstück allein wegen seiner besonderen Anfälligkeit gegenüber Immissionen nicht mehr bewohnen, ohne dabei Gesundheitsbeeinträchtigungen in Kauf zu nehmen, so haftet diese Einschränkung der Nutzbarkeit nicht dem Grundeigentum an. Sie liegt ausschließlich in der Person des Bewohners begründet. Einen Schutz, wie ihn Art. 2 Abs. 2 GG in solchen Fällen vermittelt,[147] kann das Eigentumsgrundrecht seinem Wesen nach nicht bieten. Die konstitutionellen Besonderheiten des einzelnen berücksichtigt nur das Grundrecht auf körperliche Unversehrtheit, während die objektbezogene Regelung des Art. 14 GG wesentlich von der Situationsgebundenheit des jeweiligen Grundstücks geprägt ist und deshalb auf die persönlichen Eigenschaften der Bewohner nicht zu reagieren vermag.

Darüberhinaus kommt Art. 2 Abs. 2 GG auch dort zum Tragen, wo die Betroffenen sich zwar häufig im Einwirkungsbereich einer Anlage aufhalten, nicht aber über eine eigentumsrechtlich geschützte Position verfügen.[148] Soweit es um besonders empfindliche Personen geht, kann die Eigentumsgarantie im folgenden also vernachlässigt werden, da Art. 2 Abs. 2 GG einen weiterreichenden Schutz gewährt.[149]

2. Grundrechte auf seiten der Anlagenbetreiber

Knüpft der Staat die Genehmigung technischer Anlagen an bestimmte Maßnahmen zur Verringerung der Umweltbelastungen, so beschränkt er damit grundrechtliche Positionen der (privaten) Antragsteller.[150] Diese Grundrechtspositionen bilden möglicherweise ein Gegengewicht, das seinerseits die Pflichten zum Schutz überdurchschnittlich empfindlicher Nachbarn zu begrenzen vermag. Als potentiell betroffene Grundrechte kommen hier die Berufsfreiheit (Art. 12 Abs. 1 GG), das Eigentumsrecht (Art. 14 Abs. 1 GG) und ergänzend die allgemeine Handlungsfreiheit (Art. 2 Abs. 1 GG) in Betracht.[151]

Art. 12 Abs. 1 GG schützt nicht nur gegenüber gezielten Eingriffen. Dieses Grundrecht setzt gleichermaßen den Maßstab für solche Normen, die lediglich

---

147 Siehe oben S. 99 ff.

148 Vgl. etwa VGH BadWürtt NVwZ 1984, 525 (526); *Schmidt-Aßmann*, S. 28.

149 Anderes gilt selbstverständlich für besonders schadensanfällige Sachen (dazu unten S. 129 ff.).

150 Auf die überaus kontroverse Frage, ob beispielsweise auch solche Risikoverursacher grundrechtsfähig sind, an denen die öffentliche Hand maßgeblich beteiligt ist (zum Streitstand *Murswiek*, S. 234 mit Fn. 2 und *Stern*, Bd. III/1 § 71 VII 6 c; verneinend jüngst BVerfG (Kammer) JZ 1990, 335 mit abl. Anm. von *Kühne*), kann im Rahmen dieser Arbeit nicht eingegangen werden.

151 Vgl. statt vieler *Murswiek*, S. 233.

mittelbare Auswirkungen auf die Berufsfreiheit haben, soweit sie deutlich eine berufsregelnde Tendenz aufweisen.[152] Hierzu zählen auch Anlagengenehmigungsvorschriften wie § 5 Abs. 1 Nr. 1 BImSchG und § 7 Abs. 2 Nr. 3 AtG, die auf den Schutz der Umwelt gerichtet sind, zugleich aber mittelbar in die Berufsfreiheit eingreifen, indem sie von dem Anlagenbetreiber Vorkehrungen gegen Umweltbeeinträchtigungen verlangen.[153]

Daneben könnte gleichfalls das von Art. 14 Abs. 1 GG gewährleistete Eigentum berührt sein. Zur Abgrenzung der Schutzbereiche beider Grundrechte bedient sich das Bundesverfassungsgericht der vielzitierten Formel, Art. 14 GG schütze das Erworbene, das Ergebnis der Betätigung, Art. 12 GG dagegen den Erwerb, die Betätigung selbst.[154] Die Genehmigungen neuer Anlagen, auf die sich die vorliegende Untersuchung konzentriert, werden demzufolge in erster Linie an Art. 12 Abs. 1 GG gemessen.[155] Für einen Rückgriff auf Art. 2 Abs. 1 GG in Gestalt einer allgemeinen Unternehmerfreiheit besteht dann keine Notwendigkeit mehr. Denn die Genehmigungstatbestände des Immissionsschutz- und Atomrechts bestimmen eben nicht zuletzt, in welcher Art und Weise eine Berufstätigkeit zu gestalten ist, und stellen damit spezifische Berufsausübungsregelungen dar.[156]

Im Rahmen der vom Bundesverfassungsgericht entwickelten sog. Drei-Stufen-Lehre[157] erweisen sich solche Regelungen bereits dann als zulässig, wenn sie durch vernünftige Erwägungen des Gemeinwohls gerechtfertigt und die gewählten Mittel geeignet, erforderlich und zumutbar sind.[158] In Anbetracht des durch § 5 Abs. 1 Nr. 1 BImSchG und § 7 Abs. 2 Nr. 3 AtG intendierten Schutzes von Leben, Gesundheit und Eigentum sind Gemeinwohlgründe ebenso zu bejahen wie die Geeignetheit und Erforderlichkeit des Mittels. Diskussionsbedürftig ist allein die Frage der Verhältnismäßigkeit i.e.S., die wiederum nur beantwortet werden kann, wenn man die Beschränkung der Berufs-

---

152 BVerfGE 49, 24 (47 f.); BVerfGE 70, 191 (214); *Gubelt*, in: v. Münch, Art. 12 Rdnr. 39.

153 *Trute*, S. 266 f.; *Murswiek*, S. 243.

154 BVerfGE 30, 292 (334 f.); zuletzt BVerfGE 84, 133 (157) m.w.N.; grundsätzlich zustimmend etwa *Scholz*, in: Maunz / Dürig, Art. 12 Rdnr. 139 ff.; *Gubelt*, in: v. Münch, Art. 12 Rdnr. 93.

155 Vgl. *Martens*, DVBl. 1981, 597 (600); *Richter*, S. 174 mit Fn. 260. Auf das Ergebnis wird die Entscheidung für das eine oder das andere Grundrecht freilich kaum Auswirkungen haben, da in beiden Fällen der Verhältnismäßigkeitsgrundsatz die entscheidende verfassungsrechtliche Hürde darstellt (*Trute*, S. 267; ebenso etwa BVerfGE 50, 290 <364 f.> - Mitbestimmung).

156 *Murswiek*, S. 235 und 243; *Richter*, S. 174 mit Nachweisen zum Streitstand und S. 179; *Kloepfer*, § 2 Rdnr. 35; *Markou*, S. 79; a.A. *Martens*, DVBl. 1981, 597 (600): Regelung der Berufswahl. Art. 2 Abs. 1 GG kann hingegen im Polizeirecht zum Tragen kommen, wenn es etwa darum geht, ob Hundegebell untersagt werden darf (vgl. das einleitende Beispiel oben S. 14).

157 Grundlegend BVerfGE 7, 377 (405 ff.) - Apotheken-Urteil.

158 BVerfGE 7, 377 (405) - Apotheken-Urteil; ständige Rechtsprechung, vgl. etwa BVerfGE 77, 308 (332).

ausübungsfreiheit in Beziehung zu den damit geschützten Interessen Dritter setzt.

Als Zwischenergebnis kann also festgehalten werden, daß der Konflikt zwischen den Grundrechten der Anlagenbetreiber[159] und denen der potentiell geschädigten Nachbarn unter der wechselseitigen Beachtung des Verhältnismäßigkeitsgrundsatzes zu lösen ist.[160]

3. Auflösung der Grundrechtskollision

a) Einfachgesetzlicher Gefahrbegriff

Die Frage, ob sich aus der Verfassung präzise Vorgaben für die Lösung dieses Grundrechtskonfliktes herleiten lassen, wird im allgemeinen eher skeptisch beantwortet. Es scheint sich die Auffassung durchzusetzen, daß die Mindestposition, die der Staat auf Grund seiner Pflicht zum Schutz vor Umweltbeeinträchtigungen gewährleisten muß, durch den einfachgesetzlichen Gefahrbegriff bezeichnet werde, wie ihn die polizeirechtliche Dogmatik herausgebildet hat. Konkreteres sei der Verfassung nicht zu entnehmen.[161] Im Hinblick auf den Schutz überdurchschnittlich empfindlicher Personen bahnt sich so ein Zirkelschluß an: Der Gefahrbegriff in seiner herkömmlichen Auslegung soll hier auf seine Vereinbarkeit mit der Schutzpflicht aus Art. 2 Abs. 2 GG überprüft werden, deren Mindeststandard aber seinerseits durch die einfachgesetzliche Gefahr bestimmt ist.

Die beschriebene zurückhaltende Einschätzung gegenüber dem Verfassungsrecht erscheint zwar durchaus berechtigt, soweit es etwa darum geht, die genauen Grenzen zwischen den Begriffen Gefahr, Risiko und Restrisiko zu

---

159 Vereinzelte Stimmen in der Literatur führen neben den Grundrechten auch überindividuelle Interessen an und stärken auf diese Weise indirekt die Rechtspositionen von Risikoverursachern in ihrem Gewicht. So soll sich aus dem Sozialstaatsprinzip ein Verfassungsauftrag zur Wohlstandsvorsorge ebenso ergeben wie aus der Kompetenznorm des Art. 74 Nr. 11 a GG eine prinzipielle Entscheidung für die Zulässigkeit der friedlichen Nutzung der Kernenergie. Soweit hieraus *zusätzliche* Beschränkungen der oben dargestellten Schutzpflichten hergeleitet werden, ist diese Auffassung aber bereits wiederholt ausführlich und überzeugend widerlegt worden (*Murswiek*, S. 270 ff; *Richter*, S. 182 ff.; *Hermes*, S. 249 ff. jeweils m.w.N. zum Streitstand), worauf zur Vermeidung bloßer Kompilationen verwiesen sei.

160 Die Bedeutung des Verhältnismäßigkeitsprinzips betonen in diesem Zusammenhang etwa *Isensee*, Das Grundrecht auf Sicherheit, S. 45 f.; *Murswiek*, S. 236 ff.; *Hermes*, S. 253 ff.; *Richter*, S. 176 ff.

161 *Murswiek*, S. 140 ff., 236 ff.; *Richter*, S. 147 f., 175 ff., 184 f. Ähnlich *Roßnagel*, UPR 1986, 46 (47 ff.), der in Anbetracht der Unbestimmtheit, unter der auch der Gefahrbegriff leidet, wesentlich genauere Festlegungen durch den Gesetzgeber verlangt.

ziehen. Hier helfen die Grundrechte in der Tat nicht weiter.[162] Hinsichtlich der Frage, in welchem Umfang auch besonders empfindliche Personen den Schutz von Art. 2 GG genießen, lassen sich die einfachgesetzlichen Termini *Gefahr* und *erhebliche Belästigung* jedoch in zweifacher Weise verfassungsrechtlich präzisieren.

b) Der Schutz der körperlichen Unversehrtheit und "Durchschnittswerte"

Art. 2 Abs. 2 Satz 1 GG eröffnet seinen Schutzbereich allen Menschen ungeachtet ihrer jeweiligen körperlichen Konstitution. Die Gründe, die auf dieser Stufe der grundrechtlichen Prüfung Typisierungen verbieten,[163] entfallen aber nicht einfach, sobald die Zulässigkeit gesetzlicher Beschränkungen von Leben und körperlicher Unversehrtheit in Rede steht.[164] Es wäre widersinnig, körperlich besonders empfindlich reagierende Menschen mit gutem Recht zunächst in den Schutzbereich des Art. 2 Abs. 2 Satz 1 GG einzubeziehen, um ihnen dann sogleich im Rahmen des Gesetzesvorbehalts von Art. 2 Abs. 2 Satz 3 GG jeden Schutz zu verwehren. Auch dort wirkt der höchst personale Charakter von Leben und körperlicher Unversehrtheit fort.[165] Abstufungen der Schutzwürdigkeit nach dem Grad der Anfälligkeit sind hier deshalb unzulässig.

Ganz so strenge Maßstäbe stellt hingegen Art. 2 Abs. 1 GG in seiner Funktion als Auffanggrundrecht nicht auf. Wie der weite Gesetzesvorbehalt und der systematische Zusammenhang zeigen, bietet die allgemeine Handlungsfreiheit einen weniger intensiven Schutz, als dies bei Art. 2 Abs. 2 GG der Fall ist. Soweit es also um erhebliche Belästigungen (§ 3 Abs. 1, § 5 Abs. 1 Nr. 1 BImSchG) geht, die von Art. 2 Abs. 1 GG erfaßt werden,[166] lassen sich Differenzierungen nach dem Gesichtspunkt der körperlichen Empfindlichkeit eher rechtfertigen. Genauere Grenzen hierfür werden sich noch im Laufe der weiteren verfassungsrechtlichen Diskussion ergeben.[167]

---

162 So zu Recht beispielsweise das Fazit bei *Richter*, S. 157.

163 Siehe oben S. 100 ff.

164 Zur Unterscheidung von Grundrechtstatbestand und Grundrechtsschranken sowie zu der dogmatischen Bedeutung dieser Differenzierung *Murswiek*, S. 193 ff. mit Fn. 12.

165 Dies verkennt *Trute*, S. 228 f. mit Fn. 82, der freilich an anderer Stelle (S. 79) Typisierungen im Rahmen des Schutzgrundsatzes (§ 5 Abs. 1 Nr. 1 BImSchG) "durch eine nachfolgende konkrete, individual-bezogene Gefährdungsbetrachtung" mindern will. *Hermes*, S. 224 hingegen hält die Anwendung von objektivierten Durchschnittswerten offenbar auch auf der Ebene des Gesetzesvorbehalts generell für unzulässig, wenn er meint, "Kinder, Kranke und alte Menschen ... haben Anspruch auf Schutz ihrer persönlichen Integrität".

166 Siehe oben S. 107 f.

167 Siehe unten S. 129.

c) *Gleichheitssatz (Art. 3 Abs. 1 GG)*

aa) Allgemeines

Die bisherigen Überlegungen haben sich auf die Freiheitsgrundrechte besonders anfälliger Personen beschränkt. Die soeben geäußerten Bedenken gegen die Figur von der durchschnittlichen Empfindlichkeit, die aus dem personalen Charakter des Art. 2 Abs. 2 GG herrühren, werden möglicherweise durch den Gleichheitsgrundsatz noch untermauert. Wenn diese Figur bestimmte Menschen vom grundrechtlich gewährleisteten Schutz der körperlichen Unversehrtheit prinzipiell ausschließt, so fordert das die Frage nach der Vereinbarkeit mit Art. 3 Abs. 1 GG geradezu heraus, zumal unmittelbar einleuchtende Gründe für diesen Maßstab nicht vorgetragen werden.[168]

Art. 3 Abs. 1 GG bindet nicht nur den Gesetzgeber, sondern gilt auch für die Anwendung des Gesetzes durch Exekutive und Judikative (Rechtsanwendungsgleichheit)[169]: Die Auslegung gesetzlicher Vorschriften darf nicht zu Differenzierungen führen, die dem Gesetzgeber verwehrt wären.[170] Ebenso wie bei der Kontrolle von Gesetzen beginnt hier die Prüfung des Gleichheitssatzes mit der Feststellung, daß Personen ungleich behandelt werden.[171] Eine solche Ungleichbehandlung ist bei der Lehre von der durchschnittlichen Empfindlichkeit unschwer auszumachen. In der von ihren Befürwortern heute wohl allgemein akzeptierten Version schützt sie besonders anfällige Personen nur insoweit vor Gefahren für ihre körperliche Unversehrtheit, als sie einer der bekannten Risikogruppen (Kinder, Schwangere, Alte, Menschen mit häufig auftretenden Krankheiten) angehören.[172] Empfindliche Personen, die einer solchen Gruppe nicht zuzurechnen sind, bleiben unberücksichtigt.

In einem zweiten Schritt ist das Differenzierungskriterium (tertium comparationis) zu ermitteln, also dasjenige Merkmal, das für die Ungleichbehandlung maßgebend ist.[173] Die Tatsache, daß die herkömmliche Auffassung die durchschnittliche Empfindlichkeit zum Maßstab erhebt, könnte nun zu der

---

168 Siehe oben S. 62 ff.

169 BVerfGE 66, 331 (335); *Gubelt*, in: v. Münch, Art. 3 Rdnr. 8; *Schoch*, DVBl. 1988, 863 (868, 873).

170 BVerfGE 70, 230 (240); *v. Mangoldt / Klein / Starck*, Art. 3 Rdnr. 190 m.w.N.

171 Dazu und zum folgenden Prüfungsablauf, auf den sich die Literatur inzwischen - mit kleinen Abweichungen im Detail - überwiegend verständigt hat, vgl. etwa *Gusy*, JuS 1982, 30 (34); *Gubelt*, in: v. Münch, Art. 3 Rdnr. 12 ff., 30 ff., 37 ff.; *Stein*, in: Alternativkommentar, Art. 3 Rdnr. 27 ff.

172 Siehe oben S. 38, 43 f., 49 und 52. *Gegen* eine Berücksichtigung empfindlicher Bevölkerungsgruppen im Rahmen des Gefahrbegriffs hat sich - soweit ersichtlich - noch niemand ausgesprochen.

173 BVerfGE 71, 39 (53).

Annahme verleiten, das tertium comparationis sei der Grad der Anfälligkeit gegenüber äußeren Einwirkungen. Die beschriebene Ausdehnung des Schutzes auf typische Risikogruppen führt jedoch dazu, daß die Grenze zwischen geschützten und nicht geschützten Personen durch die Zugehörigkeit zu einer solchen Risikogruppe gebildet wird.

Dieses Differenzierungskriterium muß schon für sich genommen mit der Verfassung vereinbar sein.[174] Bedenken ergeben sich hier deswegen, weil der Schutz des einzelnen davon abhängt, ob es noch weitere Menschen vergleichbarer Konstitution gibt, die mit ihm zusammen eine der genannten Risikogruppen bilden. Entscheidend für den Schutz der Gesundheit ist also letztlich die Anzahl der potentiell betroffenen Personen. Diese rein quantitative Dimension der herkömmlichen Auffassung wird besonders deutlich bei der Risikogruppe der kranken Personen, die nur dann geschützt sein sollen, wenn sie an einer häufig auftretenden Krankheit leiden.[175]

Eine Differenzierung nach der Anzahl der betroffenen Menschen stellt für sich genommen im Schutzbereich des Art. 2 Abs. 2 GG kein unzulässiges Kriterium dar. So können staatliche Organe in Fällen, wo Leben gegen Leben steht, durchaus auf die Zahl der gefährdeten Menschen abstellen.[176] Dies muß erst recht bei Eingriffen in die körperliche Unversehrtheit gelten. Der Verfassung ist also insofern kein unmittelbares Differenzierungsverbot zu entnehmen.

Die Beschränkung der quantitativen Differenzierung auf Fälle, in denen das Leben mehrerer Personen gegeneinander abzuwägen ist, zeigt aber bereits, daß es bei Art. 3 Abs. 1 GG entscheidend auf das Gewicht des Zieles ankommt, das mit der Ungleichbehandlung erreicht werden soll. Bei der Ermittlung dieses Differenzierungszieles hilft die herkömmliche Lehre von der durchschnittlichen Empfindlichkeit kaum weiter. Denn die von ihr vorgetragenen Begründungen, die Aufschluß über dieses Ziel geben könnten, vermögen die Eingriffe in den Schutzbereich des Art. 2 Abs. 2 GG nicht zu tragen.[177] Es bleiben also als Rechtfertigung für den Maßstab der durchschnittlichen Empfindlichkeit allein die entgegenstehenden Grundrechte der Risikoverursacher, die nicht über Gebühr eingeschränkt werden sollen. Der Schutz

---

174 Vgl. etwa *v. Mangoldt / Klein / Starck*, Art. 3 Rdnr. 15 ff. mit einer Zusammenstellung von verfassungsimmanenten Differenzierungsverboten; *Schoch*, DVBl. 1988, 863 (874).

175 So *Steiger*, S. 35.

176 *Dürig*, in: Maunz / Dürig, Art. 2 Abs. 2 Rdnr. 13; ähnlich *Richter*, S. 142 in Interpretation des Schleyer-Beschlusses des Bundesverfassungsgerichts (BVerfGE 46, 160 ff.).

177 Siehe oben S. 78 f. Auf das dort zurückgestellte Argument der Praktikabilität wird sogleich gesondert eingegangen.

solcher Freiheitsrechte ist für sich genommen stets ein legitimes Differenzierungsziel.[178]

Da somit Kriterium und Ziel der Ungleichbehandlung selbst gegen Verfassungsnormen nicht verstoßen, kommt es hier entscheidend auf das Verhältnis zwischen diesen beiden an. Erst auf dieser Stufe stellt sich die für Art. 3 Abs. 1 GG zentrale Frage des *zureichenden* Grundes einer Ungleichbehandlung.[179] Nach einer sich immer mehr durchsetzenden Formel des 1. Senats des Bundesverfassungsgerichts ist Art. 3 Abs. 1 GG "vor allem dann verletzt, wenn eine Gruppe von Normadressaten im Vergleich zu anderen Normadressaten anders behandelt wird, obwohl zwischen beiden Gruppen keine Unterschiede von solcher Art und solchem Gewicht bestehen, daß sie die ungleiche Behandlung rechtfertigen könnten."[180] Dabei ist der jeweilige Lebens- und Sachbereich zu berücksichtigen. So kann das Gewicht der Grundrechte, auf die sich die betreffende Regelung nachteilig auswirkt, der Ungleichbehandlung engere Grenzen ziehen.[181] Dies gilt vor allem für Leben und körperliche Unversehrtheit, denen das Grundgesetz einen besonders hohen Rang einräumt.[182]

Anhand dieser verfassungsrechtlichen Anforderungen ist also zu untersuchen, ob die Beschränkung des Gesundheitsschutzes auf Risikogruppen mit den entgegenstehenden Interessen der Risikoverursacher ausreichend begründet werden kann. Die vorliegende Problematik weist an diesem Punkt deutliche Parallelen zu der atomrechtlichen Diskussion um die Frage auf, ob für Anforderungen an das Sicherheitsniveau kerntechnischer Anlagen das jeweilige Bevölkerungsrisiko oder der potentielle Schaden für den einzelnen maßgebend sein soll.[183] Beinahe selbstverständlich und deshalb nicht immer mit der gebotenen Klarheit ausgesprochen ist dabei die Erkenntnis, die allen Überlegungen zu diesem Thema zugrundeliegt: Art. 2 Abs. 2 und Art. 1

---

178 *Gubelt*, in: v. Münch, Art. 3 Rdnr. 17; *Stein*, in: Alternativkommentar, Art. 3 Rdnr. 50.

179 *Schoch*, DVBl. 1988, 863 (874); *Gubelt*, in: v. Münch, Art. 3 Rdnr. 18.

180 So erstmals BVerfGE 55, 72 (88); zuletzt BVerfGE 84, 348 (350); zustimmend etwa *Schoch*, DVBl. 1988, 863 (875 ff.) m.w.N. Normadressat ist dabei jeder, der in irgendeiner Weise von der Norm berührt wird (*Robbers*, DÖV 1988, 749 <751>), hier also nicht nur die Anlagenbetreiber, sondern auch die Immissionsbetroffenen. Der 2. Senat des Bundesverfassungsgerichts beschränkt hingegen die Prüfung des Gleichheitssatzes auch weiterhin zumeist auf das traditionelle "Willkürverbot", vgl. etwa BVerfGE 80, 109 (118); zu diesen Unterschieden zwischen beiden Senaten im einzelnen *Schoch*, DVBl. 1988, 863 (875 f.) m.w.N. Dies mag bei der Kontrolle von Gesetzen angehen, um die Gestaltungsfreiheit des Gesetzgebers nicht unangemessen einzuschränken (darauf beruft sich etwa BVerfGE 80, 109 <118>). Bei der verfassungskonformen Auslegung von Gesetzen greift diese Überlegung aber nicht mehr, da hier nicht in die Gestaltungsfreiheit des Gesetzgebers eingegriffen wird, die dieser gerade in interpretationsbedürftiger Weise ausgeübt hat.

181 BVerfGE 62, 256 (274); BVerfGE 74, 9 (24) m.w.N.; *Jarass / Pieroth*, Art. 3 Rdnr. 20.

182 Vgl. statt vieler BVerfGE 40, 196 (222); BVerfGE 49, 10 (53); *v. Münch*, in: ders., Art. 2 Rdnr. 2.

183 Vgl. umfassend *Murswiek*, S. 151 ff.

Abs. 1 GG gebieten es, Leben und körperliche Unversehrtheit jedem Menschen in gleicher Weise zu gewährleisten.[184] Die Frage der Berücksichtigung des Bevölkerungsrisikos hat deshalb in der Literatur zu Recht eine eindeutige Antwort gefunden: Abstufungen des grundrechtlich gebotenen Schutzes nach der Anzahl der in der Umgebung lebenden Personen sind nicht zulässig. Gefahren, die nur der Gesundheit eines Menschen drohen, müssen in gleichem Maße verhindert werden, als wenn sie eine Vielzahl von Personen beträfen.[185] Eine andere Bewertung läßt sich allein unter Berufung auf die Grundrechte der Kraftwerksbetreiber nicht rechtfertigen.

Dieser Grundsatz muß für den Schutz überdurchschnittlich empfindlicher Menschen um so mehr gelten. Läßt sich für die Differenzierung nach dem Ausmaß des Kollektivrisikos immerhin noch anführen, daß der potentielle Schaden durch einen Unfall mit der Anzahl der in der Umgebung wohnenden Menschen zwangsläufig zunimmt,[186] entfällt dieses Argument, sobald man auf die Zugehörigkeit zu einer Risikogruppe abstellt. Hier ist nämlich nicht mehr entscheidend, wieviele Menschen im Einwirkungsbereich der Anlage leben; der Schutz des einzelnen hängt vielmehr davon ab, ob es verstreut über die gesamte Bundesrepublik hinreichend viele Menschen ähnlicher Konstitution gibt, die von der konkreten Anlage zumeist überhaupt nicht betroffen sein können. Hier fehlt demnach erst recht ein Grund, der solche Differenzierungen im Schutzbereich des Art. 2 Abs. 2 GG rechtfertigen könnte.

bb) Konkretisierung des Gleichheitssatzes durch das Sozialstaatsprinzip

Diese Auslegung des Gleichheitssatzes wird zusätzlich durch das Sozialstaatsgebot des Art. 20 Abs. 1 GG gestützt, das auch das Bundesverfassungsgericht immer wieder zusammen mit Art. 3 Abs. 1 GG anführt.[187]

Bei aller Vieldeutigkeit und Unbestimmtheit läßt sich das Bekenntnis zum Sozialstaat dahin präzisieren, daß es "staatliche Vor- und Fürsorge für Einzelne oder für Gruppen der Gesellschaft (verlangt), die aufgrund persönlicher Lebensumstände ... in ihrer persönlichen und sozialen Entfaltung behindert sind."[188] Zu solchen Lebensumständen zählt das Bundesverfassungsgericht

184 So ausdrücklich für den Schutz des Lebens *Murswiek*, S. 163 f.

185 *Lukes / Richter*, NJW 1981, 1401 (1405); *Nolte*, S. 55.

186 Damit rechtfertigen *Murswiek*, S. 161 ff. und *Nolte*, S. 55 f. den unterschiedlichen Schutz, soweit er über das verfassungsrechtlich gebotene Maß *hinausgeht*.

187 Vgl. etwa BVerfGE 38, 187 (197 f.); BVerfGE 55, 100 (111 f.).

188 BVerfGE 45, 376 (387) m.w.N.

insbesondere körperliche Beeinträchtigungen.[189] Mit diesem Sozialstaatsverständnis gerät die Lehre von der durchschnittlichen Empfindlichkeit in Konflikt. Für diese Erkenntnis braucht man nicht einmal die durch zahlreiche Indizien gestützte Vermutung zu bemühen, daß eine herabgesetzte Schadstoffresistenz überproportional häufig bei sozial Schwachen auftritt.[190] Es genügt vielmehr die Feststellung, daß die Nichtbeachtung überdurchschnittlich empfindlicher Menschen zwangsläufig gerade die anfälligsten und damit besonders schutzbedürftigen Bürger trifft.[191] Dies gilt um so mehr, als der einzelne seine besondere Empfindlichkeit gegenüber äußeren Einwirkungen zumeist nicht beeinflussen kann und deshalb auf Unterstützung von außen angewiesen ist.

Wie bedenklich die herkömmliche Auffassung aus sozialstaatlicher Sicht ist, zeigt auch ein Blick auf ihre praktischen Folgen: Wer unter den besonders anfälligen Menschen die legalisierten Gesundheitsbeeinträchtigungen nicht hinnehmen möchte, dem bleibt als einziger Ausweg der Wegzug aus dem Einwirkungsbereich der Gefahrenquelle.[192] Die damit verbundenen beträchtlichen Kosten vermögen aber gerade die sozial Schwächsten kaum aufzubringen. Das gesundheitliche Wohl der Betroffenen hängt also allein von ihrer wirtschaftlichen Lage ab - ein Ergebnis, das sich mit Art. 20 Abs. 1 GG nicht mehr vereinbaren läßt.

Werden aus dem Sozialstaatsgebot derart konkrete rechtliche Folgerungen abgeleitet, so ruft das regelmäßig mahnende Stimmen auf den Plan.[193] Dieses Staatsziel sei nicht mehr als ein "Programmsatz der Gesetzgebung"; verstehe man es im Zusammenspiel mit Art. 3 Abs. 1 GG als eine Aufforderung zur Herstellung faktischer Gleichheit, so sei dadurch die Freiheit unmittelbar bedroht.[194]

Was die Figur der durchschnittlichen Empfindlichkeit anbelangt, lassen sich diese Einwände entkräften, ohne die so sorgsam behütete restriktive Auslegung der Sozialstaatsklausel grundsätzlich in Frage stellen zu müssen. Zum einen ist mittlerweile anerkannt, daß das sozialstaatliche Gebot im Rahmen

---

189 BVerfGE 44, 353 (375) m.w.N.

190 Dazu *Weidner / Knoepfel*, ZParl. 1979, 160 (166) m.w.N.; *Schlipköter / Pott / Wichmann / Csicsaky / Ohnesorge*, S. 10.

191 Den Einwand, das Sozialstaatsprinzip werde verletzt, bezeichnet *Lange*, S. 132 f. im Zusammenhang mit der oben S. 85 f. geschilderten parallelen zivilrechtlichen Problematik als "naheliegend"; er hält ihn dann aber mit Blick auf die Grenzen der Leistungsfähigkeit des individuellen Schadensrechts letztlich für nicht gerechtfertigt. Ähnlich *Mädrich*, S. 53.

192 Auf diese Realität verweisen etwa *Gerlach*, S. 186 und *Krell*, S. 65.

193 Vgl. stellvertretend BVerfGE 67, 231 (239) m.w.N.; *Herzog*, in: Maunz / Dürig, Art. 20 VIII Rdnr. 24; *Stern*, Bd. I § 21 II 4 c. Zum Umweltschutz *Bock*, S. 110 ff.; *Hoppe / Beckmann*, § 4 Rdnr. 76 ff.; dagegen aber etwa *Soell*, NuR 1985, 205 (211 f.).

194 *v. Mangoldt / Klein / Starck*, Art. 3 Rdnr. 4 und 23.

des Art. 3 Abs. 1 GG einen sachlichen Grund für Ungleichbehandlungen abgeben kann.[195] Man denke nur an die geringere steuerliche Belastung niedriger Einkommen.[196] Das Sozialstaatsprinzip darf aber nicht auf diese Rolle als Differenzierungs*erlaubnis* oder *-gebot* beschränkt bleiben. Es muß gleichfalls seine Wirkung als Differenzierungs*verbot* entfalten können, wenn die Frage zu entscheiden ist, ob die Schutzwürdigkeit von der Konstitution des einzelnen abhängig sein darf oder ob nicht im Gegenteil besonders anfällige Personen den übrigen Menschen (zumindest) gleichzustellen sind. Und zum anderen berührt die Problematik der überdurchschnittlichen Empfindlichkeit nicht den Bereich der faktischen Gleichheit, die der Staat erreicht, indem er wegnimmt und neu verteilt.[197] Hier geht es vielmehr um die rechtliche Gleichheit, darum nämlich, daß besonders empfindliche Personen ebenso Schutz vor gesundheitsschädigenden Umweltbeeinträchtigungen genießen, wie dies für alle anderen selbstverständlich ist.

cc) Gleichheitssatz und Typisierung aus Gründen der Praktikabilität

Ob die mit der Figur der durchschnittlichen Empfindlichkeit einhergehende typisierende Betrachtungsweise durch Praktikabilitätserwägungen hinreichend zu begründen ist, wurde bisher offengelassen.[198] Die verfassungsrechtliche Zulässigkeit solcher Typisierungen steht im Spannungsfeld zwischen möglichst einfachem Gesetzesvollzug auf der einen und Einzelfallgerechtigkeit auf der anderen Seite und wird deshalb im Zusammenhang mit Art. 3 Abs. 1 GG diskutiert.

Auf der Ebene der Gesetzgebung hat hier das Bundesverfassungsgericht unter weitgehender Zustimmung der Literatur[199] vergleichsweise eindeutige Grundsätze entwickelt. Das "allgemeine und gleiche" Gesetz, das in einer unbegrenzten Anzahl von Fällen gelten soll, muß notwendigerweise in gewissem Umfang typisieren. Als sachlicher Grund für die damit verbundene Ungleichbehandlung sind grundsätzlich auch die Praktikabilität der Regelung und Ge-

---

195 *Schoch*, DVBl. 1988, 863 (869 f.) m.w.N.; *Kittner*, in: Alternativkommentar, Art. 20 Abs. 1 bis 3 IV Rdnr. 57; *Gubelt*, in: v. Münch, Art. 3 Rdnr. 62. Dies wird auch von *v. Mangoldt / Klein / Starck*, Art. 3 Rdnr. 23 a.E. eingeräumt.

196 Vgl. etwa BVerfGE 29, 402 (412).

197 *v. Mangoldt / Klein / Starck*, Art. 3 Rndr. 4.

198 Siehe oben S. 76 f.

199 Vgl. etwa *v. Mangoldt / Klein / Starck*, Art. 3 Rdnr. 18; *Gubelt*, in: v. Münch, Art. 3 Rdnr. 21 und 44; *Stein*, in: Alternativkommentar, Art. 3 Rdnr. 44 ff.; *Schoch*, DVBl. 1988, 863 (879 f.) jeweils m.w.N.

sichtspunkte der Verwaltungsvereinfachung anzuerkennen.[200] Vor allem benachteiligende Typisierungen müssen aber bestimmten Anforderungen genügen.

Zunächst erlaubt das Bundesverfassungsgericht solche Typisierungen bislang ausschließlich zur Ordnung von Massenerscheinungen, wie sie insbesondere im Bereich der Sozialversicherung oder des Steuerrechts auftreten.[201] Weiterhin ist erforderlich, daß die durch die Typisierung eintretenden Härten oder Ungerechtigkeiten nur eine verhältnismäßig kleine Zahl von Personen betreffen und daß der Verstoß gegen den Gleichheitssatz nicht sehr intensiv ist.[202] Die Benachteiligung in Einzelfällen kann vor allem dann hingenommen werden, wenn eine Härteklausel für die bei der Typisierung nicht berücksichtigten Fälle den Weg zur Milderung eröffnet.[203] Wesentlich für die Zulässigkeit von Typisierungen ist schließlich, ob eine durch sie entstehende Ungerechtigkeit nur unter Schwierigkeiten vermeidbar wäre. Hierbei sind auch praktische Erfordernisse der Verwaltung von Gewicht.[204]

Während diese Vorgaben für das typisierende Vorgehen des Gesetzgebers entwickelt wurden, kommt die Figur der durchschnittlichen Empfindlichkeit erst bei der Rechtsanwendung zum Tragen.[205] So versuchen die Verwaltungsvorschriften der TA Luft und TA Lärm den Vollzug des Bundes-Immissionsschutzgesetzes praktikabel zu gestalten, indem sie Grenzwerte vorgeben, die auf besondere Empfindlichkeiten grundsätzlich keine Rücksicht nehmen.[206] Die Frage nach der Zulässigkeit solcher Typisierungen durch Exekutive und Judikative fand lange Zeit nur wenig Aufmerksamkeit, so daß die Diskussion noch keineswegs als abgeschlossen gelten kann. Allerdings tendiert das Bundesverfassungsgericht neuerdings dazu, auf dem Gebiet des Steuerrechts auch der Verwaltung die Befugnis zu Typisierungen zuzubilligen, um den Gesetzesvollzug zu vereinfachen.[207]

---

200 BVerfGE 9, 20 (31 f.); BVerfGE 27, 220 (230); BVerfGE 63, 119 (128); BVerfGE 71, 146 (157).

201 BVerfGE 21, 12 (27); BVerfGE 63, 119 (128); BVerfGE 71, 146 (157); BVerfGE 84, 348 (359). Vorsichtiger hingegen BVerfGE 78, 214 (226): Typisierungen "*vor allem* bei der Ordnung von Massenerscheinungen" zulässig (Hervorhebung nicht im Original).

202 BVerfGE 27, 220 (230); BVerfGE 63, 119 (128); BVerfGE 79, 87 (100); BVerfGE 84, 348 (360).

203 BVerfGE 17, 38 (57); BVerfGE 48, 102 (114 f.).

204 BVerfGE 63, 119 (128); BVerfGE 84, 348 (360). BVerfGE 55, 159 (169) spricht von einem "nicht tragbaren Verwaltungsaufwand".

205 Zur *methodischen* Übereinstimmung von Typisierungen bei der Gesetzgebung und beim Gesetzesvollzug vgl. *Isensee*, Die typisierende Verwaltung, S. 96 ff.

206 Siehe oben S. 43 und 49. Die Gewährleistung eines gleichmäßigen und vorhersehbaren Verwaltungsvollzugs durch die Typisierungen der TA Lärm betont etwa BayVGH NVwZ 1988, 174.

207 BVerfGE 78, 214 (227 ff.); zustimmend *Osterloh*, JuS 1990, 100 (101).

Wenig Einigkeit herrscht über die Grenzen dieser Befugnis: Die Praxis typisiert, die Wissenschaft kritisiert.[208] Bei aller gebotenen Vorsicht wird man allerdings in zwei Punkten einen Minimalkonsens konstatieren können. Zunächst ist es dem Gesetzgeber vorbehalten, der Exekutive den Typisierungsspielraum zu eröffnen.[209] Für die Festlegung von Grenzwerten in immissionsschutzrechtlichen Verwaltungsvorschriften sieht man eine solche ausdrückliche Ermächtigung in den §§ 48 und 51 BImSchG. Diese Vorschriften sollen einen administrativen Standardisierungsspielraum einräumen, den die Verwaltung aus praktischen Gründen zu Pauschalierungen und Generalisierungen nützen dürfe.[210]

Ob man diesen Gedanken auf das Atomgesetz übertragen kann,[211] wo eine dem § 48 BImSchG entsprechende Regelung fehlt, erscheint zweifelhaft.[212] Denn in derart grundrechtsrelevanten Bereichen wie dem Atomrecht sollte eine im Gesetz hinreichend zum Ausdruck gebrachte Typisierungskompetenz der Exekutive zur Voraussetzung gemacht werden. Mit der Formulierung dieses mehr formellen Bedenkens soll es hier sein Bewenden haben, da der Maßstab der durchschnittlichen Empfindlichkeit in materieller Hinsicht sogleich noch eindeutigere Grenzen finden wird.

Die andere Einschränkung für den typisierenden Gesetzesvollzug resultiert daraus, daß die Exekutive zumindest nicht weniger strengen Restriktionen unterworfen sein darf als der Gesetzgeber.[213] Vorbehalte ergeben sich hier zunächst im Hinblick auf die Frage, ob die immissions- und atomrechtlichen Genehmigungsverfahren Massenerscheinungen darstellen, wie sie das Bundesverfassungsgericht für die Zulässigkeit von Typisierungen voraussetzt.[214] Den einschlägigen Entscheidungen ist zu entnehmen, daß das Gericht mit "Massenerscheinungen" ausschließlich Fälle meint, in denen die Behörden

---

208 So die prägnante Charakterisierung von *Osterloh*, JuS 1990, 100 f. mit einer Darstellung des (steuerrechtlichen) Streitstandes. Eine strenge Linie vertritt vor allem *Isensee*, Die typisierende Verwaltung, S. 171 ff., der der Exekutive nur unter den engen Voraussetzungen eines Vollzugsnotstandes eine "Notkompetenz" zur Typisierung zugesteht.

209 *Osterloh*, JuS 1990, 100 (101).

210 *Breuer*, Umweltschutzrecht, S. 667 m.w.N; *Jarass*, NJW 1987, 1225 (1229 f.), der durch diese Generalisierungen auch Fälle erfaßt sieht, die vom Durchschnitt etwas abweichen. Insofern treffen demnach die Einwände, die *Isensee*, Die typisierende Verwaltung, S. 125 ff. gegen steuerrechtliche Typisierungen erhebt (Verstoß gegen den Vorbehalt und den Vorrang des Gesetzes, mangelnde Publizität), auf TA Luft und TA Lärm nicht zu.

211 So offenbar *Breuer*, Umweltschutzrecht, S. 685 f.

212 So auch *Trute*, S. 332 Fn. 162.

213 Dementsprechend überträgt beispielsweise *Trute*, S. 79 die oben für die Legislative dargestellten Grundsätze auf die rechtsanwendende Typisierung; ebenso VGH BadWürtt VBlBW 1991, 304 (306). *Isensee*, Die typisierende Verwaltung, S. 136 f., 171 möchte hingegen an die Exekutive eher höhere Anforderungen stellen.

214 Vgl. die Nachweise oben S. 119 Fn. 201.

gleichartige Entscheidungen in sehr großer Zahl treffen.[215] Dies läßt sich von den Anlagengenehmigungen insbesondere im Atomrecht wohl kaum behaupten. Die Züge eines Massenverfahrens[216] tragen diese Entscheidungen nur insofern, als sie jeweils eine außergewöhnliche Vielzahl an Umständen berücksichtigen müssen.[217] Die zahlreichen Menschen etwa, die regelmäßig im Einwirkungsbereich einer Anlage leben, bieten eine derart große Variationsbreite an Schadstoffempfindlichkeiten, daß deren Ermittlung die Verwaltungskraft der Exekutive überfordern könnte. Nicht die Menge der Verwaltungsakte, sondern die Anzahl der entscheidungserheblichen Sachverhaltselemente also verleihen der Anlagengenehmigung den Charakter einer Massenerscheinung. Da sich in diesem Punkt Parallelen zu den vom Bundesverfassungsgericht gemeinten Massenverfahren nicht von der Hand weisen lassen, wird man diese Vorbedingung bejahen können.[218]

Den entscheidenden Einwand gegen die typisierenden Vereinfachungen der durchschnittlichen Empfindlichkeit liefert die einzige Anforderung materieller Art, die das Bundesverfassungsgericht an die Zulässigkeit solcher Typisierungen stellt: Die hierdurch entstehenden Härten dürfen nur hingenommen werden, wenn sie eine verhältnismäßig geringe Zahl von Personen betreffen und wenn der Verstoß gegen den Gleichheitssatz nicht sehr intensiv ist.[219] Legt man die mittlerweile übliche Formel zugrunde, nach der nur einzelne besonders empfindliche Individuen vom Schutz ausgeschlossen sind, nicht aber Risiko*gruppen*,[220] so ist zwar die erstgenannte Bedingung erfüllt.[221] Die andere Voraussetzung deckt jedoch eine wesentliche Schwäche auf, an der die Figur der durchschnittlichen Empfindlichkeit leidet.

Die etwas unbestimmte Formulierung, der Verstoß gegen den Gleichheitssatz dürfe nicht "sehr intensiv" sein, gewinnt an Konturen, wenn man sich die Sachverhalte vergegenwärtigt, auf die das Bundesverfassungsgericht dieses

---

215 BVerfGE 78, 214 (217 f.): Steuerliche Berücksichtigung von Unterhaltsleistungen; BVerfGE 78, 249 (287 f.): Fehlbelegung öffentlich geförderter Wohnungen; BVerfGE 80, 109 (118): Kostenhaftung bei Bußgeldverfahren wegen Parkverstößen.

216 Zu den verschiedenen Erscheinungsformen von Massenverfahren siehe *Stelkens / Bonk / Leonhardt*, § 17 Rdnr. 2.

217 Die riesige Anzahl an *Einwendungen*, die sich gerade gegen umstrittene Großprojekte richten, scheidet als Rechtfertigung für eine Typisierung bei der *Entscheidung* von vornherein aus.

218 Angesichts der Bedeutung und der Komplexität immissionsschutz- und atomrechtlicher Genehmigungen gelangt man allerdings zu einem entgegengesetzten Ergebnis, wenn man mit *Isensee*, Die typisierende Verwaltung, S. 17 auch den Bagatellcharakter der Entscheidung als wesentliches Merkmal des Massenverfahrens ansieht.

219 Siehe oben S. 119 bei Fn. 202.

220 Siehe oben S. 113 bei Fn. 172.

221 *Steiger*, S. 34 f. Dies setzt natürlich voraus, daß der Schutz von Risikogruppen in der Rechtswirklichkeit auch ernsthaft umgesetzt wird; die oben (S. 20 ff.) angeführten Umstände und das ernüchternde Resümee des Sachverständigenrates für Umweltfragen (S. 23 bei Fn. 40) belegen eher das Gegenteil.

Erfordernis anwendet. Es sind ausschließlich Fälle, in denen die Nachteile der Typisierung auf finanzielle Auswirkungen beschränkt bleiben.[222] Selbst bei diesen - auch grundrechtlich betrachtet - geringen Eingriffen legt das Verfassungsgericht verhältnismäßig strenge Maßstäbe an. So sieht es die Grenze des Zulässigen schon dann überschritten, wenn Unterhaltspflichtige in gleichheitswidriger Weise die Kosten für eine Heimunterbringung tragen müssen.[223]

Werden solche wirtschaftlichen Belastungen, die überwiegend lediglich die allgemeine Handlungsfreiheit berühren, bereits als sehr intensive Verletzung des Gleichheitssatzes qualifiziert, so muß dies erst recht und ganz generell für Beeinträchtigungen im Schutzbereich des Art. 2 Abs. 2 GG gelten. Nimmt man den Rang ernst, den dieses Grundrecht innerhalb der Verfassungsordnung einnimmt, so verbietet es sich, Gefahren für die menschliche Gesundheit in gleicher Weise zu typisieren wie etwa die Frage, ob eine Lehrerin die Anschaffung eines Nachschlagewerkes als Werbungskosten steuerlich absetzen kann.[224] Angesichts dessen ist es auch nicht weiter erstaunlich, daß die Lehre von der durchschnittlichen Empfindlichkeit insofern ohne Parallele dasteht; andere Fälle, in denen Verletzungen der körperlichen Unversehrtheit typisierend betrachtet werden, gibt es offenbar nicht.[225]

Typisierungen im Schutzbereich des Art. 2 Abs. 2 GG lassen sich somit allenfalls noch mit den praktischen Problemen rechtfertigen, die eine individualisierende Beurteilung bereiten würde. Solchen tatsächlich bedingten Schwierigkeiten mißt nicht zuletzt das Bundesverfassungsgericht[226] einige Bedeutung bei. Allerdings kann man diese Rechtsprechung, die stets Eingriffe geringerer Intensität vor Augen hatte, nicht ohne weiteres auf die vorliegende Problematik übertragen. Je intensiver das typisierende Vorgehen in Rechtspositionen eingreift, desto strengere Anforderungen sind an den Aufwand zu stellen, den die Verwaltung betreiben müßte, um den individuellen Besonderheiten Rechnung zu tragen. Geht es um Beeinträchtigungen im Schutzbereich des Art. 2 Abs. 2 GG, so haben verwaltungsökonomische Erwägungen grundsätzlich zurückzustehen. Auch beträchtliche Schwierigkeiten beim Gesetzesvollzug genügen nicht mehr. Angesichts der Bedeutung von Leben und körperlicher Unversehrtheit muß hier eine Berücksichtigung individueller Faktoren praktisch

222 Vgl. die Beispiele oben S. 121 Fn. 215.

223 BVerfGE 26, 265 (276).

224 So das Eingangsbeispiel von *Isensee*, Die typisierende Verwaltung, S. 15 unter Hinweis auf BFHE 65, 246 ff. Auch *Isensee*, S. 144, 169 f. stuft die Zulässigkeit von Typisierungen nach dem jeweils betroffenen Grundrecht ab.

225 Bezeichnenderweise führt *Isensee*, Die typisierende Verwaltung, S. 169 f. in seiner Liste typisierungsoffener und -feindlicher Grundrechte Art. 2 Abs. 2 GG nicht einmal auf.

226 Vgl. oben S. 119 bei Fn. 204.

unmöglich sein, um die gravierenden Folgen der typisierenden Betrachtungsweise aufwiegen zu können.

Ein derartiges Gewicht erreichen die praktischen Vollzugsprobleme kaum, die vor allem Schmidt-Aßmann[227] zur Begründung typisierender Grenzwerte im Immissionsschutzrecht ins Feld führt. Denn die von ihm apostrophierte "unüberschaubare Vielfalt"[228] konstitutioneller Besonderheiten verliert bei genauerer Betrachtung in mehrfacher Hinsicht einiges an Dramatik.

Eine wesentliche Hürde beim Verwaltungsvollzug besteht für die Genehmigungsbehörde darin, möglicherweise besonders empfindliche Menschen im Einwirkungsgebiet der Anlage überhaupt festzustellen. Dies geschieht zunächst gem. § 24 Abs. 1 Satz 1 VwVfG durch eigene Sachverhaltsaufklärung, die nicht zuletzt dadurch erleichtert wird, daß solche Anfälligkeiten etwa in Krankenhäusern gehäuft vorkommen[229] und sich dann geradezu aufdrängen. Diese Ermittlungen der Behörde, die kaum sämtliche besonderen Dispositionen erfassen können und deshalb naturgemäß lückenhaft bleiben, werden durch entsprechende Hinweise der Betroffenen ergänzt. Dabei zwingt die Präklusionswirkung des § 10 Abs. 3 Satz 3 BImSchG zu einem frühzeitigen Mitwirken. Trägt ein Betroffener seine überdurchschnittliche Empfindlichkeit im Genehmigungsverfahren nicht fristgerecht vor, so ist er insofern für nachfolgende Rechtsmittelverfahren ausgeschlossen.[230]

Zudem zeigt die in Nr. 2.2.1.2 Buchst. a und Nr. 2.2.1.3 TA Luft für besonders empfindliche Sachgüter vorgeschriebene Einzelfallprüfung, daß eine individualisierende Betrachtung durchaus praktikabel ist. Auch dort werden aufwendige Ermittlungen erforderlich.[231] Dem könnte man zwar mit Schmidt-Aßmann entgegenhalten, daß besonders empfindliche Sachgüter in den Schutzbereich des Art. 14 GG fallen, der "wenigstens durch das Eingriffsobjekt der 'belegenen Sache' eine gewisse Beständigkeit" aufweise, während umweltvermittelte Beeinträchtigungen des Art. 2 Abs. 2 GG durch ständig sich ändernde Umstände geprägt seien. So reiche die Verweildauer im Belastungsgebiet bei Menschen von kurzen Aufenthalten bis hin zu jahrelangem Wohnen.[232] Dieser Einwand spricht jedoch nicht gegen die Berücksichtigung von besonders empfindlichen Personen.

---

227 AöR 106 (1981), 205 (212 ff.); vgl. bereits oben S. 76 f.

228 *Schmidt-Aßmann*, AöR 106 (1981), 205 (213).

229 *Valentin*, in: Umweltbundesamt, Grundlagen, S. 126.

230 Siehe oben S. 67 f.

231 Siehe im einzelnen oben S. 47. Schon vor Inkrafttreten dieser Regelung wollte der immerhin ausschließlich mit Praktikern besetzte Länderausschuß für Immissionsschutz in bestimmten Fällen darauf abstellen, ob im Einwirkungsbereich der jeweiligen Anlage empfindliche Sachgüter vorhanden sind (Umwelt Nr. 73 (1979), 25 <26>).

232 *Schmidt-Aßmann*, AöR 106 (1981), 205 (213).

Zum einen beruhen die gesundheitlichen Schäden bei solchen Personen weitgehend auf langfristigen Immissionseinwirkungen.[233] Da somit in den meisten Fällen nur Menschen betroffen sind, die sich dauerhaft im Einwirkungsbereich der Anlage aufhalten, gewinnt die Problematik bereits aus tatsächlichen Gründen eine gewisse Beständigkeit. Zum anderen würde es den Bogen überspannen, wollte man auch solche gesundheitlich besonders Anfälligen schützen, die nur ab und zu das Belastungsgebiet aufsuchen. Sie können sich den schädigenden Einwirkungen in der Regel wesentlich leichter entziehen als etwa die Anwohner.[234] Das rechtfertigt es, die Sachverhaltsaufklärung auf besondere Empfindlichkeiten einzugrenzen, die in der Nachbarschaft der Anlage zu erwarten sind.

Diese Beschränkung auf die Nachbarn findet im übrigen auch eine Stütze in § 3 Abs. 1 und § 5 Abs. 1 Nr. 1 BImSchG, die bei dem von schädlichen Umwelteinwirkungen betroffenen Personenkreis ausdrücklich zwischen Allgemeinheit und Nachbarschaft unterscheiden. Die Differenzierung spielt zwar in erster Linie bei der prozessualen Frage der Klagebefugnis eine Rolle.[235] Da § 5 Abs. 1 Nr. 1 BImSchG aber eine materiellrechtliche Genehmigungsvoraussetzung regelt, wäre es widersinnig, die Unterscheidung nicht eben auch für die dabei auftretenden inhaltlichen Probleme heranzuziehen.[236] In diese Richtung deuten auch Äußerungen des Bundesverwaltungsgerichts, das die Begrenzung der Klagebefugnis auf die Nachbarschaft damit begründet, daß § 5 Abs. 1 Nr. 1 BImSchG nur vor solchen schädlichen Umweltauswirkungen schützen wolle, denen man (als Nachbar) über eine gewisse Zeit ausgesetzt sei.[237] Ob man so weit gehen kann, braucht hier nicht erörtert zu werden. Denn jedenfalls lassen sich Abstufungen in der Schutzintensität dort rechtfertigen, wo eine Gleichstellung aus praktischen Gründen ausscheidet, wie dies bei besonderen Empfindlichkeiten der Fall ist.

Macht man diese gesetzlich vorgegebene Unterscheidung zwischen Nachbarschaft und Allgemeinheit fruchtbar, so hat dies den weiteren Vorteil, daß man damit auf zwei Begriffe zurückgreifen kann, für deren Abgrenzung Rechtsprechung und Literatur bereits hinreichend sichere Kriterien entwickelt haben. Zur Nachbarschaft zählen nach allgemeiner Auffassung Personen nur

233 Vgl. die Beispiele oben S. 18 ff. Die hochgradig empfindlichen Menschen, bei denen bereits ganz kurzfristige Einflüsse für nachteilige Reaktionen genügen, haben aus Zurechnungsgesichtspunkten zumeist ohnehin keinen Einfluß auf die Genehmigungserteilung (siehe oben S. 72).

234 Zu dieser Überlegung BVerwG DVBl. 1983, 183; *Ramsauer*, S. 119.

235 Vgl. etwa BVerwG DVBl. 1983, 183 f.

236 Anderer Auffassung wohl *Kloepfer*, § 7 Rdnr. 30.

237 BVerwG DVBl. 1983, 183 (184).

dann, wenn sie in einer engeren räumlichen und zeitlichen Beziehung zu der Anlage stehen, wie sie für das Wohnen charakteristisch ist.[238]

Alles in allem erlangen also Beeinträchtigungen durch Luftschadstoffe im Schutzbereich des Art. 2 Abs. 2 GG eine Stetigkeit, die sich von dem beständigen Charakter des Art. 14 GG nicht grundlegend unterscheidet. Beim Vollzug des Bundes-Immissionsschutzgesetzes bestehen somit keine praktischen Probleme, die die fraglichen Typisierungen rechtfertigen könnten.

Auf "kaum überwindliche Schwierigkeiten" beruft sich auch der VGH Baden-Württemberg[239], um die Maßgeblichkeit des "Standardmenschen" im Atomrecht zu begründen. Nur so könne man eine zeitweise totale Überwachung des einzelnen vermeiden, die mit einem völlig indiskutablen Aufwand verbunden sei.[240] Hieran ist richtig, daß die Einhaltung der in § 45 Abs. 1 StrSchV vorgeschriebenen Dosisgrenzwerte nicht zuletzt deswegen nur mit Hilfe von hypothetischen Denkmodellen überprüft werden kann, weil sich radioaktive Strahlungen in jedem Organismus anders verteilen.[241] Das rechtfertigt jedoch nicht, ohne weiteres auf die physiologischen Parameter des "reference man" abzustellen, wie sie die International Commission on Radiological Protection (ICRP) festgelegt hat.[242]

Gegen dieses Modell bestehen in zweierlei Hinsicht Bedenken. Auf den einen Vorbehalt macht die Internationale Strahlenschutzkommission selbst aufmerksam. Der "reference man" strebt zwar an, möglichst typische Eigenschaften zu definieren. Auf Grund des wenig repräsentativen Datenmaterials warnt die ICRP aber vor der Vorstellung, es handele sich hier um ein "average or median individual".[243] Eben dies übersehen offenbar auch prominente Befürworter des Modells, die von "Mittelwerten einer Bevölkerungsgruppe"[244], "Durchschnittsindividuum"[245] oder "repräsentativem Individuum"[246] sprechen. Es ist somit keineswegs ausgeschlossen, daß sogar überwiegend Parameter von besonders gesunden Menschen in die Festlegungen eingeflossen sind. Mit

---

238 BVerwG DVBl. 1983, 183 f.; *Jarass*, § 3 Rdnr. 58 ff. m.w.N.; *Schenk*, Rdnr. 22 ff.; *Bender / Sparwasser*, Rdnr. 290.

239 ESVGH 32, 161 (213 f.) - Wyhl.

240 VGH BadWürtt ESVGH 32, 161 (213 f.) - Wyhl; ebenso *Sommer*, DÖV 1983, 754 (757), der dort auch von einem "Gebot der Praktikabilität" spricht. Vgl. bereits oben S. 77.

241 Siehe oben S. 20, 23 f. und 51 f.

242 So aber VGH BadWürtt ESVGH 32, 161 (215) - Wyhl.

243 International Commission on Radiological Protection, Reference Man, S. 4; siehe auch oben S. 23 f.

244 Strahlenschutzkommission, Empfehlung 1985, BAnz. Nr. 126 a vom 12.7.1985, S. 8.

245 *Levi*, atw 1989, 28 (30 f.).

246 *Feldt*, S. 128.

gutem Grund also legt die ICRP in diesem Zusammenhang eine individualisierende Berechnung nahe.[247]

Aber selbst wenn der "reference man" mehr oder weniger zufällig einigermaßen durchschnittliche Werte träfe, bleibt ein anderer wesentlicher Einwand: Eine Dosisgrenzwertberechnung, die sich auf die Daten eines solchen Durchschnittsindividuums beschränkt, unternimmt noch nicht einmal den Versuch, die Variationsbreite menschlicher Konstitutionen zu erfassen. Will man diese Typisierung mit Praktikabilitätserwägungen rechtfertigen, wie es der VGH Baden-Württemberg tut, so muß man schon gute Argumente dafür vorlegen. Denn nach den vorhin[248] dargelegten Maßstäben sind im Schutzbereich des Art. 2 Abs. 2 GG sehr hohe Anforderungen zu stellen: Die Berücksichtigung individueller Besonderheiten muß praktisch ausgeschlossen sein, um das typisierende Vorgehen rechtfertigen zu können.

Derartige Umstände sind hier nicht ersichtlich. Es bedürfte eingehender Begründung, warum die Festlegungen des "Standardmenschen" nicht um Parameter erweitert werden können, die konstitutionelle Eigenheiten zumindest in möglichst großem Umfang berücksichtigen. Auch bestimmte andere Annahmen bei der Grenzwertberechnung beruhen auf konservativen Einschätzungen, deren Absicht es ist, selbst ganz unwahrscheinliche Konstellationen abzudecken. Die nach § 45 Abs. 2 StrSchV maßgebliche Referenzperson hält sich etwa stets an der ungünstigsten Einwirkungsstelle auf und nimmt ausschließlich Lebensmittel zu sich, die an dieser Stelle produziert worden sind.[249] Diese Konservativität ist auf Grund der in § 7 Abs. 2 Nr. 3 AtG festgeschriebenen Schadens*vorsorge* zwingend geboten.[250] Es ergibt sich damit ein grundlegender Bruch in der Handhabung des § 45 StrSchV: Der Strahlenberechnung liegen stets Annahmen zugrunde, die auch außergewöhnliche Umstände zur konservativen Seite hin absichern sollen; allein die konstitutionellen Besonderheiten der Bevölkerung werden in keiner Weise berücksichtigt. Dies erscheint um so bedenklicher, als in der einschlägigen Literatur die Auffassung vertreten wird, die Ermittlung von Dosisfaktoren nach durchschnittlichen Stoffwechselgrößen könne dazu führen, daß im Einzelfall die tatsächliche Dosis erheblich über den Grenzwerten liege.[251]

Der VGH Baden-Württemberg hält solchen Einwänden vorsorglich entgegen, die Einhaltung des Dosisgrenzwertkonzepts schaffe einen derartigen Si-

---

247 International Commission on Radiological Protection, Reference Man, S. 4.

248 S. 122 f.

249 Strahlenschutzkommission, Empfehlung 1988, BAnz. Nr. 216 vom 19.11.1988, S. 4906; *Feldt*, S. 127.

250 Darauf verweist gerade auch *Sommer*, DÖV 1983, 574 (758 f.). Zur Erforderlichkeit solcher konservativen Abschätzungen ebenfalls BVerwGE 72, 300 (316, 320 f.) - Wyhl II.

251 So beispielsweise *Kuni*, S. 71 f.

cherheitsabstand zur Gefahrenschwelle, daß man ohne nähere Prüfung der Einzelumstände davon ausgehen dürfe, daß die berechtigten Sicherheitsbelange aller Mitglieder der Bevölkerung gewahrt seien.[252] Das Gericht will also offenbar die Berechnungen auf der Grundlage der ICRP-Modelle auch dann hinnehmen, wenn dies bei einzelnen besonders disponierten Personen zu tatsächlichen Überschreitungen der Dosisgrenzwerte führt. Nicht anders kann man insbesondere die in Parenthesen hinzugefügte Aufforderung verstehen, man möge die 500 Millirem-Grenze der Europäischen Gemeinschaft, die ihrerseits die Gefahrenschwelle noch weit unterschreite, mit den 2 x 30 Millirem des Dosisgrenzwertkonzepts vergleichen.

Diese Argumentation ist schon im Ansatz verfehlt. Die deutliche Orientierung an der Gefahrenschwelle hat das Bundesverwaltungsgericht in seiner Revisionsentscheidung unter Hinweis auf den Wortlaut des § 7 Abs. 2 Nr. 3 AtG ("Vorsorge gegen Schäden") zu Recht verworfen.[253] Unbestritten ist weiterhin, daß die Dosisgrenzwerte des § 45 StrSchV in keinem Fall überschritten werden dürfen.[254] Warum dies bei besonders disponierten Personen anders sein soll, ist nicht erfindlich. Davon abgesehen scheint auch das Vertrauen des VGH Baden-Württemberg in den "Sicherheitsabstand" kaum gerechtfertigt. Dieser Abstand ist bereits erforderlich, um die Wissenslücken aufzufangen, die den gesamten Strahlenschutz beeinträchtigen. Bis heute ist nicht geklärt, welches Risikopotential insbesondere von niedrigen Strahlendosen ausgeht.[255] Darüberhinaus bestehen erhebliche Unwägbarkeiten bei der Ermittlung der Strahlenbelastung. So wird etwa darum gestritten, ob die tatsächlichen Unsicherheiten (z.B. meteorologische Ausbreitungsbedingungen und Ernährungsgewohnheiten der Bevölkerung) durch die bereits erwähnten konservativen Annahmen hinreichend ausgeglichen werden.[256] Auch muß sich die gegenwärtig praktizierte Berechnung der Äquivalenzdosis den Vorwurf gefallen lassen, daß sie das Krankheitsrisiko systematisch unterschätze, indem sie ausschließlich auf das Todesrisiko der Organbelastung abstelle.[257]

Bei näherer Betrachtung scheinen im übrigen offenbar auch dem VGH Baden-Württemberg ähnliche Bedenken gekommen zu sein, ohne daß er allerdings die nötigen Konsequenzen gezogen hätte. Das Gericht hält es nämlich für zwingend geboten, diejenigen Bevölkerungsgruppen zu berücksichtigen, "die typischerweise von den physiologischen Parametern des Standardmenschen abweichen und deren Strahlenbelastung daher (!) von einer auf den

---

252 VGH BadWürtt ESVGH 32, 161 (215) - Wyhl.

253 BVerwGE 72, 300 (314 ff.) - Wyhl II; vgl. auch oben S. 50 f.

254 Vgl. nur BVerwGE 61, 256 (264) - Stade.

255 Vgl. etwa *Levi*, atw 1989, 28 (32 f.).

256 *Nolte*, S. 26 m.w.N.

257 *Roßnagel*, UPR 1990, 86 (90) m.w.N.

Standardmenschen bezogenen Berechnung der potentiellen maximalen Strahlenexposition nicht mehr abgedeckt wird".[258] Diese Grenzziehung, die zwar den Sicherheitsabstand etwa für seltene Stoffwechselanomalien als völlig ausreichend erachtet,[259] bei typischen Risikogruppen hingegen nachdrücklich eine gesonderte Belastungsberechnung verlangt, überzeugt kaum. Für die Strahlenbelastung ist allein entscheidend, wie stark die individuelle Konstitution von der des Standardmenschen abweicht. Dafür spielt es aber keine Rolle, ob es sich um typische oder seltener vertretene Divergenzen zum "reference man" handelt. Will man hier überhaupt eine generelle Aussage treffen, so muß man annehmen, daß die Unterschiede zum Standardmenschen bei den Risikogruppen geringer ausfallen, da deren Daten nach den Regeln der Statistik noch am ehesten in die Modelle der ICRP eingeflossen sind. Wäre der Sicherheitsabstand tatsächlich derart großzügig bemessen, wie das Gericht unterstellt, dann müßte er also zumindest solche Gruppen abdecken. Wenn aber gerade für diese Bevölkerungsgruppen eigene Berechnungen unerläßlich sein sollen, ist nicht mehr nachvollziehbar, warum der Sicherheitsabstand für einzelne Personen mit seltenen Stoffwechselanomalien ausreichen soll.

Die in dieser Arbeit behandelte Problematik fördert noch ein weiteres Bedenken zutage. Der VGH Baden-Württemberg hat in seine Überlegungen offenbar nur solche konstitutionelle Eigenschaften einbezogen, die die Verteilung der Radionukleide im Körper beeinflussen und deshalb zu einer erhöhten radioaktiven Belastung führen können.[260] Daneben gibt es aber noch individuell ausgeprägte Empfindlichkeiten gegenüber der aufgenommenen Strahlung, die bewirken, daß die gleiche Belastung für die betreffenden Personen nachteiligere Folgen hat als im Normalfall.[261] Auch diese Strahlenempfindlichkeiten bleiben in den Modellen der ICRP unberücksichtigt, obwohl beide Risikofaktoren bei einzelnen Menschen kumulieren können. Schließlich kommt noch hinzu, daß die Grenzwerte selbst auf Annahmen beruhen, die individuelle anatomische Merkmale weitgehend unbeachtet lassen.[262]

Zieht man ein Resümee, so ist bei der Argumentation des VGH Baden-Württemberg ebenso wie bei den zuvor erörterten Ausführungen Schmidt-Aßmanns die Bereitschaft zu beobachten, allzuschnell und ohne ausreichende Gründe auf die Bequemlichkeiten der typisierenden Betrachtungsweise zurückzugreifen. Die Typisierung konstitutioneller Besonderheiten mit Hilfe von vermeintlichen Durchschnittswerten ist somit im Anwendungsbereich des

---

258 VGH BadWürtt ESVGH 32, 161 (216) - Wyhl; ebenso *Sommer*, DÖV 1983, 754 (757).

259 VGH BadWürtt ESVGH 32, 161 (215 f.) - Wyhl.

260 Vgl. VGH BadWürtt ESVGH 32, 161 (215) - Wyhl: Höhere Schilddrüsenbelastung durch Jod 131 wegen Funktionsausfalls der Nieren.

261 Siehe zu diesen beiden Fallgruppen von konstitutionellen Besonderheiten oben S. 20.

262 Siehe oben S. 23 f.

Art. 2 Abs. 2 GG auch durch Praktikabilitätserwägungen nicht zu rechtfertigen.

Wendet man hingegen die soeben entwickelten Grundsätze zum typisierenden Vorgehen auf den Begriff der erheblichen Belästigungen i.S.d. § 5 Abs. 1 Nr. 1 BImSchG an, so bestätigt sich die bereits an früherer Stelle[263] geäußerte Einschätzung: Da Belästigungen nur die allgemeine Handlungsfreiheit berühren, zeigen sie sich für die Bedürfnisse eines möglichst einfachen Gesetzesvollzuges wesentlich offener. Eine Grenze ergibt sich hier freilich aus der Vorgabe des Bundesverfassungsgerichts, daß die Härten der Typisierung auf eine verhältnismäßig geringe Zahl von Personen beschränkt bleiben müssen.[264] Diese Voraussetzung ist erfüllt, wenn in den Schutz vor erheblichen Belästigungen auch die bekannten Risikogruppen (alte Menschen, Kinder, Schwangere, Personen mit häufigen Krankheiten) einbezogen werden. Die herkömmliche Auffassung beschränkt demgegenüber den Schutz von Risikogruppen auf den Gefahrbegriff.[265] Sie bedarf also im Hinblick auf die Erheblichkeit von Belästigungen aus verfassungsrechtlichen Gründen ebenfalls der Korrektur.

III. Beeinträchtigungen besonders empfindlicher Sachen: Grundrecht auf Eigentum (Art. 14 GG)

1. Schutzbereich

Soweit es um Beeinträchtigungen besonders empfindlicher Sachgüter geht, ist der Schutzbereich des Art. 14 Abs. 1 Satz 1 GG betroffen. Neben der Institutsgarantie enthält dieses Grundrecht auch eine Bestandsgarantie;[266] sie gewährleistet die dem Eigentümer in einem bestimmten Zeitpunkt gesetzlich zustehenden Befugnisse.[267] Aus der Vielzahl der geschützten Rechtspositionen seien hier nur diejenigen herausgegriffen, die im vorliegenden Zusammenhang von Belang sind: Die Eigentumsgarantie umfaßt zum einen den Gegenstand selbst in seiner Substanz[268] und zum anderen die Nutzung der Sache, vor allem die des Grundeigentums.[269]

263 Siehe S. 112.

264 Siehe oben S. 119 bei Fn. 202.

265 Siehe oben S. 43 f.

266 Zu dieser doppelten Funktion von Art. 14 GG vgl. etwa BVerfGE 24, 367 (389); BVerfGE 42, 269 (294) m.w.N.

267 BVerfGE 58, 300 (336) - Naßauskiesung; *Bryde*, in: v. Münch, Art. 14 Rdnr. 11.

268 *Schmidt-Aßmann*, S. 7 f.

269 BVerfGE 58, 300 (352) - Naßauskiesung; *Rittstieg*, in: Alternativkommentar, Art. 14 / 15 Rdnr. 92 f.

Danach ist also das besonders immissionsanfällige Baudenkmal prinzipiell ebenso geschützt wie die Aufzucht überdurchschnittlich empfindlicher Pflanzen.[270] Differenzierungen des Schutzes nach der Immissionsempfindlichkeit sind mit Art. 14 Abs. 1 Satz 1 GG grundsätzlich unvereinbar. Denn das Grundgesetz unterscheidet, wie immer wieder betont wird,[271] gerade nicht zwischen mehr oder weniger schutzwürdigem Eigentum.

Im Hinblick auf die vorgenannte Nutzungsbefugnis ist durch den Naßauskiesungs-Beschluß des Bundesverfassungsgerichts zweifelhaft geworden, ob die Eigentumsgarantie auf die im Moment der Anlagengenehmigung tatsächlich ausgeübte Nutzung beschränkt bleibt oder ob darüberhinaus auch bloße Nutzungsmöglichkeiten erfaßt sind. Bestimmte Äußerungen in diesem Beschluß[272] könnten dahin gedeutet werden, daß lediglich die gegenwärtige Nutzung grundrechtlichen Eigentumsschutz genießen soll.[273] Eine solche Sicht gäbe jedoch den Eigentumsschutz dem Zufall preis, wie sich am Beispiel der Aufzucht besonders empfindlicher Pflanzen demonstrieren läßt: Deren Schutz hinge davon ab, ob der betreffende Eigentümer zum Zeitpunkt der Genehmigungsentscheidung zufällig eben diese Pflanzen aufzieht. Um in den Genuß der Eigentumsgarantie zu kommen, müßte er - unter Umständen gegen alle wirtschaftliche Vernunft - stets seine immissionsempfindlichsten Pflanzen züchten. Dies würde die persönliche Freiheit des Eigentümers, deren engen inneren Zusammenhang mit der Eigentumsgarantie das Bundesverfassungsgericht stets hervorhebt,[274] über Gebühr beeinträchtigen und wäre deshalb mit dem Sinn und Zweck des Art. 14 Abs. 1 GG nicht zu vereinbaren.[275]

Eine andere Frage gerade hinsichtlich der hier behandelten Problematik ist es, wie weit dieser Schutz (noch) nicht ausgeübter Nutzungen reicht. Um einen Mißbrauch zu verhindern, kann man nicht die bloße Behauptung des Eigentümers genügen lassen, er plane die Zucht empfindlicher Pflanzen. Diese Entscheidung muß vielmehr in seinem Betrieb "angelegt" sein, sich also sinnvoll in ihn einfügen oder bereits in früheren Jahren verwirklicht worden sein. Reine Chancen genießen demnach den Schutz des Art. 14 Abs. 1 GG nicht.[276]

---

270 Erfolgt diese Aufzucht in einem auf Erwerb ausgerichteten Betrieb, so ist sie auch in Gestalt des eingerichteten und ausgeübten Gewerbebetriebes von Art. 14 Abs. 1 Satz 1 GG erfaßt (dazu statt vieler *Papier*, in: Maunz / Dürig, Art. 14 Rdnr. 96 ff.).

271 *Henneke*, S. 129 m.w.N.

272 BVerfGE 58, 300 (337 f., 348 ff.).

273 So etwa die Interpretation von *Henneke*, S. 125 f. m.w.N.

274 Vgl. etwa BVerfGE 50, 290 (339) - Mitbestimmung.

275 *Henneke*, S. 126 f. m.w.N.

276 Zum Ganzen *Henneke*, S. 126 ff. m.w.N.

2. Inhalts- und Schrankenbestimmungen

Da das Eigentum der Rechtsordnung nicht vorgegeben ist, bedarf es der rechtlichen Ausgestaltung. Deshalb hat das Grundgesetz in Art. 14 Abs. 1 Satz 2 dem Gesetzgeber aufgetragen, Inhalt und Schranken des Eigentums zu bestimmen.[277] Soweit sich die Gesetze dabei in den Grenzen der Verfassung bewegen, liegt darin keine Einschränkung der Eigentumsgarantie.[278]

Diese Grenzen sind allerdings erheblich schwerer zu ermitteln als etwa im Schutzbereich des Art. 2 Abs. 2 GG. Während Leben und körperliche Unversehrtheit als naturgegeben weitgehend unabhängig von der jeweiligen Rechtsordnung definiert werden können, erhält das Eigentum seine Struktur erst durch Rechtsetzung. Zugleich soll das Eigentum jedoch in gewissem Umfang gerade vor dem Zugriff des Gesetzgebers geschützt werden.[279] Einigermaßen präzise Schranken sind dort errichtet, wo es um den Kernbestand der Institutsgarantie[280] geht. Je weiter sich die Regelungsmaterie aber davon entfernt, desto unbestimmter werden die verfassungsrechtlichen Vorgaben.

Die Offenheit, die die Eigentumsgarantie im Unterschied zu Art. 2 Abs. 2 GG bietet, wird auch im Zusammenhang mit dem Schutz besonders empfindlicher Rechtsgüter betont. Während der gesundheitliche Schutz zumindest von Risikogruppen für verfassungsrechtlich zwingend erachtet wird, gesteht man dem Gesetzgeber im Rahmen des Art. 14 Abs. 1 GG einen erheblichen Entscheidungsspielraum zu.[281] Es bestätigt sich also erneut, daß die Eigentumsgarantie entgegen der üblichen Einschätzung für den Schutz vor Immissionen wesentlich weniger greifbare Aussagen bereithält als Art. 2 Abs. 2 GG.[282]

Diese geringe Konkretheit des grundrechtlichen Eigentumsschutzes wirkt sich auch auf den Verhältnismäßigkeitsgrundsatz aus, der vom Bundesverfassungsgericht als eine wichtige Grenze für inhalts- und schrankenbestimmende Gesetze genannt wird.[283] Solche Regelungen müssen nicht nur zur Erreichung des angestrebten Zwecks geeignet und erforderlich sein. Sie dürfen den Betroffenen auch nicht unzumutbar belasten.[284] Bei der Gesamtabwägung, die die Verhältnismäßigkeit i.e.S. erfordert, steht dem Gesetzgeber ein weiter Ge-

---

277 BVerfGE 31, 229 (240).

278 BVerfGE 24, 367 (396); BVerfGE 58, 300 (336) - Naßauskiesung jeweils m.w.N.; *Nüßgens / Boujong*, Rdnr. 127.

279 Zu diesem Dilemma der verfassungsrechtlichen Eigentumsdogmatik etwa *Papier*, in: Maunz / Dürig, Art. 14 Rdnr. 37 ff.

280 Dazu *Nüßgens / Boujong*, Rdnr. 2 ff. m.w.N.

281 *Breuer*, in: Protokoll, S. 33, 35; *Kutscheidt*, in: Protokoll, S. 33 f.; *Sendler*, UPR 1983, 33 (41).

282 Siehe bereits oben S. 108 f.; ebenso etwa *Trute*, S. 237.

283 BVerfGE 75, 78 (97); vgl. auch etwa *Papier*, in: Maunz / Dürig, Art. 14 Rdnr. 258 ff. jeweils m.w.N.

284 BVerfGE 75, 78 (97 f.).

staltungsspielraum zur Verfügung. Er muß lediglich zwei - ihrerseits wenig greifbare - Anforderungen wahren: die grundgesetzliche Anerkennung des Privateigentums (Art. 14 Abs. 1 Satz 1 GG) einerseits und das Sozialgebot des Art. 14 Abs. 2 GG andererseits.[285]

Im Immissionsschutz- und Atomrecht hat der Gesetzgeber diese Abwägung insbesondere in den Genehmigungstatbeständen des § 5 Abs. 1 Nr. 1 BImSchG und § 7 Abs. 2 Nr. 3 AtG vorgenommen, die die Anlagengenehmigung davon abhängig machen, ob für das Eigentum der Nachbarn Schäden oder - im Falle des § 5 Abs. 1 Nr. 1 BImSchG - auch nur erhebliche Nachteile mit hinreichender Wahrscheinlichkeit zu erwarten sind. Soweit nach diesen Bestimmungen (bloße) Nachteile hingenommen werden müssen, stellt das nach übereinstimmender Auffassung eine zulässige Inhaltsbestimmung des Eigentums dar.[286] Dies überzeugt im Grundsatz, ohne daß eine detaillierte Prüfung des Übermaßverbotes erforderlich wäre. Für die vorliegende Problematik ist jedoch entscheidend, inwieweit § 5 Abs. 1 Nr. 1 BImSchG und § 7 Abs. 2 Nr. 3 AtG überdurchschnittlich empfindlichen Sachgütern Schutz bieten. Damit stellt sich die Frage, ob diese Vorschriften auch in der restriktiven traditionellen Interpretation den Anforderungen des Eigentumsgrundrechts genügen.[287]

Art. 14 Abs. 1 und 2 GG sind bei der Auslegung eigentumsbeschränkender Gesetze zu beachten.[288] Aus den soeben dargestellten Besonderheiten dieses Grundrechts ergibt sich jedoch unschwer, daß hier - von Extremfällen einmal abgesehen - kaum konkrete Ergebnisse zu erwarten sind. Bei der Gestaltung der Eigentumsordnung kann der Gesetzgeber nicht auf engmaschige verfassungsrechtliche Vorgaben zurückgreifen, die er sozusagen nur noch nachvollziehen müßte. Innerhalb des soeben beschriebenen weiten Rahmens ist er vielmehr schöpferisch tätig. Daraus folgt zwangsläufig, daß Auslegungsfragen, die diese gesetzliche Ausgestaltung aufwirft, selten durch Rückgriff auf die Eigentumsgarantie geklärt werden können.

Es ist deshalb nicht weiter verwunderlich, wenn Art. 14 GG für die vorliegende Problematik nur wenig Anhaltspunkte bietet, die über die bisher gewonnenen Erkenntnisse hinauswiesen. Die vier traditionellen Auslegungskriterien hatten übereinstimmend ergeben, daß besonders immissionsanfällige

---

285 BVerfGE 70, 191 (200 f.); BVerfGE 72, 66 (77 f.) - Flughafen Salzburg; *Jarass / Pieroth*, Art. 14 Rdnr. 31 m.w.N.

286 So für § 5 Abs. 1 Nr. 1 BImSchG BVerwGE 68, 58 (61); *Jarass / Pieroth*, Art. 14 Rdnr. 45; *Hoppe / Beckmann*, § 4 Rdnr. 44; *Nüßgens / Boujong*, Rdnr. 229; ebenso zu § 3 Abs. 1 und §§ 41 ff. BImSchG BVerfGE 79, 174 (199 ff.) - Verkehrslärm.

287 Dabei kann im folgenden die atomrechtliche Seite der Problematik vernachlässigt werden, da die besondere Anfälligkeit von Sachgütern gegen ionisierende Strahlen in der Diskussion praktisch keine Rolle spielt.

288 BVerfGE 68, 361 (372 f.); BVerfGE 81, 29 (31) m.w.N.

Sachgüter grundsätzlich geschützt sind.[289] Dieses Resümee bestätigt die Eigentumsgarantie eher, als daß sie es in Zweifel zöge. Zur rechtlichen Anerkennung des Privateigentums paßt es nicht, wenn sie von der Immissionsempfindlichkeit des jeweiligen Eigentumsgegenstandes abhängig gemacht wird.[290] Etwas anderes ließe sich möglicherweise vertreten, handelte es sich etwa bei den Pflanzen, die den Stempel "besonders empfindlich" erhalten, um Exoten, denen keine nennenswerte wirtschaftliche Bedeutung zukäme. In der Liste der gegenüber Schwefeldioxid besonders empfindlichen Pflanzen beispielsweise finden sich jedoch so weit verbreitete Nutzpflanzen wie Tanne, Fichte und Kiefer.[291] Ihre Anfälligkeit weicht von keiner irgendwie rechtlich begründbaren "Regel" ab.[292]

Der Schutz solcher Pflanzen und anderer Sachgüter bedarf allerdings einer Einschränkung, die sich auf die viel diskutierte "Situationsgebundenheit des Eigentums" zurückführen läßt. Dieser Begriff trägt der Tatsache Rechnung, daß insbesondere das Grundeigentum von seiner jeweiligen Lage, Beschaffenheit und Umgebung, kurz: seiner Situation wesentlich geprägt ist. Es leuchtet unmittelbar ein, daß etwa ein Grundstück inmitten eines Industriegebietes (immissionsschutz-)rechtlich nicht genauso behandelt werden kann wie eine Fläche innerhalb ausgedehnter Waldbestände.[293] So sind vor allem immissionsbedingte Vorbelastungen in gewissem Umfang hinzunehmen, da sie dem Grundstück kraft seiner Situationsgebundenheit anhaften.[294]

Die an dieser Situationsgebundenheit geübte Kritik[295] richtet sich nicht gegen den Begriff selbst und die mit ihm verbundenen sachlichen Erwägungen,[296] sondern gegen seine Herleitung. Während nämlich die Situationsgebundenheit überwiegend als unmittelbarer Ausfluß der Sozialbindung des Eigentums (Art. 14 Abs. 2 GG) verstanden wird,[297] hält man dem mit einigem Recht entgegen, daß die Konkretisierung des Art. 14 Abs. 2 GG dem Gesetzgeber vorbehalten sei, wie sich aus Art. 14 Abs. 1 Satz 2 GG ergebe. Der Gedanke der Situationsgebundenheit müsse deshalb dem einschlägigen Gesetz entnommen werden.[298] Dieser Auffassung kann im Geltungsbereich des Bun-

---

289 Vgl. zusammenfassend oben S. 95.

290 Vgl. bereits oben S. 130 bei Fn. 271.

291 Vgl. *Kalmbach / Schmölling*, A 2 Rdnr. 15 und bereits oben S. 25.

292 *Lübbe-Wolff*, NVwZ 1986, 178 (183).

293 Zum Zusammenhang von Situationsprägung und dem zulässigen Maß an Beeinträchtigungen vgl. statt vieler *Murswiek*, S. 328 m.w.N.; *Degenhart*, Umweltschutzrecht, S. 541.

294 BVerwGE 71, 150 (156).

295 Vgl. etwa *Gassner*, NVwZ 1982, 165 ff.; *Henneke*, S. 145 ff. jeweils m.w.N.

296 So ausdrücklich *Gassner*, NVwZ 1982, 165 (166). *Leisner*, in: Isensee / Kirchhof, Bd. VI § 149 Rdnr. 157 ff. warnt hingegen allgemein vor einer Dynamisierung dieses Begriffs.

297 Außer dem Nachweis auf S. 105 Fn. 122 etwa BVerwGE 67, 84 (87); BGHZ 90, 17 (24 f.); *Nüßgens / Boujong*, Rdnr. 198 f.; *Hoppe / Beckmann*, § 4 Rdnr. 29.

298 *Gassner*, NVwZ 1982, 165 (166 ff.); *Henneke*, S. 146; für Enteignungen i.S.d. Art. 14 Abs. 3 GG auch BVerfGE 74, 264 (280 f.) - Boxberg.

des-Immissionsschutzgesetzes ohne weiteres Rechnung getragen werden, da der zentrale Begriff der "schädlichen Umwelteinwirkungen" (§ 3 Abs. 1 BImSchG) für die Situationsgebundenheit des Grundeigentums offen ist.[299] Die Auseinandersetzung um die sedes materiae dieses Grundsatzes kann hier deshalb auf sich beruhen.

Bei besonders immissionsempfindlichen Sachen führt die Situationsgebundenheit zu Abstufungen in der Schutzintensität: Die uneingeschränkte Bewahrung vor immissionsbedingten Beeinträchtigungen ist nicht überall geboten. Der Schutz solcher anfälliger Sachgüter hängt vielmehr von der konkreten Prägung der jeweiligen Umgebung ab. Diese Abstufungen der Schutzintensität sind also sachlich gerechtfertigt und haben deshalb auch vor Art. 3 Abs. 1 GG Bestand, der neben dem Verhältnismäßigkeitsgrundsatz die andere wesentliche Grenze für inhalts- und schrankenbestimmende Gesetze darstellt.[300]

Mit diesen wenigen Bemerkungen zu den Auswirkungen der Situationsgebundenheit soll es vorerst sein Bewenden haben, da das Eigentumsgrundrecht seiner Struktur nach detailliertere Schlußfolgerungen nicht zuläßt. Genauere Aussagen werden sich aber noch unterhalb der verfassungsrechtlichen Ebene entwickeln lassen.[301]

F. Zusammenfassung

Auf wenige Kernaussagen reduziert, hat die Auslegung der einschlägigen gesetzlichen Regelungen folgendes ergeben: Der Schutz vor Gesundheitsgefahren läßt sich nicht auf Risikogruppen oder gar auf "durchschnittlich empfindliche" Personen beschränken. Der Gefahrbegriff umfaßt vielmehr jeden hinreichend wahrscheinlichen Schaden für die körperliche Unversehrtheit, ohne daß es auf die Anfälligkeit des Betroffenen ankäme. Bei der Erheblichkeit von Belästigungen scheidet zwar der imaginäre "Durchschnittsmensch" als Maßstab ebenfalls aus. Im Gegensatz zu den Gesundheitsgefahren genügt es hier jedoch, typisierend auf Risikogruppen abzustellen; erhebliche Belästigungen für einzelne besonders empfindliche Personen können deshalb vernachlässigt werden.

Auch beim Sachgüterschutz sind Differenzierungen nach der Immissionsempfindlichkeit grundsätzlich unzulässig. Einschränkungen ergeben sich freilich aus der Situationsgebundenheit des Grundeigentums.

---

299 Vgl. etwa BVerwGE 71, 150 (156) zu tatsächlichen und plangegebenen Vorbelastungen.

300 BVerfGE 70, 191 (200); BVerfGE 74, 203 (217); *Rittstieg*, in: Alternativkommentar, Art. 14 / 15 Rdnr. 166 jeweils m.w.N.

301 Siehe unten S. 143 ff.

7. Kapitel

Eigene Lösung

Was das merkliche Unbehagen in der immissionsschutzrechtlichen Rechtsprechung und Literatur[1] bereits andeutete, hat die Auslegung bestätigt: Der Maßstab der durchschnittlichen Empfindlichkeit ist vor allem bei der Abschätzung von Gefahren nicht haltbar. Zieht man hieraus die gebotene Konsequenz und verabschiedet dieses Kriterium endgültig, so entledigt man sich damit zwar nebenbei der kaum lösbaren Aufgabe, die exakte Grenze zwischen durchschnittlicher und überdurchschnittlicher Anfälligkeit zu ziehen.[2] Gleichzeitig stellt sich aber die Frage, was an die Stelle dieses Maßstabes treten soll. Denn bei aller angebrachten Kritik zeigt die "durchschnittliche Empfindlichkeit" doch eines zu Recht: Ein absoluter und uneingeschränkter Schutz jedes noch so empfindlichen Menschen oder Gegenstandes wäre weder möglich noch rechtlich zulässig.

Ich möchte deshalb versuchen, die entstehende Lücke durch eine eigene Konzeption zu schließen. Dabei können vielfach Ansätze aufgegriffen werden, die sich zuvor in der Auseinandersetzung mit der herkömmlichen Auffassung ergeben haben. Die unbegrenzte Zahl der denkbaren Sachverhaltsgestaltungen zwingt allerdings dazu, die Lösung lediglich in ihren groben Umrissen zu skizzieren. Diese Grundlinien werden dann bei der praktischen Umsetzung weiterzuentwickeln sein. Um die Darstellung möglichst schlank zu halten, soll sie zudem auf das Immissionsschutzrecht beschränkt bleiben, wo die Problematik besonders empfindlicher Rechtsgüter am plastischsten hervortritt. Die an diesem Beispiel entwickelten Grundsätze sind ohne weiteres auf das Polizei- und das Atomrecht übertragbar.

---

1 Siehe oben S. 36 ff.

2 Siehe oben S. 61.

A. Der Schutz besonders empfindlicher Personen

I. Gefahrbegriff

1. Grundsatz

Wie die vorangegangene Auslegung ergeben hat, erfaßt der Begriff der Gefahr jeden Gesundheitsschaden, der mit hinreichender Wahrscheinlichkeit droht. Es werden also alle Menschen ungeachtet ihrer Anfälligkeit einbezogen.

2. Einschränkungen

Diese Regel führt allerdings nicht zwangsläufig dazu, daß wegen der Gefahr für eine besonders empfindliche Person stets die beantragte Anlagengenehmigung zu versagen ist. Ohne daß Manipulationen am Gefahrbegriff selbst notwendig wären, bringt vielmehr die Anwendung allgemeiner Grundsätze gewisse Einschränkungen mit sich.

a) Hochgradig empfindliche Personen

Ein geeignetes Korrektiv für Fälle extremer Anfälligkeiten wurde bereits an früherer Stelle gewonnen[3] und sei hier deshalb nur kurz in Erinnerung gerufen. Nach allgemeinen polizei- und umweltrechtlichen Regeln steht eine Gefahr nur dann der Erteilung einer Genehmigung entgegen, wenn sie dem Betrieb der beantragten Anlage zugerechnet werden kann. Diese Voraussetzung ist bei den sog. hochgradig empfindlichen Menschen nicht gegeben. Hierunter sind solche Personen zu verstehen, die derart anfällig sind, daß sie auch von völlig umweltadäquaten Einflüssen in ihrer Gesundheit bedroht sind. Die Anlage erhöht das Risiko für diese extrem Empfindlichen nicht erkennbar.

Diese Eingrenzung der Zurechenbarkeit hält auch den zuvor[4] entwickelten verfassungsrechtlichen Maßstäben stand. Der Schutzbereich des Art. 2 Abs. 2 GG wird überhaupt nur von solchen Umweltbeeinträchtigungen tangiert, die für eine bestimmte Gesundheitsgefahr kausal sind.[5] Wird eine Anlage trotz

---

3 Siehe oben S. 69 ff., insbes. S. 72.

4 S. 99 ff.

5 *Rauschning*, VVDStRL 38, 179 f.; *Soell*, NuR 1985, 205 (208).

der drohenden Gefahr für eine in dem beschriebenen Maße hochgradig empfindliche Person genehmigt, berührt das deren grundrechtliche Positionen folglich nicht. Umgekehrt verstieße es vielmehr gegen den Verhältnismäßigkeitsgrundsatz, wenn der Anlagenbetreiber wegen Gefahren in seinen Rechten beschränkt würde, die ihm nicht zugerechnet werden können.[6]

b) Privatrechtliche Vereinbarungen

Damit sind Regeln gefunden, die sich in aller Kürze so zusammenfassen lassen: Das Kausalitätserfordernis schließt hochgradige Empfindlichkeiten von der Gefahrenprognose aus; ansonsten führen Gefahren für die körperliche Unversehrtheit ohne Rücksicht auf die Anfälligkeit der betroffenen Person(en) zur Genehmigungsversagung. Dieser Grundsatz gilt unabhängig davon, welche finanziellen Belastungen dadurch auf den potentiellen Anlagenbetreiber zukommen. Die Schutzgüter des Art. 2 Abs. 2 GG genießen auch dann Vorrang, wenn durch die Anlage einem einzigen besonders empfindlichen Menschen Gesundheitsgefahren drohen und diese Gefahr sich nur mit einem beträchtlichen zusätzlichen Investitionsaufwand vermeiden läßt.

Dieses vor allem verfassungsrechtlich gebotene Ergebnis mag im Einzelfall zu gewissen Härten führen. Dem Vorhabenträger bleibt es aber unbenommen, diese Folgen mit dem Instrumentarium der Privatautonomie zu mildern. Ihm steht hier ausnahmsweise die Möglichkeit offen, die Genehmigungsfähigkeit seiner Anlage durch eine freiwillige Vereinbarung herzustellen. In einem solchen zivilrechtlichen Vertrag erklärt die gefährdete Person ihr Einverständnis, aus dem Einwirkungsbereich der Anlage wegzuziehen; im Gegenzug verpflichtet sich der Vorhabenträger, die Umzugskosten zu übernehmen. Diese Verhandlungslösung scheidet im Regelfall eines immissionsschutzrechtlichen Genehmigungsverfahrens aus naheliegenden rechtlichen und tatsächlichen Gründen aus. Geht es hingegen nur um eine oder wenige besonders empfindliche Personen, so vermag deren Umsiedlung die Gesundheitsgefahr ebenso effektiv abzuwenden wie die Ablehnung der Genehmigung.

Ein Umzug war auch in der Vergangenheit angesichts der restriktiven Haltung der Rechtsprechung für viele besonders empfindliche Menschen die einzige realistische Alternative, ohne daß man allerdings viel Aufhebens davon gemacht hätte.[7] Übernimmt der Vorhabenträger nunmehr die entstehenden

---

6 Ähnlich auch *Murswiek*, S. 142.

7 Siehe oben S. 116 f. mit Fn. 192.

Umzugskosten,[8] verbessert sich damit die Position der empfindlichen Personen entscheidend. Bislang mußten die Betroffenen über die immateriellen Folgen hinaus, die mit dem Verlust des gewohnten sozialen Umfeldes verbunden sind, auch noch die entsprechenden finanziellen Belastungen tragen, obwohl die Verlegung des Wohnsitzes ihre Ursache in der Errichtung der Anlage hatte. Werden wenigstens diese materiellen Lasten durch den Vertrag dem Anlagenbetreiber auferlegt, so trägt diese Internalisierung bislang externer Kosten nicht nur dem Verursacherprinzip Rechnung.[9] Sie ist auch aus verfassungsrechtlichen Gründen erforderlich. Auf diese Weise wird sichergestellt, daß sich nicht weiterhin nur diejenigen den Auswirkungen der Anlage entziehen können, die dazu finanziell in der Lage sind.[10]

c) Gefahrenverdacht und Restrisiko

Die Kenntnisse über die Wirkungsweise von Schadstoffen sind vielfach rudimentär. Hierunter haben Risikogruppen in besonderem Maße zu leiden. Bei besonders empfindlichen Menschen werden die gegenwärtig bekannten Anhaltspunkte für drohende gesundheitliche Beeinträchtigungen in den selteneren Fällen ausreichen, um eine Gefahr zu bejahen. Überwiegend fallen diese besonderen Dispositionen unter die Kategorien Gefahrenverdacht und Restrisiko.[11]

Die Befürchtung, daß der weitgehende Schutz überdurchschnittlich empfindlicher Personen die Leistungsfähigkeit der Wirtschaft ernsthaft in Frage stellen könnte, erweist sich also schon deshalb als unbegründet. Die vielfältigen Probleme, die mit der Einbeziehung solcher besonderen Anfälligkeiten in den Gefahrbegriff einhergehen, reduzieren sich angesichts der großen Wissenslücken ohne weiteres Zutun auf ein vertretbares Maß. Dies mag für die betroffenen Risikogruppen einigermaßen zynisch klingen, ist aber lediglich ein Hinweis auf die bestehende Realität.

Diese Sachlage könnte dazu verleiten, die Anstrengungen zur Erforschung von Risiken nicht nennenswert zu intensivieren; immerhin lehrt die Erfahrung, daß solche Forschungen neue Risikogruppen aufdecken, die man dann

---

8 Dies verlangt auch *Gerlach*, S. 186 mit Fn. 493 im Hinblick auf die parallele zivilrechtliche Problematik bei § 906 BGB.

9 Zur berechtigten Forderung einer Internalisierung von Folgekosten umweltbelastender Tätigkeiten vgl. *Murswiek*, JZ 1988, 985 (991 f.) m.w.N.

10 Zu den gegen diesen Zustand bestehenden Einwänden aus Sicht des Sozialstaatsprinzips siehe oben S. 116 f.

11 Siehe oben S. 20 ff. und 73 ff.

ebenfalls berücksichtigen müßte. Der Staat darf sich jedoch nicht darauf beschränken, bereits bekannte Gefahren für die Gesundheit abzuwehren. Die "prozedurale Komponente der Schutzpflicht"[12] gebietet es vielmehr, bestehende Unsicherheiten in der Einschätzung von Risiken abzubauen und mögliche Risikopotentiale zu erkunden.[13]

Ob der Staat dieser Verpflichtung durch die direkte Vergabe von Forschungsaufträgen oder entsprechende Auflagen an die Risikoverursacher nachkommt, bleibt grundsätzlich den zuständigen Organen überlassen. Ebenso besteht ein gewisser Entscheidungsspielraum bei der Frage, in welchen Bereichen die Akzente der Forschungsaktivitäten gesetzt werden. Wo jedoch konkrete Indizien für mögliche Gesundheitsgefahren bestehen, dürfen vermehrte Anstrengungen nicht mit der Begründung abgelehnt werden, es gehe hier um eine verhältnismäßig geringe Zahl an potentiellen Betroffenen. Die vom Sachverständigenrat für Umweltfragen geforderte verstärkte Erforschung von Risikogruppen[14] ist deshalb auch verfassungsrechtlich geboten.

II. Erheblichkeit von Belästigungen

Ob von einer genehmigungsbedürftigen Anlage erhebliche Belästigungen ausgehen (§ 3 Abs. 1, § 5 Abs. 1 Nr. 1 BImSchG), ist unter Berücksichtigung bekannter Risikogruppen, wie Kinder, Schwangere und alte Menschen, zu beurteilen. Auch Personen mit häufig auftretenden Krankheiten sind vor solchen Belästigungen zu schützen. Lediglich einzelne besonders empfindliche Individuen dürfen hier aus Gründen eines praktikablen Verwaltungsvollzuges vernachlässigt werden. Diese Einschränkung des Schutzgrundsatzes (§ 1 BImSchG) läßt sich auch unter verfassungsrechtlichen Gesichtspunkten vertreten, da mit erheblichen Belästigungen - im Unterschied zu Gesundheitsgefahren - vergleichsweise geringe Beeinträchtigungen verbunden sind.[15]

III. Vorsorgegrundsatz

Der auf den vorangegangenen Seiten entwickelte Lösungsvorschlag schützt besonders empfindliche Menschen erheblich stärker, als dies bislang für er-

---

12 *Richter*, S. 147.

13 BVerfGE 49, 89 (132) - Kalkar; BVerfGE 56, 54 (82 f.) - Flughafen Düsseldorf; *Richter*, S. 146 f., 257 f., 272 f., 285 f.; *Hermes*, S. 234; *Berkemann*, S. 75 jeweils m.w.N.

14 Siehe oben S. 22 bei Fn. 33.

15 Vgl. oben S. 129.

forderlich gehalten wurde. Dieser verbesserte Schutz im Wirkungsbereich des Gefahrbegriffs führt gleichzeitig zu einer Entlastung des Vorsorgegrundsatzes, dem die ganz überwiegende Auffassung den Schutz empfindlicher Rechtsgüter bisher überlassen hat.[16] Das heißt aber keineswegs, daß das Vorsorgeprinzip für die hier vertretene Konzeption an Bedeutung verlöre. Denn umweltbedingte Gesundheitsrisiken für besonders empfindliche Menschen sind häufig noch weniger erforscht, als dies beim Rest der Bevölkerung ohnehin schon der Fall ist. Reicht deshalb der Kenntnisstand nicht aus, um von der hinreichenden Wahrscheinlichkeit eines Schadens zu sprechen, oder werden solche Gefahrenabschätzungen erst gar nicht vorgenommen, da die Risiken gänzlich unbekannt sind,[17] so hängt es letzten Endes vom Ausmaß der Gefahrenvorsorge ab, ob Gesundheitsschäden eintreten. Personen, die auf bestimmte Immissionen besonders anfällig reagieren, sind also mehr als andere darauf angewiesen, daß der Vorsorgegrundsatz ernst genommen wird. Mögliche Risikogruppen müssen deshalb bei der praktischen Umsetzung des § 5 Abs. 1 Nr. 2 BImSchG stets berücksichtigt werden. Dies gilt sowohl für die raumbezogene als auch für die risikobezogene Vorsorgevariante.[18]

IV. Konsequenzen für die Verwaltungsvorschriften

In Anbetracht der erheblichen praktischen Bedeutung, die die Technischen Anleitungen TA Luft und TA Lärm im immissionsschutzrechtlichen Genehmigungsverfahren haben, soll noch kurz aufgezeigt werden, welche Schlußfolgerungen sich für diese Verwaltungsvorschriften aus der zuvor dargestellten Konzeption ergeben.

Die Rechtssicherheit, die die generalisierenden Grenzwerte von TA Luft und TA Lärm gewährleisten sollen, lebt davon, daß Ausnahmen auf ein Minimum reduziert werden. Je mehr sich die Verwaltungsvorschriften dem Einzelfall öffnen, desto weniger können sie ihre Ziele - die Verwaltungsvereinfachung und die Vorhersehbarkeit der Entscheidung - erreichen. Daß diesen praktischen Erwägungen aber auch Grenzen gezogen sind, haben Bundesregierung und Bundesrat erkannt, als sie in Nr. 2.2.1.2 Buchst. a und Nr. 2.2.1.3 der TA Luft eine Einzelfallprüfung für besonders empfindliche Pflanzen, Tiere und Sachgüter einführten. Vor allem verfassungsrechtlich wesentlich dringender geboten ist jedoch eine Sonderregelung zugunsten besonders anfäl-

16 Siehe oben S. 39 f.

17 Zu den beiden herkömmlich als "Gefahrenverdacht" bzw. "Restrisiko" bezeichneten Konstellationen und ihrer Bedeutung für den Vorsorgegrundsatz vgl. bereits oben S. 73 ff.

18 Dazu siehe oben S. 39 f.

liger Menschen. Eine solche Vorschrift muß für die Fälle, in denen die geltenden Grenzwerte besonders empfindlichen Menschen keinen ausreichenden Schutz vor Gesundheitsgefahren bieten, eine gesonderte Prüfung ermöglichen. Nur wenn die Technischen Anleitungen den hier bisher beschrittenen Weg der kategorischen Typisierung[19] verlassen und in solchen besonders gelagerten Situationen ein Abweichen von den Grenzwerten vorschreiben, genügen sie den oben dargestellten rechtlichen Anforderungen. Entgegen einer immer wieder anzutreffenden Vorstellung handelt es sich hier nicht um eine Frage, die zur Disposition der politischen Entscheidungsträger stünde.[20] Mit dem Begriff der konkreten Gefahr hat das Bundes-Immissionsschutzgesetz vielmehr einen individuellen Schutz verbindlich festgeschrieben, der den vom Einzelfall abstrahierenden Grenzwerten[21] eindeutige rechtliche Schranken setzt.[22]

Die Notwendigkeit der beschriebenen Ausnahmeregelung ließe sich bezweifeln, wenn man der in der Literatur ab und zu geäußerten Ansicht folgt, daß die Grenzwerte der TA Luft zum Schutz der menschlichen Gesundheit "auf der sicheren Seite" lägen. Demgegenüber, so heißt es dann weiter, wiesen bestimmte Tiere und Pflanzen eine größere Empfindlichkeit auf, was zu der entsprechenden Sonderregelung in der TA Luft geführt habe.[23] Dies ist jedoch eine zumindest mißverständliche Verkürzung des tatsächlichen Sachverhaltes. Die Sachverständigenanhörung im Jahre 1978, die in diesem Zusammenhang stets angeführt wird, hatte nämlich ergeben, daß sehr empfindliche Personen durch die Grenzwerte der TA Luft keineswegs immer geschützt sind.[24] Lediglich bekannten Risikogruppen böten die geltenden Werte in der Regel genügend Schutz.

Im übrigen wird man selbst diese Aussage über den ausreichenden Schutz von Risikogruppen inzwischen in Zweifel ziehen müssen.[25] Dazu geben nicht nur entsprechende kritische Äußerungen des Sachverständigenrats für Umweltfragen Anlaß.[26] Auch manche Grenzwerte der Schweizer Luftreinhalte-Verordnung etwa, die gerade unter Hinweis auf gesundheitliche Gefahren für

---

19 Dazu oben S. 83.

20 So aber etwa *Feldhaus*, UPR 1982, 137 (144 f. mit Fn. 74 und 76); *Hansmann*, S. 299. Solche politisch beeinflußten Entscheidungen sind nur dort gefordert, wo naturwissenschaftlich ungeklärte Risiken bewertet werden müssen (siehe oben S. 41 f. bei Fn. 98 und 99).

21 Siehe oben S. 88.

22 Das räumt etwa *Hansmann*, S. 296 im Grunde genommen auch ein.

23 *Dreißigacker*, S. 476; *Breuer*, Grundprobleme, S. 33. Vgl. auch die Amtliche Begründung zur Verordnung über Großfeuerungsanlagen - 13. BImSchV -, BR-Drucks. 95 / 83, S. 35 f.

24 So auch das Resümee von *Soell*, ZRP 1980, 105 (108) sowie von *Schlipköter*, in: Protokoll, S. 33, der an dieser Anhörung als Sachverständiger beteiligt war; vgl. bereits oben S. 45 bei Fn. 121.

25 Vgl. bereits oben S. 121 Fn. 221.

26 Siehe oben S. 23 bei Fn. 40.

Risikogruppen erheblich strenger ausgefallen sind als die der TA Luft,[27] tragen zu dem Eindruck bei, daß die in Rechtsprechung und Literatur unbestrittene Forderung nach einem wirksamen Schutz von Risikogruppen bisher nicht hinreichend umgesetzt worden ist.[28]

Mit den beschriebenen ausdrücklichen Ausnahmeregelungen zugunsten besonders empfindlicher Personen wäre auch die bisher offene Frage geklärt, ob es sich bei Gesundheitsgefahren für einzelne besonders anfällige Menschen um atypische Fälle handelt, die ein Abweichen von den Verwaltungsvorschriften der TA Luft und TA Lärm gebieten.[29] Entsprechende Regelungen werden besonders dringlich bei der Rechtsverordnung gem. § 48 a BImSchG, die als Reaktion auf die jüngste Rechtsprechung des Europäischen Gerichtshofs zur TA Luft geplant ist.[30] Man könnte zwar erwägen, ob die Genehmigungsbehörden nicht auch ohne solche Ausnahmevorschriften die in dieser Verordnung festgelegten Grenzwerte im Einzelfall verschärfen dürfen, wenn dies zum Schutz besonders empfindlicher Personen erforderlich wäre. Denn der Verwaltung wird von einem Teil der Literatur eine Verwerfungskompetenz zugebilligt, auf Grund derer sie vom Vollzug von Rechtsverordnungen absehen kann, die sie als rechtswidrig erkannt hat.[31] Und der unzulängliche Gesundheitsschutz besonders anfälliger Menschen stellt nach der hier vertretenen Auffassung einen Verstoß gegen § 5 Abs. 1 Nr. 1 BImSchG dar. In der Praxis wird von dieser Verwerfungskompetenz jedoch so gut wie nie Gebrauch gemacht. Die betroffenen Personen müßten also regelmäßig die Verwaltungsgerichtsbarkeit bemühen, um ausreichenden Schutz zu erlangen.[32] Dieses mißliche Ergebnis kann nur durch eine sog. Öffnungsklausel[33] in der Rechtsverordnung selbst vermieden werden. Diese müßte vorschreiben, daß strengere Grenzwerte festzulegen sind, wenn dies zum Schutz besonders empfindlicher Personen erforderlich ist.[34]

---

27 Siehe oben S. 54 f.

28 So auch *Kühling*, S. 41 m.w.N. sowie *ders.*, S. 110 ff. mit wissenschaftlich begründeten Grenzwerten zum Schutz von Risikogruppen.

29 Siehe oben S. 48 f.

30 Siehe oben S. 42 f.

31 *Ossenbühl*, in: Isensee / Kirchhof, Bd. III § 64 Rdnr. 74 m.w.N.

32 Zu der Befugnis der Gerichte, Rechtsverordnungen - unter Beachtung eines gewissen Beurteilungs- und Gestaltungsspielraumes des Verordnungsgebers - auf ihre Vereinbarkeit mit dem Gesetz zu überprüfen, BVerwGE 72, 126 (132 f.); BVerfGE 53, 135 (145); *Ossenbühl*, in: Isensee / Kirchhof, Bd. III § 64 Rdnr. 35 ff.; *Marburger*, Schadensvorsorge, S. 206 ff.; *Rittstieg*, S. 196 ff.; *Jarass*, NJW 1987, 1225 (1227) jeweils m.w.N. (die beiden letzten auch speziell zur Festlegung von Grenzwerten in einer Rechtsverordnung).

33 Dazu *Marburger*, Schadensvorsorge, S. 214; zu § 33 der 13. BImSchV, der eine Öffnungsklausel zugunsten der Anlagenbetreiber vorsieht, *Jarass*, NJW 1987, 1225 (1227).

34 Entsprechende Klauseln wären auch notwendig, um anderen atypischen Fällen und möglichen Erkenntnisfortschritten Rechnung zu tragen (vgl. oben S. 42).

Was den Schutz vor erheblichen Belästigungen betrifft, sind derartige Sonderfallprüfungen nicht erforderlich. Hier ist Raum für eine typisierende Betrachtungsweise. Allerdings müssen die geltenden Grenzwerte daraufhin überprüft werden, ob sie auch bekannte Risikogruppen ausreichend berücksichtigen. Dies gilt insbesondere für den Lärmschutz.

B. Der Schutz besonders empfindlicher Sachen

Der hohe Rang, den das Grundrecht auf Leben und körperliche Unversehrtheit innerhalb der Verfassungsordnung einnimmt, hat für den Schutz besonders empfindlicher Personen vergleichsweise klare Regeln erbracht. Ähnlich brauchbare Grundstrukturen sind im Hinblick auf den Sachgüterschutz nicht zu erwarten. Einerseits verlangt § 5 Abs. 1 Nr. 1 BImSchG der oben vorgenommenen Auslegung zufolge, grundsätzlich auch besonders immissionsanfällige Pflanzen, Tiere und andere Sachgüter vor den in dieser Vorschrift genannten Beeinträchtigungen zu bewahren. Wollte man sich andererseits stets an den jeweils empfindlichsten Vertretern dieser Gruppen orientieren, so wären neue Anlagen in weiten Gebieten der Bundesrepublik nicht mehr genehmigungsfähig.[35] Aus den bereits genannten Gründen[36] liefert auch das betroffene Eigentumsgrundrecht keine konkreten Kriterien zur Lösung der Problematik. Lediglich der Grundsatz der Situationsgebundenheit führt zu der - freilich wiederum sehr allgemein gehaltenen - Erkenntnis, daß der Schutz anfälliger Sachgüter wesentlich von der Prägung des betroffenen Gebietes abhängig ist.

Gerade dieser letzte Gesichtspunkt zeigt deutlich, daß es hier entscheidend auf die jeweilige konkrete Situation ankommt, auf die die geplante Anlage treffen würde. An die Stelle abstrakter Vorgaben muß also zwangsläufig eine weitgehend einzelfallbezogene Betrachtung treten. Dieser Überlegung folgt auch die TA Luft, die bei der Sonderfallprüfung für besonders empfindliche Pflanzen, Tiere und andere Sachgüter (Nr. 2.2.1.2 Buchst. a und 2.2.1.3) den ansonsten gewählten Weg exakt festgelegter Grenzwerte verläßt und in eine abwägende Einzelfallbeurteilung übergeht.[37] Am Beispiel der Sonderfallprüfung lassen sich einige Erwägungen allgemeiner Art darstellen, die im Hinblick auf besonders empfindliche Sachgüter wesentlich erscheinen. Diese Vorschrift soll deshalb als gedanklicher Leitfaden für die folgenden Ausfüh-

35 Siehe oben S. 46 f.; außerdem *Steinebach*, Rdnr. 244 und *Feldhaus*, UPR 1987, 1 (3).

36 Siehe oben S. 130 ff.

37 Vgl. bereits oben S. 44 ff.

rungen dienen (I.). Die Untersuchung schließt de lege ferenda mit einem Plädoyer für die Weiterentwicklung des Raumordnungsrechts (II.).

I. Einzelfallbetrachtung

Vorweg ist zunächst eine geläufige, aber unzutreffende Interpretation des Gefahrbegriffs zu korrigieren, der offenbar auch Nr. 2.2.1.3 Abs. 3 und 4 TA Luft folgt und die für den Schutz besonders empfindlicher Pflanzen, Tiere und anderer Sachen von Bedeutung ist. Nr. 2.2.1.3 Abs. 3 TA Luft spricht nicht nur von *erheblichen* Nachteilen und Belästigungen, sondern schränkt auch die Gefahren durch dieses Attribut ein. Damit wird eine allgemein anerkannte Regel zum Ausdruck gebracht.[38] Gängiger Auffassung entspricht ebenfalls die - etwas mißverständliche[39] - Formulierung in Nr. 2.2.1.3 Abs. 3 Buchst. a Satz 1 TA Luft, Gesundheitsgefahren seien stets erheblich.[40] Wenn aber hiervon abweichend das Erheblichkeitskriterium bei Gefahren für Sachgüter demselben umfassenden Abwägungsprozeß unterworfen wird wie die Erheblichkeit von Nachteilen (Nr. 2.2.1.3 Abs. 3 und 4 TA Luft),[41] so verkennt dies den Gefahrbegriff.[42]

Im Polizeirecht spricht man nur dann von einem Schaden und damit von einer Gefahr, wenn die zu erwartenden Beeinträchtigungen nicht unerheblich sind.[43] Die Beschränkung auf erhebliche Rechtsgutverletzungen soll bloße Bagatellbeeinträchtigungen aus dem Gefahrbegriff ausklammern.[44] Die Erheblichkeitsgrenze ist zwar nicht abstrakt zu bestimmen, sondern erfordert eine wertende Betrachtung des Einzelfalls.[45] Von der in der immissionsschutzrechtlichen Literatur propagierten Abwägung unterscheidet sich diese Wertung aber in einem wesentlichen Punkt: Sie betrachtet zum einen das Ausmaß der Beeinträchtigung, die Art des Sachgutes und seine Bedeutung für den

38 Vgl. oben S. 35.

39 *Landmann / Rohmer / Hansmann*, Nr. 2.2.1.3 TA Luft Rdnr. 18 f.

40 Siehe oben S. 36 bei Fn. 61.

41 Ebenso etwa *Landmann / Rohmer / Kutscheidt*, § 3 Rdnr. 10; *Sellner*, Immissionsschutzrecht, Rdnr. 27. Noch weitergehend *Ule / Laubinger*, § 5 Rdnr. 3 mit der Ansicht, die den Betreibern obliegenden Pflichten müßten in einem vernünftigen Verhältnis zu den durch die Anlage hervorgerufenen Gefahren stehen und deshalb seien geringe Gefahren für Sachen unter Umständen hinzunehmen.

42 *Lübbe-Wolff*, NVwZ 1986, 179 (182). Im Ergebnis ebenso *Koch*, S. 42 ff., der allerdings eine "freie" Abwägung nicht nur beim Gefahrbegriff, sondern auch bei der Erheblichkeit von Nachteilen und Belästigungen für unzulässig hält.

43 Vgl. statt vieler *Drews / Wacke / Vogel / Martens*, S. 221.

44 Vgl. statt vieler *Murswiek*, S. 303.

45 Vgl. etwa *Schenke*, Rdnr. 31.

Eigentümer[46] - also ausschließlich Umstände auf der Seite dessen, bei dem die Beeinträchtigung eintreten könnte. Zum anderen werden die örtlichen Verhältnisse berücksichtigt, die die Umgebung der betreffenden Sache prägen.[47] Die im Immissionsschutzrecht auch für den Gefahrbegriff vertretene Lösung erweitert hingegen diese wertende Betrachtung um eine Güterabwägung und bezieht darin die Interessen des Anlagenbetreibers ein.[48]

Auf Grund der beträchtlichen wirtschaftlichen Interessen, die hier auf seiten des Betreibers im Spiel sein können, wird so die Schädlichkeitsschwelle gegenüber dem Polizeirecht tendenziell erhöht. Diese Abweichung vom polizeirechtlichen Gefahrbegriff zum Nachteil der Umwelt widerspricht jedoch der Intention des Bundes-Immissionsschutzgesetzes, das seinen Schutzbereich gegenüber dem allgemeinen Polizeirecht ausdrücklich erweitern wollte.[49] Die durch eine umfassende Abwägung entstehenden Schutzlücken werden nicht etwa vom Begriff der erheblichen Nachteile aufgefangen, da diese gegenüber dem Schaden nach der üblichen Abgrenzung[50] kein "Minus", sondern ein Aliud darstellen.[51] Soweit es um den Sachgüterschutz geht, hat also auch im Immissionsschutzrecht die Beschränkung auf "erhebliche Gefahren" die Aufgabe, Bagatellbeeinträchtigungen vom Gefahrbegriff auszuscheiden.[52]

1. Charakter und Zweckbestimmung der Umgebung

Während demnach eine Abwägung der widerstreitenden Interessen dem Erheblichkeitskriterium bei Nachteilen (und Belästigungen) vorbehalten bleibt, stimmen erhebliche Gefahren und erhebliche Nachteile darin überein, daß sie nach Charakter und Zweckbestimmung der Umgebung beurteilt werden.[53] Um die Besonderheiten der Umgebung exakter erfassen zu können, führt Nr. 2.2.1.3 Abs. 4 TA Luft in den Spiegelstrichen 1 bis 3 die von der Rechtsprechung hierzu entwickelten wesentlichen Kriterien auf: Planungsrechtliche Prägung sowie tatsächliche und plangegebene Vorbelastungen.[54]

---

46 *Hansen-Dix*, S. 130.

47 Siehe oben S. 29 f. und 37 f.

48 Siehe oben S. 35 f. bei Fn. 60.

49 Amtliche Begründung, BT-Drucks. 7/199, S. 25 f.

50 Vgl. oben S. 35 bei Fn. 55.

51 *Hansen-Dix*, S. 119 f., 129 f.; *Markou*, S. 67. Anders allerdings *Landmann / Rohmer / Hansmann*, Nr. 2.2.1.3 TA Luft Rdnr. 20.

52 *Lübbe-Wolff*, NVwZ 1986, 179 (182); *Hansen-Dix*, S. 129 f.; *Trute*, S. 281; vgl. auch *Feldhaus*, § 3 BImSchG Anm. 7.

53 Siehe oben S. 35 bei Fn. 58.

54 Vgl. den aktuellen Rechtsprechungsüberblick bei *Berkemann*, S. 86 ff.

2. Eine Leerformel: Das Gebot der gegenseitigen Rücksichtnahme

Als weiteren Gesichtspunkt für die Einzelfallprüfung nennt der 4. Spiegelstrich von Nr. 2.2.1.3 Abs. 4 TA Luft die tatsächliche Nutzung der Grundstücke unter Beachtung des Gebotes zur gegenseitigen Rücksichtnahme. Mit dem Rücksichtnahmegebot greift die TA Luft einen Grundsatz auf, den Rechtsprechung und Literatur seit langem heranziehen, um den Begriff der "schädlichen Umwelteinwirkungen" in § 5 Abs. 1 Nr. 1 BImSchG zu konkretisieren.[55] Angewandt auf die Problematik besonders empfindlicher Sachgüter, führt die Forderung nach *gegenseitiger* Rücksichtnahme zu Einschränkungen in beide denkbare Richtungen: Einerseits wird danach gefragt, ob es dem Betroffenen mit geringem Aufwand möglich wäre, auf weniger empfindliche Nutzungen umzustellen oder sonstige Schutzmaßnahmen zu ergreifen. So sollen beispielsweise Pflanzenschäden in Haus- oder Ziergärten keine erheblichen Nachteile darstellen, solange ohne Schwierigkeiten auch weniger empfindliche Pflanzen gezogen werden können.[56] Auf der anderen Seite braucht nach dieser Auffassung ein eingeführter Gartenbaubetrieb, der sich auf die Zucht empfindlicher Pflanzen spezialisiert hat, nachteilige Beeinträchtigungen nicht hinzunehmen.[57]

Diese Schlußfolgerungen mögen vom Ergebnis her einleuchten.[58] Sie teilen aber in ihrer dogmatischen Herleitung die Schwächen, die das Gebot der gegenseitigen Rücksichtnahme generell aufweist. Dieses von der Rechtsprechung im Baurecht entwickelte Gebot[59] verlangt eine "Abwägung zwischen dem ..., was einerseits dem Rücksichtnahmebegünstigten und andererseits dem Rücksichtnahmepflichtigen nach der Lage der Dinge zuzumuten ist"[60]: Je empfindlicher und schutzwürdiger die Stellung dessen sei, dem die Rücksichtnahme zugute kommen solle, um so mehr könne an Rücksichtnahme verlangt werden. Je verständlicher und unabweisbarer aber die mit dem Vorhaben verfolgten Interessen seien, um so weniger brauche der Vorhabenträger Rücksicht zu nehmen.[61]

---

55 BVerwGE 50, 49 (54 f.) - Tunnelofen; BVerwG NVwZ 1985, 186; *Kloepfer*, § 9 Rdnr. 37; *Bender / Sparwasser*, Rdnr. 285, 287; *Koch*, S. 50 f.

56 *Landmann / Rohmer / Hansmann*, Nr. 2.2.1.3 TA Luft Rdnr. 26; Länderausschuß für Immissionsschutz, Umwelt Nr. 73 (1979), 25 (26).

57 *Landmann / Rohmer / Hansmann*, Nr. 2.2.1.3 TA Luft Rdnr. 26.

58 Im letztgenannten Fall des Gartenbaubetriebes gibt es allerdings auch andere Einschätzungen (vgl. oben S. 37 bei Fn. 70 und S. 38).

59 BVerwGE 28, 268 (274); BVerwGE 45, 309 (327); BVerwGE 52, 122 (125 ff.); ausführlicher Überblick bei *Ihlefeld*, S. 3 ff., 52 ff.

60 BVerwGE 52, 122 (126).

61 BVerwGE 52, 122 (126).

Diese wenigen Zitate machen bereits deutlich, was die Kritik herausfordert, die zunehmend an dem Gebot der gegenseitigen Rücksichtnahme geübt wird.[62] Die Rechtsprechung wendet dieses Gebot wie eine Rechtsnorm an und erklärt die eigentlich zu prüfenden Tatbestandsmerkmale unversehens für erfüllt oder nicht erfüllt, kurzum: Diese "richterrechtliche Patentformel" weist eine "fatale Offenheit" auf.[63] Wie beliebig eine solche rein ergebnisorientierte Subsumtion ist, läßt sich an der hier zur Debatte stehenden immissionsschutzrechtlichen Problematik gut illustrieren. Betrachtet man allein den ersten Teil der vom Bundesverwaltungsgericht entwickelten Formel - je empfindlicher die beeinträchtigte Nutzung, desto mehr Rücksichtnahme erforderlich -, so läuft dies auf einen weitgehenden Schutz besonders empfindlicher Sachen hinaus. Dem sind zwar zum Ausgleich die Interessen des Rücksichtnahmeverpflichteten gegenüberzustellen. Welches der gegeneinander abzuwägenden Rechtsgüter nun aber tatsächlich den Vorzug erhält, läßt sich kaum argumentativ und vorhersehbar ermitteln. Der Vorrang wird mit der Autorität oberoder höchstgerichtlicher Rechtsprechung schlicht entschieden. Das Rücksichtnahmegebot läßt also die Probleme, die zu lösen es vorgibt, gerade offen.

Daneben ergibt sich noch ein dogmatischer Einwand. Das Bundesverwaltungsgericht[64] sieht den § 5 Abs. 1 Nr. 1 BImSchG, soweit er die Nachbarschaft vor schädlichen Umwelteinwirkungen schützt, als spezielle gesetzliche Ausprägung des Rücksichtnahmegebotes. Dann wird man aber fragen müssen, wie dieses Gebot seinerseits noch zusätzlich die Auslegung des § 5 Abs. 1 Nr. 1 BImSchG steuern soll. Diese doppelte Anwendung läuft auf einen Zirkelschluß hinaus: Eine Anlage, deren Immissionen sich in den Grenzen des nach § 5 Abs. 1 Nr. 1 BImSchG Zumutbaren halten, kann nach Auffassung des Bundesverwaltungsgerichts nicht rücksichtslos sein.[65] Was jedoch zumutbar ist, soll wiederum mit Hilfe des Rücksichtnahmegebotes ermittelt werden.[66]

3. Stattdessen: Mitprägender Einfluß der besonders empfindlichen Nutzung

Die Formel von der gegenseitigen Rücksichtnahme muß also durch einen geeigneteren Maßstab ersetzt werden. Hierfür bietet die bereits oben[67] aus-

62 Vgl. vor allem *Breuer*, DVBl. 1982, 1065 (1069 ff.).

63 *Breuer*, DVBl. 1982, 1065 (1070).

64 BVerwGE 68, 58 (60); ihm folgend etwa VGH BadWürtt VBlBW 1989, 104.

65 BVerwGE 68, 58 (60).

66 Vgl. die Nachweise in Fn. 55 auf S. 146. Weitere Kritik - vor allem gegen den Begriff der Gegenseitigkeit - bei *Murswiek*, S. 326 ff.

67 Siehe S. 37.

führlich dargestellte Entscheidung des Bayerischen Verwaltungsgerichtshofs einen einleuchtenden Ansatz: Die betroffene besonders empfindliche Nutzung genießt dann den Schutz des Bundes-Immissionsschutzgesetzes, wenn sie für den engeren Bereich, in dem sie sich befindet, von mitprägendem Einfluß ist.[68] Dieses Kriterium überzeugt vor allem deswegen, weil es die Situationsgebundenheit des Eigentums aufgreift und konsequent weiterentwickelt. Dieser allgemein anerkannte Grundsatz stellt auf die Umstände des Einzelfalls ab. Der Schutz besonders anfälliger Sachgüter wird deshalb maßgeblich von der konkreten Prägung der Umgebung bestimmt.[69] Folgerichtig hält es der Bayerische Verwaltungsgerichtshof für entscheidend, ob die empfindliche Nutzung ihrerseits das betreffende Gebiet mitprägt.

Ob ein solcher mitprägender Einfluß besteht, hängt zunächst von der Dauer und Intensität der Nutzung ab.[70] Auch die Frage, inwiefern die Nutzung die Entwicklung des Gebietes beeinflußt hat, spielt eine Rolle. Um den Maßstab zu konkretisieren, kann man des weiteren auf eine recht detaillierte Rechtsprechung zu dem bauplanungsrechtlichen Problem zurückgreifen, wie die "Eigenart der näheren Umgebung" in § 34 Abs. 1 BauGB zu bestimmen ist. Dort stellt das Bundesverwaltungsgericht ebenfalls darauf ab, welche baulichen Anlagen auf das Baugrundstück "prägend einwirken".[71] Für einen solchen Einfluß ist zwar ein gewisses Gewicht notwendig.[72] Nutzungen von untergeordneter Bedeutung sind also nicht zu berücksichtigen. Es dürfen aber auch keine allzu hohen Anforderungen gestellt werden. Die fragliche Nutzung braucht deshalb ihre Umgebung nicht zu beherrschen.[73]

Die Übereinstimmung von Bauplanungs- und Immissionsschutzrecht wird allerdings in einem wichtigen Punkt durchbrochen. Mit der "Art der Nutzung" bedient sich § 34 Abs. 1 BauGB einer typisierenden Terminologie. Deshalb ist etwa bei landwirtschaftlichen Betrieben nicht danach zu unterscheiden, welche Tierart gehalten wird.[74] Im Gegensatz dazu stellt der Schutzgrundsatz des § 5 Abs. 1 Nr. 1 BImSchG auf den einzelnen individuellen Nachbarn ab;[75] die typisierende Betrachtungsweise ist ihm fremd.[76] Es kommt hier also nicht auf

---

68 BayVGH Feldhaus ES BImSchG § 17-1, S. 7 f.

69 Vgl. oben S. 133, 143 und 145.

70 BayVGH Feldhaus ES BImSchG § 17-1, S. 8.

71 Hierzu grundsätzlich BVerwGE 55, 369 (380 f.).

72 BVerwGE 84, 322 (325).

73 Dies verlangt BVerwGE 84, 322 (326 f.) nur für den Ausnahmefall, daß eine singuläre Anlage völlig aus dem Rahmen der sonstigen Bebauung fällt. Anderenfalls handele es sich um einen für die Prägung unbeachtlichen Fremdkörper.

74 *Gaentzsch*, § 34 Rdnr. 11 unter Hinweis auf BVerwG DVBl. 1987, 903 f.

75 BayVGH Feldhaus ES BImSchG § 17-1, S. 7 f.

76 Siehe oben S. 87 f.

die "Empfindlichkeit eines normalen Betriebes dieser Art"[77] an. Hat eine bestimmte Nutzung in dem beschriebenen Sinne einen mitprägenden Einfluß auf die engere Umgebung, dann genießt sie so, wie sie ist, also ungeachtet ihrer Empfindlichkeit, den Schutz des Bundes-Immissionsschutzgesetzes. Auf diese Weise kann auch eine Orchideengärtnerei vor schädlichen Umwelteinwirkungen geschützt sein, obwohl sie eine größere Anfälligkeit als eine "normale" Gärtnerei aufweist.[78]

II. Weiterentwicklung des Raumordnungsrechtes

Wie bereits dieses eine Beispiel zeigt, führt die Frage nach dem mitprägenden Einfluß generell gesehen zu einem besseren Schutz besonders empfindlicher Pflanzen, Tiere und Sachgüter, als ihn der Maßstab der durchschnittlichen Empfindlichkeit bieten kann. Diese auch für die Erhaltung der natürlichen Lebensgrundlagen wichtige Stärkung des Immissionsschutzes ist allerdings nicht das Ergebnis zielgerichteter und systematischer Gestaltung, sondern wird von der mehr oder weniger zufälligen Situation "vor Ort" bestimmt. Zudem können gewisse schadstoffanfällige Ökosysteme, die den Charakter ihrer Umgebung nicht mitprägen, gleichsam durch dieses Sieb fallen, obwohl sie aus der Sicht des Umweltschutzes oder aus anderen Gründen von einiger Bedeutung sind.[79] Der Schutz besonders empfindlicher Pflanzen, Tiere und Sachgüter verlangt also nach einem planenden Element, das auf deren Spezifika eingeht. Hier lassen sich die Vorschläge zur Aktivierung des Raumordnungsrechts aufgreifen, die insbesondere Breuer[80] im Zusammenhang mit der gescheiterten Novellierung des Bundes-Immissionsschutzgesetzes[81] vorgetragen hat.

Kernstück dieser Reformvorschläge ist die Festlegung strengerer Immissionsgrenzwerte in bestimmten Gebieten. Für solche Festsetzungen über die Anforderungen des geltenden Immissionsschutzrechtes hinaus steht das Instrumentarium der Bauleitplanung sowie der Raumordnung und Landesplanung

---

77 So aber *Feldhaus*, § 3 BImSchG Anm. 10, auf den BayVGH Feldhaus ES BImSchG § 17-1, S. 8 in mißverständlicher Weise Bezug nimmt.

78 Anderer Auffassung *Feldhaus*, § 3 BImSchG Anm. 10; *Elsner*, NuR 1983, 223 (226).

79 Vgl. etwa *Kalmbach / Schmölling*, A 2 Rdnr. 15 mit einer Übersicht ökologisch wertvoller Biotope, in denen bestimmte besonders empfindliche wildlebende Pflanzen und Tierarten vorkommen.

80 Immissionsschutz und Raumplanungsrecht; vgl. auch *Salzwedel*, S. 532 f. und *Scharpf*, S. 504 f.

81 Siehe oben S. 45 ff.

zur Verfügung; es muß lediglich erweitert und verfeinert werden.[82] Damit würde nicht nur einer schrittweisen Verschlechterung der Immissionsverhältnisse in bisher wenig belasteten Regionen entgegengesteuert.[83] Durch eine kontinuierliche Herabsetzung der Grenzwerte könnten auch neue Räume für besonders empfindliche Pflanzen und Tiere geschaffen oder bestehende erweitert werden. Die mit der Festlegung bestimmter Grenzwerte einhergehende Stärkung der Rechtssicherheit dürfte letztlich im Interesse aller Beteiligten liegen. Sozusagen nebenbei läßt sich zudem die Problematik menschlicher Risikogruppen entschärfen: Wer seine besondere Empfindlichkeit gegenüber bestimmten Schadstoffen kennt, wird eher in ein niedrig belastetes Gebiet ziehen, wenn er auf Grund von festgeschriebenen Grenzwerten die Gewähr hat, daß dort in Zukunft die Schadstoffimmissionen nicht steigen oder - bei zeitlich gestaffelten Grenzwerten - sogar sinken werden.

Da die Festsetzung solcher abgestuften Immissionsgrenzwerte mit den anderen Zielen der Raumordnung und Landesplanung abgestimmt werden muß, gehören entsprechende Ermächtigungen in das Baugesetzbuch und das Raumordnungsgesetz. Die planungsrechtlichen Grenzwertfestlegungen lassen sich dennoch problemlos in das immissionsschutzrechtliche Genehmigungsverfahren integrieren: Gem. § 6 Nr. 2 BImSchG dürfen der Anlagengenehmigung keine anderen öffentlich-rechtlichen Normen entgegenstehen. Hierunter fallen insbesondere die Vorschriften des Planungsrechts.[84]

Dieses Konzept hat Kühling zu einer Regionalisierung der Luftreinhaltepolitik weiterentwickelt, die noch differenzierter auf die Schutzbedürfnisse verschiedener Raumkategorien zu reagieren vermag.[85] Kühling[86] benennt und begründet für die entsprechenden Gebiete (Wohnsiedlungsflächen, Freizeit- und Erholungsflächen, Flächen für den Nahrungsmittelanbau, Waldflächen usw.) jeweils eigene Mindeststandards, die die wichtigsten Schadstoffe umfassen.[87] Am Beispiel des östlichen Ruhrgebietes zeigt er auf, wie diese Standards in konkrete planungsrechtliche Schritte umgesetzt und für das Genehmigungsverfahren fruchtbar gemacht werden können.

---

82 *Breuer*, Immissionsschutz und Raumplanungsrecht, S. 519 ff.; die gegenwärtigen immissionsschutzrechtlichen Instrumente - etwa die Luftreinhaltepläne (§ 47 BImSchG) oder der Schutz bestimmter Gebiete (§ 49 BImSchG) - reichen für eine solche flächendeckende Regionalisierung der Grenzwerte nicht aus, wie *Kühling*, S. 45 ff., 53 ff. und 62 ff. belegt.

83 Darauf will offenbar *Salzwedel*, S. 532 f. seinen entsprechenden Vorschlag beschränken.

84 *Breuer*, Immissionsschutz und Raumplanungsrecht, S. 515 f. m.w.N.

85 Zu den damit verbundenen Vorteilen *Kühling*, S. 76 ff.

86 S. 104 ff., 153 ff.

87 Für besonders geschützte und schutzwürdige Landschaftsteile (Natur- und Artenschutz) vermag *Kühling*, S. 108 keine einheitlichen Grenzwerte anzugeben. Die stark variierenden Empfindlichkeiten der betreffenden Ökosysteme verlangen eine dem Einzelfall angepaßte Festlegung.

Dieser Vorschlag besticht durch seine Flexibilität und Anpassungsfähigkeit. Er zeigt ebenso wie die Konzeption von Breuer die Notwendigkeit, zum Schutz besonders empfindlicher Pflanzen, Tiere und anderer Sachen das starre Grenzwertsystem der TA Luft aufzubrechen, das die gesamte Bundesrepublik immissionsschutzrechtlich über einen Kamm schert.[88]

C. Abschließende Bemerkungen

Die in dieser Arbeit entwickelte Lösung gibt den Vollzugsbehörden keine einfache Patentformel an die Hand. Aus dem vermeintlich schlichten Maßstab der "durchschnittlichen Empfindlichkeit" ist eine differenzierte Entscheidungsstruktur geworden. Wer dies moniert, sollte sich allerdings vor Augen führen, daß die herkömmliche Auffassung in diesem Punkt nicht zu halten vermag, was sie auf den ersten Blick verspricht. Denn sie sieht sich zu einer Reihe von Einschränkungen und Ausnahmen gezwungen,[89] die die praktische Handhabung und damit die Vorhersehbarkeit der Entscheidung erheblich beeinträchtigen.

Die hier vorgeschlagene Konzeption kehrt demgegenüber dieses Verhältnis von Regel und Ausnahme um, indem sie prinzipiell alle Personen und Sachgüter ungeachtet ihrer Empfindlichkeit schützt, diesen Grundsatz aber in bestimmten Fällen durchbricht. Damit ist nicht mehr der Schutz anfälliger Rechtsgüter besonders zu begründen, sondern die Versagung des Schutzes. Dies führt nicht immer zwangsläufig zu anderen Ergebnissen als die bislang herrschende Auffassung. Der neue Ansatz rückt aber einen wichtigen verfassungsrechtlichen Maßstab zurecht, der in der umweltpolitischen Diskussion vielfach mißachtet wird: Nicht der Schutz des Menschen und seiner Umwelt vor Beeinträchtigungen ist rechtfertigungsbedürftig; vielmehr muß begründet werden, was Dritte zu ebendiesen Beeinträchtigungen befugt.[90] Auch wenn nach den oben dargelegten Kriterien besonders empfindliche Menschen einmal letztendlich zurückstecken müssen oder anfällige Pflanzen ungeschützt bleiben, so zwingt doch die Notwendigkeit einer Begründung wenigstens da-

---

88 Auf dieser Erkenntnis beruhte auch § 4 Abs. 2 der 5. Durchführungsverordnung zum Landeskulturgesetz der DDR (Reinhaltung der Luft) vom 12.2.1987 (GBl. I S. 51), der vorsah, daß "zum Schutz empfindlicher Ökoysteme ... für bestimmte Gebiete aus gesellschaftlich gerechtfertigten Gründen spezielle Festlegungen über maximale Immissionskonzentrationen getroffen (werden)". Räumlich abgestufte Richtwerte sieht ebenfalls die TA Lärm vor (dazu oben S. 49 f.).

89 Siehe oben S. 36 ff. und 52.

90 *Murswiek*, S. 245 mit Fn. 12. Diesen Grundsatz verkennt etwa *Sendler*, UPR 1983, 33 (41), wenn er die eigentumsrechtliche Rechtfertigung dafür vermißt, "daß jemand auf seinem Grundstück unbedingt Gladiolen muß züchten können".

zu, die beträchtlichen Folgen für die Betroffenen zur Kenntnis zu nehmen und in die rechtlichen Erwägungen einzubeziehen. Die Einschränkungen beim Schutz besonders empfindlicher Rechtsgüter verlieren auf diese Weise ihre eingangs[91] kritisierte Selbstverständlichkeit.

---

91 Siehe S. 13 f. und 15 bei Fn. 18.

Zusammenfassung

I. Gegenstand dieser Untersuchung sind Personen, die auf Grund ihrer genetischen oder erworbenen Disposition oder ihres Alters besonders empfindlich auf bestimmte Immissionen reagieren. Hierzu zählen vor allem Allergiker, andere chronisch Kranke, alte Menschen, Schwangere und Kinder. Diese Personen sind in der Praxis weitgehend ungeschützt. Das liegt zum einen daran, daß ihr Schutz erhebliche zusätzliche Aufwendungen erfordern würde. Zum anderen ist die Wirkung von Schadstoffen auf solche Risikogruppen vielfach kaum erforscht. Die grob vereinfachenden Sicherheitsfaktoren, mit denen man bei der Festlegung von Grenzwerten arbeitet, um den unterschiedlichen Empfindlichkeiten Rechnung zu tragen, müssen auch andere Unwägbarkeiten abdecken und überlassen deshalb den Schutz besonders anfälliger Menschen mehr oder weniger dem Zufall. Ähnliche Probleme treten bei stark immissionsempfindlichen Sachgütern auf (S. 17-25).

II. 1. Eine polizeirechtliche Gefahr scheidet nach nahezu einhelliger Auffassung aus, wenn eine Schädigung allein auf Grund der besonderen Empfindlichkeit der betroffenen Person oder Sache droht.

Nachdem das Preußische Oberverwaltungsgericht zunächst auch gesundheitlich geschwächte Menschen unter den Schutz der polizeilichen Generalklausel gestellt hatte, beschränkte es später die Gefahrenprognose auf *durchschnittlich empfindliche* Personen. Dem haben sich Rechtsprechung und Literatur bis heute angeschlossen (S. 13, 26-34).

2. Bei den Anlagengenehmigungen nach dem Bundes-Immissionsschutzgesetz und dem Atomgesetz sowie im gesamten übrigen Umweltrecht knüpft man ganz überwiegend an den polizeirechtlichen Gefahrbegriff an und erklärt so auch hier lediglich den *normalen Bestand* an Rechtsgütern für geschützt. Die Figur der durchschnittlichen Empfindlichkeit findet des weiteren Anwendung, wenn es darum geht, die immissionsschutzrechtliche Erheblichkeit von Nachteilen und Belästigungen zu bestimmen. Dieser rigorose Grundsatz erfährt allerdings im Umweltrecht einige Einschränkungen. Die Schutzpflicht des Bundes-Immissionsschutzgesetzes wird beispielsweise auf empfindliche Personengruppen und auf bestimmte besonders störanfällige Betriebe erstreckt. Die fortbestehenden erheblichen Schutzdefizite, die sich etwa bei ein-

zelnen anfälligen Menschen auswirken, soll der Vorsorgegrundsatz mildern. Diese Tendenz zu einer differenzierteren Handhabung setzt sich auf der Ebene der Verwaltungsvorschriften fort, wo Grenzwerte gefordert werden, die auch Risikogruppen vor Gesundheitsgefahren schützen. Einen besseren Schutz besonders empfindlicher Tiere, Pflanzen und anderer Sachgüter beabsichtigt die Einzelfallprüfung der TA Luft.

Ganz ähnlich stellt man im Atomrecht zumeist auf die physiologischen Parameter des "Standardmenschen" ab. Unberücksichtigt bleiben deshalb spezifische Stoffwechselleiden, individuelle Strahlenempfindlichkeiten etc. In den Schutz sollen lediglich Risikogruppen wie kleine Kinder einbezogen werden, die typischerweise von diesen Parametern abweichen (S. 14, 34-53).

3. In der Schweiz hat offenbar die ausdrückliche gesetzliche Vorgabe, daß auch Personen mit erhöhter Empfindlichkeit zu berücksichtigen sind, zu Grenzwerten geführt, die teilweise erheblich strenger als die bundesdeutschen ausfallen (S. 53-55).

III. Eine Analyse von Rechtsprechung und Literatur ergibt, daß die Figur der durchschnittlichen Empfindlichkeit - entgegen anderslautenden Äußerungen - auf diejenigen Rechtsgüter abstellt, die objektiv gesehen eine durchschnittliche Schadensanfälligkeit gegenüber äußeren Einflüssen haben. Dabei wird der Begriff der Durchschnittlichkeit nicht im strengen mathematischen Sinn als arithmetisches Mittel verstanden; vielmehr soll eine gewisse Bandbreite konstitutioneller Varianten erfaßt sein (S. 56-61).

IV. Für den Maßstab der durchschnittlichen Empfindlichkeit sind bisher keine Argumente vorgebracht worden, die die damit verbundenen einschneidenden Folgen rechtfertigen könnten.

1. Zunächst braucht der dem Gefahrbegriff immanente Prognosevorgang keineswegs zwingend von dem auszugehen, was "gewöhnlich vorhanden" ist. Will man der Prognose nicht jede Aussagekraft nehmen, muß sie gerade die den konkreten Einzelfall prägenden Besonderheiten einbeziehen, zu denen auch die besondere Empfindlichkeit des betroffenen Rechtsgutes zählt (S. 63-64).

2. Ebensowenig trägt das Argument, das Polizeirecht stelle stets auf das Ganze ab, nicht auf einzelne Personen. Die dahinterstehende Vorstellung von einer lediglich "reflexartigen" Berücksichtigung der Individualinteressen widerspricht der Verfassung, die der Einzelpersönlichkeit einen herausragenden Stellenwert einräumt (S. 64-66).

3. Die Berufung im "Wyhl"-Urteil des VGH Baden-Württemberg auf den Grundsatz der Rechtssicherheit überzeugt aus mehreren Gründen nicht. Wenn

das Gericht zwar ausdrücklich typische Abweichungen von den Merkmalen des Standardmenschen berücksichtigen will, nicht aber pathologische Besonderheiten einer einzelnen Person, so gewährleistet diese Abgrenzung keineswegs ein größeres Maß an Rechtssicherheit. Darüberhinaus erscheint fraglich, ob die Rechtssicherheit tatsächlich derartig bedroht ist, wie es das Gericht darstellt. Vor allem aber nimmt der VGH Baden-Württemberg noch nicht einmal ansatzweise die verfassungsrechtlich gebotene Abwägung mit dem Grundsatz der materiellen Gerechtigkeit vor (S. 66-69).

4. Das Gericht stützt seine Entscheidung des weiteren darauf, daß die gesundheitliche Gefährdung des Klägers nicht aus dem Betrieb des Kernkraftwerkes "resultiere", sondern in Wahrheit aus seiner Krankheit. Indem so der Anlagenbetreiber von der Verantwortung als Verursacher befreit wird, verkehren sich die Rollen von Störer und Gestörtem in ihr Gegenteil. Denn grundsätzlich ist der aktiv Gefährdende und nicht der passiv Gefährdete polizeipflichtig. Zudem verhält sich der überdurchschnittlich empfindliche Mensch "umweltadäquat", während das Atomgesetz den Anlagenbetreiber bereits typisierend als Störer benannt hat. Eine solche von allen Kausalitätstheorien zunehmend befürwortete wertende Betrachtungsweise ergibt allerdings eine Einschränkung: Hochgradig empfindliche Personen, die derart anfällig sind, daß sie auch von völlig umweltadäquaten Einflüssen in ihrer Gesundheit bedroht sind, brauchen in die Gefahrenprognose nicht einbezogen zu werden (S. 69-72).

5. Der Schutz einzelner empfindlicher Menschen wird schließlich unter Hinweis auf die Grenzen der wissenschaftlichen Erkenntnismöglichkeiten sowie auf das allgemeine Lebensrisiko abgelehnt. Diese eng mit dem Begriff des Restrisikos verknüpften Gesichtspunkte gehen jedoch in den entscheidenden Fällen an der Sache vorbei. Anfällige Personen haben zwar häufiger als andere unter den Grenzen wissenschaftlicher Erkenntnismöglichkeiten zu leiden, weil die Wirkungen von Schadstoffen bei ihnen besonders wenig erforscht sind. Dies rechtfertigt es aber keineswegs, auch dort untätig zu bleiben, wo die anfällige Konstitution sehr wohl bekannt ist. Was die im Zivilrecht entwickelte Figur des allgemeinen Lebensrisikos angeht, so soll dieses Haftungskorrektiv lediglich ganz geringfügige alltägliche Beeinträchtigungen des Körpers ausscheiden, die auf extremen Empfindlichkeiten beruhen (S. 73-76).

V. Der Maßstab der durchschnittlichen Empfindlichkeit bedient sich rechtsmethodisch gesehen der typisierenden Betrachtungsweise. Deren Eigenart besteht darin, daß der Gesetzesanwender davon absieht, das Differenzierungspotential der Norm auszuschöpfen, um den Gesetzesvollzug zu vereinfachen; zwischen das Gesetz und die Realität wird die Schablone des Typus geschoben. Die vor allem im Steuerrecht an dieser Methode geübte Kritik trifft auch die Figur der durchschnittlichen Empfindlichkeit (S. 80-83).

VI. Die Auslegung der einschlägigen Vorschriften des Polizei-, Immissionsschutz- und Atomrechts muß zwischen dem *Schaden* als Element des Gefahrbegriffs und der *Erheblichkeit* von Nachteilen / Belästigungen unterscheiden (S. 84).

1. Weder der allgemeine Sprachgebrauch noch die juristische Fachsprache fragen bei der Verwendung des Wortes *Schaden* danach, ob das betroffene Rechtsgut ein bestimmtes Maß an Empfindlichkeit übersteigt. Mit dem Wortsinn läßt es sich hingegen wohl noch vereinbaren, wenn die Figur der durchschnittlichen Empfindlichkeit herangezogen wird, soweit es um die *Erheblichkeit* von Nachteilen / Belästigungen geht (S. 85-86).

2. Die systematische Auslegung begründet beträchtliche Zweifel am Maßstab der durchschnittlichen Empfindlichkeit. Zum einen verwischt dieser die polizeirechtliche Unterscheidung zwischen konkreter und abstrakter Gefahr. Auch die Anlagengenehmigungen nach dem Bundes-Immissionsschutzgesetz und dem Atomgesetz stellen Einzelfallentscheidungen dar, die die konkreten Umstände bewerten müssen. Zum anderen schließt der haftungsrechtliche Schadensbegriff des Atomgesetzes Verletzungen an besonders empfindlichen Rechtsgütern ein. Für die Vorsorge gegen Schäden (§ 7 Abs. 2 Nr. 3 AtG) kann dann nichts anderes gelten. Keine weiteren Schlüsse läßt hingegen der verfahrensrechtliche Untersuchungsgrundsatz zu, da er richtiger Auffassung nach ein Typisierungsverbot nicht enthält (S. 86-90).

3. Die Zweckbestimmungen des Bundes-Immissionsschutzgesetzes und des Atomgesetzes erfassen sämtliche Mitglieder der jeweiligen Gruppe von Schutzobjekten unterschiedslos und ohne jede Einschränkung. Differenzierungen nach der Empfindlichkeit werden nicht vorgenommen. Zu demselben Ergebnis kommt die teleologische Auslegung bei den Polizeigesetzen (S. 90-94).

4. Die Gesetzesmaterialien sind für die hier erörterte Problematik wenig aufschlußreich. Die herrschende Auffassung übergeht allerdings den historischen Kontext, in dem der Maßstab der durchschnittlichen Empfindlichkeit entwickelt wurde (S. 94-95).

5. Die verfassungsorientierte Auslegung macht sich die grundrechtlichen Schutzpflichten des Staates zunutze. Dabei ist auf besonders empfindliche Personen und Sachgüter getrennt einzugehen (S. 95-99).

a) aa) Im Konflikt zwischen den Grundrechtspositionen der gesundheitlich besonders anfälligen Personen und denen der Risikoverursacher können sich erstere vorrangig auf das Grundrecht der körperlichen Unversehrtheit berufen. Die Bestrebungen, besonders empfindlichen Menschen den Schutz durch Art. 2 Abs. 2 GG von vornherein zu versagen, sind abzulehnen. Dieses Grundrecht als eine "personale Garantie par excellence" verbietet es, bei der Bestimmung des Schutzbereiches auf Durchschnittswerte abzustellen. Die Gewährleistung der körperlichen Unversehrtheit kann auch nicht von der räumlichen Situation abhängig sein mit der Folge, daß etwa ein besonders anfälliger Schwerkranker nur in einem Klinikviertel geschützt ist. Denn diese bewußte Parallele zur Situationsgebundenheit des Eigentums verkennt die strukturellen Unterschiede beider Grundrechte (S. 99-106).

Die unter der Schwelle der Gesundheitsgefahr bleibenden Belästigungen werden von Art. 2 Abs. 1 GG erfaßt. Die Eigentumsgarantie hat demgegenüber für die Problematik überdurchschnittlich empfindlicher Personen keine eigenständige Bedeutung (S. 107-109).

Den vorgenannten Grundrechten steht auf seiten der Anlagenbetreiber die Berufsausübungsfreiheit gegenüber. Die Kollision dieser divergierenden Grundrechtspositionen ist unter der wechselseitigen Beachtung des Verhältnismäßigkeitsgrundsatzes aufzulösen (S. 109-111).

bb) Dabei ist zum einen zu bedenken, daß der höchst personale Charakter von Leben und körperlicher Unversehrtheit nicht nur - wie gezeigt - den Schutzbereich des Art. 2 Abs. 2 GG beeinflußt, sondern ebenso die Verfassungsmäßigkeit gesetzlicher Beschränkungen mitbestimmt. Deswegen sind auch auf der Ebene der Grundrechtsschranken Abstufungen nach dem Grad der Anfälligkeit der betroffenen Personen unzulässig. Wichtige Erkenntnisse lassen sich zum anderen aus dem Gleichheitssatz gewinnen. Der Schutz einer besonders empfindlichen Person hängt nach der herrschenden Auffassung davon ab, ob es noch andere Menschen vergleichbarer Konstitution gibt, die mit ihr zusammen eine Risikogruppe bilden. Die Ungleichbehandlung nach diesem rein quantitativen Kriterium ist in Anbetracht des hohen Ranges von Leben und körperlicher Unversehrtheit mit den entgegenstehenden Grundrechten der Risikoverursacher nicht ausreichend zu begründen. Diese Auslegung des Gleichheitssatzes wird zusätzlich durch das Sozialstaatsprinzip gestützt (S. 111-118).

Soweit die Figur der durchschnittlichen Empfindlichkeit durch ihr typisierendes Vorgehen Gesundheitsgefahren für besonders anfällige Personen zur Folge hat, genügt sie schließlich nicht den Anforderungen, die an die Zulässigkeit solcher Typisierungen beim Gesetzesvollzug zu stellen sind. Der Verstoß gegen den Gleichheitssatz ist nach den Maßstäben des Bundesverfassungsgerichts als sehr intensiv einzustufen und überschreitet damit die Grenze der Verfassungsmäßigkeit. Auch die praktischen Schwierigkeiten, die mit der Berücksichtigung besonders empfindlicher Menschen verbunden sind, erreichen nicht das Ausmaß, das die Anwendung von vermeintlichen Durchschnittswerten im Schutzbereich des Art. 2 Abs. 2 GG rechtfertigen könnte. Das typisierende Abstellen auf Risikogruppen ist hingegen verfassungsrechtlich unbedenklich, sofern es um die Erheblichkeit von Belästigungen geht (S. 118-129).

b) aa) Besonders empfindliche Sachgüter fallen in den Schutzbereich der grundrechtlichen Eigentumsgarantie. Differenzierungen nach der Immissionsanfälligkeit sind hier grundsätzlich nicht zulässig (S. 129-130).

bb) Angesichts des weiten Entscheidungsspielraums, den der Gesetzgeber bei der Ausgestaltung des Eigentums hat, läßt sich aus Art. 14 GG nur wenig Konkretes für die Auslegung inhalts- und schrankenbestimmender Gesetze erschließen. Die Eigentumsgarantie spricht eher dafür, daß auch besonders anfällige Sachgüter zu schützen sind. Allerdings führt die Situationsgebundenheit des Eigentums dazu, daß der Schutz solcher Sachgüter nicht überall gewährleistet sein kann, sondern von der konkreten Prägung der jeweiligen Umgebung abhängt (S. 131-134).

VII. Die am Beispiel des Immissionsschutzrechts zu entwickelnde eigene Konzeption kann vielfach auf die bisher gewonnenen Erkenntnisse zurückgreifen (S. 135).

1. Was den Schutz besonders empfindlicher Personen betrifft, gilt zunächst der Grundsatz, daß der Gefahrbegriff alle Menschen ungeachtet ihrer Anfälligkeit einbezieht. Eine Ausnahme bilden die sog. hochgradig empfindlichen Personen, deren gesundheitliche Beeinträchtigung nicht mehr dem Anlagenbetreiber zuzurechnen ist (siehe oben IV. 4.). Im übrigen kann die Genehmigungsfähigkeit einer Anlage durch eine privatrechtliche Vereinbarung sichergestellt werden, in der sich die gefährdete besonders anfällige Person mit einem Umzug einverstanden erklärt, während der Anlagenbetreiber die dadurch entstehenden Kosten übernimmt (S. 136-138).

Da die Kenntnisse über die Wirkungsweise von Schadstoffen bei Risikogruppen besonders lückenhaft sind, fallen diese gesundheitlichen Dispositionen häufig unter die Kategorien des Gefahrenverdachts oder des Restrisikos. Der Staat hat allerdings die Pflicht, die Wissenslücken abzubauen. Die Prognose, ob der Anlagenbetrieb zu erheblichen Belästigungen führen wird, kann sich auf die bekannten Risikogruppen beschränken. Mögliche Risikogruppen sind auch bei der raumbezogenen und der risikobezogenen Vorsorgevariante stets zu berücksichtigen (S. 138-140).

Die Verwaltungsvorschriften müssen für die Fälle, in denen die geltenden Grenzwerte einzelnen besonders empfindlichen Menschen keinen ausreichenden Schutz vor Gesundheitsgefahren bieten, eine Sonderfallprüfung eröffnen. Im übrigen erscheint es dringend notwendig, die gegenwärtigen Grenzwerte daraufhin zu überprüfen, ob sie den Schutz von Risikogruppen tatsächlich gewährleisten (S. 140-143).

2. a) Hinsichtlich der besonders empfindlichen Sachgüter wählt die TA Luft mit der Sonderfallprüfung einen richtigen Ansatz, da es hier entscheidend auf die konkreten Umstände des jeweiligen Einzelfalls ankommt. Freilich verkennt diese Regelung den Gefahrbegriff, indem sie ihn einer Güterabwägung unterwirft. Zudem greift sie auf das Gebot der gegenseitigen Rücksichtnahme zurück, das einer Leerformel gleichkommt. Stattdessen ist darauf abzustellen, ob die betroffene besonders empfindliche Nutzung für den engeren Bereich, in dem sie sich befindet, von mitprägendem Einfluß ist (S. 143-149).

b) De lege ferenda sollte diese einzelfallbezogene Prüfung durch ein planendes Element ergänzt werden, das strengere Grenzwertfestsetzungen in bestimmten Gebieten ermöglicht (S. 149-151).

Literaturverzeichnis

Adamaschek, Barbara: Die polizeiliche Generalklausel unter besonderer Berücksichtigung des Rechtsstaatsgedankens, Diss. iur. Münster 1979.

Alexy, Robert: Theorie der juristischen Argumentation. Die Theorie des rationalen Diskurses als Theorie der juristischen Begründung, 2. unveränderte Aufl., Frankfurt / M. 1991.

Alternativkommentar. Kommentar zum Grundgesetz für die Bundesrepublik Deutschland in zwei Bänden, 2. Aufl., Neuwied 1989.

Bachof, Otto: Anmerkung zum Urteil des Bundesverwaltungsgerichts vom 18.8.1960, DVBl. 1961, 128-132.

Bäck, Walter / *Hoffmann,* Egon / *Janssen,* Fritz / *Vollmer,* Bernhard: Gewerbeordnung, Köln u.a. 1964.

Baltes, Joachim: Immissionsgrenzwerte und Art. 2 Abs. 2 GG, BB 1978, 130-133.

Barthelmeß, Alfred: Gesichtspunkte zur genetischen Beurteilung von Grenzwerten der Strahlenbelastung, in: Institut für Völkerrecht der Universität Göttingen / Bundesministerium des Innern (Hrsg.), Viertes Deutsches Atomrechts-Symposium, S. 309-319, Köln u.a. 1976.

Beck, Ulrich: Risikogesellschaft. Auf dem Weg in eine andere Moderne, Frankfurt / M. 1986.

Benda, Ernst: Verfassungsrechtliche Aspekte des Umweltschutzes, UPR 1982, 241-247.

Bender, Bernd / *Sparwasser,* Reinhard: Umweltrecht. Eine Einführung in das öffentliche Recht des Umweltschutzes, 2. Aufl., Heidelberg 1990.

Berkemann, Jörg: Lärmgrenzwerte im Bereich des Straßen- und Schienenverkehrs, in: Hans-Joachim Koch (Hrsg.), Schutz vor Lärm, S. 73-92, Baden-Baden 1990.

Bethge, Dietrich / *Meurers,* Hans: Technische Anleitung zum Schutz gegen Lärm (TA Lärm). Kommentar, 4. Aufl., Köln u.a. 1985.

Biermann, Johannes: Privatrecht und Polizei in Preußen, Berlin 1897.

Bock, Bettina: Umweltschutz im Spiegel von Verfassungsrecht und Verfassungspolitik, Berlin 1990.

Böttger, Ernst: Anmerkung zum Urteil des Preußischen Oberverwaltungsgerichts vom 28.11.1929, JW 1930, 2475-2476.

Boisserée, Klaus / *Oels*, Franz / *Hansmann*, Klaus / *Schmitt*, O. Alfred: Immissionsschutzrecht, 3. Aufl., Siegburg, Stand: September 1990.

Breuer, Rüdiger: Umweltschutzrecht, in: Ingo v. Münch (Hrsg.), Besonderes Verwaltungsrecht, S. 601-694, 8. Aufl., Berlin u.a. 1988 (zit.: Breuer, Umweltschutzrecht).

- Zum rechtspolitischen Verhältnis von Immissionsschutz und Raumplanungsrecht, in: Bundesforschungsanstalt für Landeskunde und Raumforschung (Hrsg.), Informationen zur Raumentwicklung Heft 9/10. 1980, S. 509-525, Bonn 1980 (zit.: Breuer, Immissionsschutz und Raumplanungsrecht).

- Grundprobleme des Umweltschutzes aus juristischer Sicht, in: Edgar Michael Wenz / Otmar Issing / Hasso Hofmann (Hrsg.), Ökologie, Ökonomie und Jurisprudenz, S. 21-55, München 1987 (zit.: Breuer, Grundprobleme).

- Direkte und indirekte Rezeption technischer Regeln durch die Rechtsordnung, AöR 101 (1976), 46-88.

- Die rechtliche Bedeutung der Verwaltungsvorschriften nach § 48 BImSchG im Genehmigungsverfahren, DVBl. 1978, 28-37.

- Anmerkung zum Urteil des Bundesverwaltungsgerichts vom 17.2.1978, DVBl. 1978, 598-601.

- Das baurechtliche Gebot der Rücksichtnahme - ein Irrgarten des Richterrechts, DVBl. 1982, 1065-1073.

Brombach, Hans: Polizeilicher Schutz gegen Lärm, Polizei-Praxis 1951, 129-131.

Bundesamt für Umweltschutz - Schweiz - (Hrsg.): Immissionsgrenzwerte für Luftschadstoffe. Eine zusammenfassende Darstellung, Schriftenreihe Umweltschutz Nr. 52, Bern 1986.

Czajka, Dieter: Die Zweite Verordnung zur Änderung der Strahlenschutzverordnung, NVwZ 1989, 1125-1129.

Degenhart, Christoph: Kernenergierecht. Schwerpunkte - Entscheidungsstrukturen - Entwicklungslinien, 2. unveränderte Aufl., Köln u.a. 1982 (zit.: Degenhart, Kernenergierecht).

- Umweltschutzrecht, in: Dieter Grimm / Hans-Jürgen Papier, Nordrhein-westfälisches Staats- und Verwaltungsrecht, S. 533-567, Frankfurt / M. 1986 (zit.: Degenhart, Umweltschutzrecht).

- Technischer Fortschritt und Grundgesetz: Friedliche Nutzung der Kernenergie, DVBl. 1983, 926-936.

Deutsche Forschungsgemeinschaft (Senatsausschuß für Umweltforschung): Beiträge zur Beurteilung der Umweltwirksamkeit chemischer Stoffe, Bonn 1979.

Diekmann, Martin: Anmerkung zum Urteil des Europäischen Gerichtshofs, IUR 1991, 153-154.

Dreißigacker, Hans-L.: Die wesentlichen Zielsetzungen des Entwurfs einer Novelle 1978 zum Bundes-Immissionsschutzgesetz, in: Bundesforschungsanstalt für Landeskunde und Raumforschung (Hrsg.), Informationen zur Raumentwicklung Heft 9/10. 1980, S. 475-488, Bonn 1980.

Drews, Bill: Preußisches Polizeirecht, Erster Band. Allgemeiner Teil, 3. Aufl., Berlin 1931.

Drews, Bill / *Wacke*, Gerhard: Allgemeines Polizeirecht, 7. Aufl., Berlin u.a. 1961.

Drews, Bill / *Wacke*, Gerhard / *Vogel*, Klaus / *Martens*, Wolfgang: Gefahrenabwehr, 9. Aufl., Köln u.a. 1986.

Dröge, Helmut: Die "drohende Gefahr" und ihre Auswirkungen auf die Rechtsstellung der Zivilperson gegenüber der öffentlichen Gewalt, Diss. iur. Münster 1960.

Duden: Das Große Wörterbuch der deutschen Sprache, Band 2, Mannheim u.a. 1976.

Einbeck, Friedrich Karl: Kausalität im Atomrecht, Diss. iur. Köln 1969.

Ellenberg, Heinz: Belastung und Belastbarkeit von Ökosystemen, in: L. Steubing / C. Kunze / J. Jäger (Hrsg.), Belastung und Belastbarkeit von Ökosystemen. Tagungsbericht der Gesellschaft für Ökologie, Tagung Gießen 1972, S. 19-26.

Elsner, Rudolf: Die Bedeutung der Änderung der Technischen Anleitung zur Reinhaltung der Luft für den Schutz von Pflanzen und Tieren, NuR 1983, 223-227.

Engisch, Karl: Logische Studien zur Gesetzesanwendung, 3. Aufl., Heidelberg 1963.

Feldhaus, Gerhard: Bundesimmissionsschutzrecht. Kommentar, bearbeitet von Gerhard Feldhaus und Willi Vallendar unter Mitarbeit von Herbert Ludwig und Horst D. Hansel, 2. Aufl., Wiesbaden, Stand: Mai 1991.

- Bundesimmissionsschutzrecht. Entscheidungssammlung, Wiesbaden, Stand: April 1991 (zit.: Feldhaus ES).

- Überlegungen zu einer Novellierung der TA Lärm, in: Hans-Joachim Koch (Hrsg.), Schutz vor Lärm, S. 153-170, Baden-Baden 1990 (zit.: Feldhaus, Überlegungen).

- Zumutbarkeitsgrenzen als Wege zur Konfliktlösung am Beispiel des Immissionsschutzrechts, DVBl. 1979, 301-306.

- Der Vorsorgegrundsatz des Bundes- Immissionsschutzgesetzes, DVBl. 1980, 133-139.

- Entwicklung und Rechtsnatur von Umweltstandards, UPR 1982, 137-147.

- Rechtliche Instrumente zur Bekämpfung von Waldschäden, UPR 1987, 1-11 (=Waldschäden als Rechtsproblem - 2. Trierer Kolloquium zum Umwelt- und Technikrecht, S. 17-39, Düsseldorf 1986).

Feldhaus, Gerhard / *Schmitt*, Otto Alfred: Kausalitätsprobleme im öffentlich-rechtlichen Umweltschutz - Luftreinhaltung, WiuVw. 1984, 1-22.

Feldt, W.: Rechtsfragen im Zusammenhang mit der Konkretisierung der Strahlenschutzgrundsätze, in: Rudolf Lukes (Hrsg.), Sechstes Deutsches Atomrechts-Symposium, S. 125-129, Köln u.a. 1980.

Fischerhof, Hans: Deutsches Atomgesetz und Strahlenschutzrecht. Kommentar mit Berücksichtigung des internationalen Rechts, Band 1, 2. Aufl., Baden-Baden 1978.

Franßen, Everhardt: Der Einfluß des Verfassungsrechts auf die Auslegung der polizei- und ordnungsrechtlichen Generalklausel, in: Verwaltungsrecht zwischen Freiheit, Teilhabe und Bindung. Festgabe aus Anlaß des 25jährigen Bestehens des Bundesverwaltungsgerichts, S. 201-216, München 1978.

Franzen, Wilhelm: Lehrkommentar zum Polizeiverwaltungsgesetz, Band 1, Greifswald 1932 (zit.: Franzen, Polizeiverwaltungsgesetz).

- Die Polizei im neuen Staat. Grundriß des Polizeirechts, o.J. <1935> (zit.: Franzen, Die Polizei).

Friauf, Karl Heinrich: Polizei- und Ordnungsrecht, in: Ingo von Münch (Hrsg.), Besonderes Verwaltungsrecht, S. 201-282, 8. Aufl., Berlin u.a. 1988.

Friedrichs, Karl: Das Polizeiverwaltungsgesetz vom 1. Juni 1931, 2. Aufl., Berlin 1932.

- Gefahr, PrVBl. 42 (1920 / 21), 51-53.

Frotscher, Werner: Der Schutz der Allgemeinheit und der individuellen Rechte im Polizei- und Ordnungsrecht, DVBl. 1976, 695-703.

Gaentzsch, Günter: Baugesetzbuch - BauGB mit BauGB-MaßnG. Kommentar, Köln u.a. 1991.

- Anforderungen an genehmigungsbedürftige und nicht genehmigungsbedürftige Anlagen gemäß BImSchG und TA Lärm, in: Hans-Joachim Koch (Hrsg.), Schutz vor Lärm, S. 31-40, Baden-Baden 1990.

Gassner, Erich: Die Situationsgebundenheit des Grundeigentums und das Gesetz, NVwZ 1982, 165-170.

Geddert-Steinacher, Tatjana: Menschenwürde als Verfassungsbegriff. Aspekte der Rechtsprechung des Bundesverfassungsgerichts zu Art. 1 Abs. 1 Grundgesetz, Berlin 1990.

Gerlach, Johann W.: Privatrecht und Umweltschutz im System des Umweltrechts, Berlin 1989.

Götz, Volkmar: Allgemeines Polizei- und Ordnungsrecht, 10. Aufl., Göttingen 1991 (zit.: Götz, Polizei- und Ordnungsrecht).

- Zur Verfassungsmäßigkeit der Dosisgrenzwerte, in: Institut für Völkerrecht der Universität Göttingen / Bundesministerium des Innern (Hrsg.), Viertes Deutsches Atomrechts-Symposium, S. 177-186, Köln u.a. 1976 (zit.: Götz, Dosisgrenzwerte).

Gossrau, Eberhard / *Stephany*, Hans / *Conrad*, Willi / *Dürre*, Wilhelm: Handbuch des Lärmschutzes und der Luftreinhaltung (Immissionsschutz), Band 4. Gerichtliche Entscheidungen, Berlin, Stand: Mai 1991.

Gottlob, Dieter / *Meurers*, Hans: Wirkungen von Straßenverkehrslärm, ZfU 1984, 41-59.

Greim, Helmut: Problematik von Grenzwerten aus der Sicht des Toxikologen, in: Fritz Nicklisch (Hrsg.), Prävention im Umweltrecht. Risikovorsorge, Grenzwerte, Haftung, S. 61-69, Heidelberg 1988.

Grimm, Jacob / *Grimm*, Wilhelm: Deutsches Wörterbuch, Achter Band, Leipzig 1893.

Grimme, L. Horst / *Faust*, Michael / *Altenburger*, Rolf: Die Begründung von Wirkungsschwellen in Pharmakologie und Toxikologie und ihre Bewertung aus biologischer Sicht, in: Gerd Winter (Hrsg.), Grenzwerte. Interdisziplinäre Untersuchungen zu einer Rechtsfigur des Umwelt-, Arbeits- und Lebensmittelschutzes, S. 35-48, Düsseldorf 1986.

von der Groeben, Klaus: Die Erfüllung von allgemeinen und besonderen polizeilichen Aufgaben, in: Kurt G. A. Jeserich / Hans Pohl / Georg-Christoph von Unruh (Hrsg.), Deutsche Verwaltungsgeschichte, Band 3. Das Deutsche Reich bis zum Ende der Monarchie, S. 435-451, Stuttgart 1984.

Grote, Hubertus: Diskussionsbeitrag, in: Verhandlungen des 56. Deutschen Juristentages Berlin 1986, Band II (Sitzungsberichte) Teil L, L 156-157, München 1986.

Gusy, Christoph: Der Gleichheitsschutz des Grundgesetzes, JuS 1982, 30-36.

Haedrich, Heinz: Atomgesetz mit Pariser Atomhaftungs-Übereinkommen, Baden-Baden 1986.

Hamel, Walter: Wesen und Rechtsgrundlagen der Polizei im nationalsozialistischen Staate, in: Hans Frank (Hrsg.), Deutsches Verwaltungsrecht, S. 381-398, München 1937.

Hanning, August / *Schmieder*, Klaus: Gefahrenabwehr und Risikovorsorge im Atom- und Immissionsschutzrecht. Zugleich eine Besprechung der Entscheidungen des OVG Lüneburg vom 22.11.1976 (Kernkraftwerk Stade) und des OVG Münster vom 7.7.1976 (Kraftwerk Voerde), DB 1977 Beilage Nr. 14, 1-15.

Hansen-Dix, Frauke: Die Gefahr im Polizeirecht, im Ordnungsrecht und im Technischen Sicherheitsrecht, Köln u.a. 1982.

- Zum Begriff "schädliche Wirkungen" im Arzneimittelrecht - dargestellt am Beschluß des OVG Berlin vom 26. November 1987, Pharma-Recht 1989, 8-12.

Hansmann, Klaus: Zur Problematik der Festsetzung von Immissionsgrenzwerten, in: Bürger - Richter - Staat. Festschrift für Horst Sendler zum Abschied aus seinem Amt, S. 285-302, München 1991.

- Sicherheitsanforderungen im Atomrecht und im Immissionsschutzrecht, DVBl. 1981, 898-903.

- Vorsorgepflichten bei nicht genehmigungsbedürftigen Anlagen, NVwZ 1991, 829-834.

Hapke, Hans-Jürgen: Probleme des Restrisikos aus toxikologischer Sicht, ZfU 1980, 629-647.

Hatschek, Julius: Lehrbuch des deutschen und preußischen Verwaltungsrechts, 7. / 8. Aufl., Leipzig 1931.

Hattenhauer, Hans / *Bernert*, Günther (Hrsg.): Allgemeines Landrecht für die Preußischen Staaten von 1794. Textausgabe, Frankfurt / M. u.a. 1970.

Hennecke, Hans-Günther: Landwirtschaft und Naturschutz. Normative Regelungen eines ambivalenten Verhältnisses im Verfassungs-, Naturschutz-, Flurbereinigungs-, Raumordnungs- und Bauplanungsrecht unter besonderer Berücksichtigung der Landwirtschaftsklauseln im Naturschutzrecht, Heidelberg 1986.

Hermes, Georg: Das Grundrecht auf Schutz von Leben und Gesundheit. Schutzpflicht und Schutzanspruch aus Art. 2 Abs. 2 Satz 1 GG, Heidelberg 1987.

Herrmann, Nikolaus: Verantwortlichkeit im allgemeinen Polizei- und Ordnungsrecht, DÖV 1987, 666-675.

Hinz, Manfred O.: Zur Verfassungsmäßigkeit der Dosisgrenzwerte. Verfassungsrechtliche Anmerkungen zum Entwurf des Bundesministers des Innern einer Verordnung über den Schutz vor Schäden durch ionisierende Strahlen (Entwurf vom 24.3.1975), in: Institut für Völkerrecht der Universität Göttingen / Bundesministerium des Innern (Hrsg.), Viertes Deutsches Atomrechts-Symposium, S. 165-175, Köln u.a. 1976.

Hölder, M.-L.: Die Verordnung zum Schutz vor Verkehrslärm, in: Hans-Joachim Koch (Hrsg.), Schutz vor Lärm, S. 171-185, Baden-Baden 1990.

Hösel, Gottfried / *von Lersner*, Heinrich Freiherr: Recht der Abfallbeseitigung des Bundes und der Länder. Kommentar zum Abfallgesetz, Band 1, Berlin, Stand: September 1991.

Hofmann, Frank: Planungs- und entschädigungsrechtliche Fragen des Verkehrslärmschutzes, Diss. iur. Würzburg 1988.

Hofmann, Hasso: Rechtsfragen der atomaren Entsorgung, Stuttgart 1981.

- Atomgesetz und Recht auf Leben und Gesundheit, BayVBl. 1983, 33-38.

von Holleben, Horst: Der Standort industrieller Anlagen unter dem Gesichtspunkt des § 5 Nr. 1 BImSchG - Bemerkung zum Voerde-Urteil des OVG Münster, GewArch. 1977, 45-49.

Hoppe, Werner / *Beckmann*, Martin: Umweltrecht, München 1989.

Hruschka, Joachim: Die Konstitution des Rechtsfalles. Studien zum Verhältnis von Tatsachenfeststellung und Rechtsanwendung, Berlin 1965.

Ihlefeld, Thomas: Das Gebot der Rücksichtnahme in der Diskussion um das subjektiv-öffentliche Recht des Nachbarn, Pfaffenweiler 1988.

Interdisziplinärer Arbeitskreis für Lärmwirkungsfragen beim Umweltbundesamt: Belästigung durch Lärm: Psychische und körperliche Reaktionen, Zeitschrift für Lärmbekämpfung (= ZfL) 37 (1990), 1-6.

International Commission on Radiological Protection (ICRP): Report of the Task Group on Reference Man - adopted in October, 1974 (Publication No. 23), Oxford u.a. 1975 (zit.: International Commission on Radiological Protection, Reference Man).

- Empfehlungen der Internationalen Strahlenschutzkommission - angenommen am 17. Januar 1977 (Veröffentlichungen der Internationalen Strahlenschutzkommission Heft 26), Stuttgart u.a. 1978 (zit.: International Commission on Radiological Protection, Empfehlungen).

Ipsen, Hans Peter: Verkehrslärmbekämpfung in Heilbädern und Kurorten, DVBl. 1952, 649-653.

Isensee, Josef: Die typisierende Verwaltung. Gesetzesvollzug im Massenverfahren am Beispiel der typisierenden Betrachtungsweise des Steuerrechts, Berlin 1976 (zit.: Isensee, Die typisierende Verwaltung).

- Das Grundrecht auf Sicherheit. Zu den Schutzpflichten des freiheitlichen Verfassungsstaates, Berlin u.a. 1983 (zit.: Isensee, Das Grundrecht auf Sicherheit).

Isensee, Josef / *Kirchhof*, Paul (Hrsg.): Handbuch des Staatsrechts der Bundesrepublik Deutschland, Band I bis IV und VI, Heidelberg 1987-1990.

Jansen, Gerd: Zur "erheblichen Belästigung" und "Gefährdung" durch Lärm, Zeitschrift für Lärmbekämpfung (= ZfL) 33 (1986), 2-7.

- Verkehrslärmwirkungen bei besonderen Personengruppen, Zeitschrift für Lärmbekämpfung (= ZfL) 34 (1987), 152-156.

Jarass, Hans D.: Bundes-Immissionsschutzgesetz. Kommentar, München 1983.

- Schädliche Umwelteinwirkungen. Inhalt und Grenzen eines Kernbegriffs des Immissionsschutzrechts, DVBl. 1983, 725-732.

- Der rechtliche Stellenwert technischer und wissenschaftlicher Standards. Probleme und Lösungen am Beispiel der Umweltstandards, NJW 1987, 1225-1231.

Jarass, Hans D. / *Pieroth*, Bodo: Grundgesetz für die Bundesrepublik Deutschland. Kommentar, München 1989.

Jellinek, Walter: Verwaltungsrecht, 3. Aufl., Berlin 1931.

von Jhering, Rudolf: Zur Lehre von den Beschränkungen des Grundeigenthümers im Interesse der Nachbarn, JherJb. 6 (1863), 81-130.

Kalmbach, Siegfried / *Schmölling*, Jürgen: Technische Anleitung zur Reinhaltung der Luft. TA Luft mit Erläuterungen, Verordnung über genehmigungsbedürftige Anlagen, Verordnung über Großfeuerungsanlagen mit amtlicher Begründung, 3. Aufl., Berlin 1990.

Kimminich, Otto / *von Lersner*, Heinrich Freiherr / *Storm*, Peter-Christoph (Hrsg.): Handwörterbuch des Umweltrechts, Band I und II, Berlin 1986 / 1988.

Klausener, Erich / *Kerstiens*, Christian / *Kempner*, Robert: Das Polizeiverwaltungsgesetz vom 1. Juni 1931, 1. Aufl., Berlin 1931 und 2. Aufl., Berlin 1932.

Kloepfer, Michael: Umweltrecht, München 1989.

Knack, Hans-Joachim (Hrsg.): Verwaltungsverfahrensgesetz (VwVfG). Kommentar, 3. Aufl., Köln u.a. 1989.

Knemeyer, Franz-Ludwig: Der Schutz der Allgemeinheit und der individuellen Rechte durch die polizei- und ordnungsrechtlichen Handlungsvollmachten der Exekutive, VVDStRL 35, 221-294, Berlin u.a. 1977.

Koch, Hans-Joachim: Der Erheblichkeitsbetriff in § 3 Abs. 1 BImSchG und seine Konkretisierung durch die TA Lärm, in: ders. (Hrsg.), Schutz vor Lärm, S. 41-60, Baden-Baden 1990.

Koechlin, Dominik: Das Vorsorgeprinzip im Umweltschutzgesetz unter besonderer Berücksichtigung der Emissions- und Immissionsgrenzwerte, Basel u.a. 1989.

Koellreutter, Otto: Deutsches Verwaltungsrecht. Ein Grundriß, 2. Aufl., Berlin 1938.

Kölz, Alfred / *Müller-Stahel*, Hans-Ulrich (Hrsg.): Kommentar zum Umweltschutzgesetz. Handbuch - Kommentar - Ausführungserlasse, Zürich, Stand: März 1991.

Kopp, Ferdinand O.: Verwaltungsverfahrensgesetz, 5. Aufl., München 1991.

Kowalzik, Wolfgang: Der Schutz von privaten und individuellen Rechten im allgemeinen Polizeirecht, Frankfurt / M. u.a. 1987.

Kraft, Ingo: Immissionsschutz und Bauleitplanung. Ein Beitrag zur dogmatischen Harmonisierung der beiden Rechtsbereiche sowie zur Kritik der Typisierungsmethode, Berlin 1988.

Krell, Karl: Lärmgrenzwerte für Straßen, in: Hans-Joachim Koch (Hrsg.), Schutz vor Lärm, S. 61-72, Baden-Baden 1990.

Kühling, Wilfried: Planungsrichtwerte für die Luftqualität. Entwicklung von Mindeststandards zur Vorsorge vor schädlichen Immissionen als Konkretisierung der Belange empfindlicher Raumnutzungen, Schriftenreihe Landes- und Stadtentwicklungsforschung des Landes Nordrhein-Westfalen, Materialien Band 4.045, Dortmund 1986.

Kuni, Horst: Die Gefahr von Strahlenschäden durch Plutonium. Konsequenzen für das Atom- und Strahlenschutzrecht aus medizinischer Sicht (Gutachten im Auftrag des Ministers für Wirtschaft, Mittelstand und Technologie des Landes Nordrhein-Westfalen), Düsseldorf o.J. <1988>.

Kutscheidt, Ernst: Öffentliches Immissionsschutzrecht, in: Jürgen Salzwedel (Hrsg.), Grundzüge des Umweltrechts, S. 237-287, Berlin 1982.

- Die Änderung der TA Luft aus der Sicht der Rechtsprechung, NVwZ 1983, 581-585.

- Rechtsprobleme bei der Bewertung von Geräuschimmissionen, NVwZ 1989, 193-199 (= Gesellschaft für Umweltrecht (Hrsg.), Dokumentation zur 12. wissenschaftlichen Fachtagung der Gesellschaft für Umweltrecht e.V. Berlin 1988, Berlin 1989).

Länderausschuß für Immissionsschutz: Zur Änderung des Bundes-Immissionsschutzgesetzes und der Technischen Anleitung zur Reinhaltung der Luft (TA Luft), Umwelt Nr. 73 (1979), 25-27.

- Hinweise zur Beurteilung der durch Freizeitanlagen verursachten Geräusche, NVwZ 1988, 135-138.

Länderausschuß für Immissionsschutz - Unterausschuß Recht: Allgemeine Rechtsfragen des Lärmschutzes (UAR Sitzung 21.-24.1.1986), in: Minister für Umwelt, Raumordnung und Landwirtschaft des Landes Nordrhein-Westfalen (Hrsg.), Dokumentation über die Beratungsgegenstände und Beratungsergebnisse des Unterausschusses Recht, Düsseldorf 1990.

von Landmann, Robert / *Rohmer*, Gustav: Umweltrecht. Band I - Bundes-Immissionsschutzgesetz mit Durchführungsbestimmungen. Kommentar, herausgegeben von Klaus Hansmann, München, Stand: Oktober 1991.

Lange, Hermann: Schadensersatz, 2. Aufl., Tübingen 1990.

Larenz, Karl: Methodenlehre der Rechtswissenschaft, 5. Aufl., Berlin u.a. 1983.

Lassally, Oswald: Deutsches Lärmbekämpfungsrecht, 2. Aufl., München 1961.

Lauer, Klaus: Die Polizei im nationalsozialistischen Staat, Hamburg 1935.

Lehmann, Werner: Der alte und der neue Polizeibegriff, Diss. iur. Heidelberg 1937.

Leisner, Walter: Zum "Menschenbild" des Grundgesetzes, in: Klaus Weigelt (Hrsg.), Das Grundgesetz - Verfassung des geeinten Deutschland. Perspektiven für Schutz des Lebens, Soziale Sicherheit und Bewahrung der Natur, S. 7-16, Bonn 1991.

Lengfelder, Edmund u.a.: Strahlenwirkung - Strahlenrisiko. Ergebnisse, Bewertung und Folgerungen nach einem kerntechnischen Unfall aus ärztlicher Sicht, München 1988.

Levi, H. W.: Wie solide ist das wissenschaftliche Fundament des Strahlenschutzes?, atw 1989, 28-33.

Lorentz, Helmut: Das Verhältnis von Bundesimmissionsschutzgesetz und privatem Nachbarrecht, Diss. iur. Mainz 1980.

Lübbe-Wolff, Gertrude: Die rechtliche Kontrolle incremental summierter Gefahren am Beispiel des Immissionsschutzrechts, in: Horst Dreier / Jochen Hofmann (Hrsg.), Parlamentarische Souveränität und technische Entwicklung, S. 167-188, Berlin 1986.

- Das Bundesimmissionsschutzgesetz als Instrument des Bodenschutzes, NVwZ 1986, 178-184.

Lukes, Rudolf: Gefahren und Gefahrenbeurteilungen in der Rechtsordnung der Bundesrepublik Deutschland, in: ders. (Hrsg.), Gefahren und Gefahrenbeurteilungen im Recht, Teil I, S. 17-41, Köln u.a. 1980.

Lukes, Rudolf / *Feldmann*, Fr.-J. / *Knüppel*, H.-Chr.: Gefahren und Gefahrenbeurteilungen in der Rechtsordnung der Bundesrepublik Deutschland (Länderbericht), in: Rudolf Lukes (Hrsg.), Gefahren und Gefahrenbeurteilungen im Recht, Teil II, S. 71-219, Köln u.a. 1980.

Lukes, Rudolf / *Richter*, Bernhard: Bevölkerungsrisiko und Strahlenminimierungsgebot, NJW 1981, 1401-1409.

Mädrich, Matthias: Das allgemeine Lebensrisiko. Ein Beitrag zur Lehre von der Haftungsbegrenzung im Schadensersatzrecht, Berlin 1980.

von Mangoldt, Hermann / *Klein*, Friedrich / *Starck*, Christian: Das Bonner Grundgesetz. Kommentar, Band 1, 3. Aufl., München 1985.

Marburger, Peter: Atomrechtliche Schadensvorsorge, 2. unveränderte Aufl., Köln u.a. 1985 (zit.: Marburger, Schadensvorsorge).

- Ausbau des Individualschutzes gegen Umweltbelastungen als Aufgabe des bürgerlichen und öffentlichen Rechts, in: Verhandlungen des 56. Deutschen Juristentages Berlin 1986, Band I (Gutachten) Teil C, C 1-125, München 1986 (zit.: Marburger, Ausbau des Individualschutzes).

Markou, Dimitrios: Der Interessenkonflikt zwischen Gewerbebetrieben und Nachbarschaft am Beispiel des § 17 Bundes-Immissionsschutzgesetz, Frankfurt / M. u.a. 1986.

Martens, Wolfgang: Der Schutz des einzelnen im Polizei- und Ordnungsrecht, DÖV 1976, 457-463.

- Immissionsschutzrecht und Polizeirecht, DVBl. 1981, 597-609.

Maunz, Theodor: Gestalt und Recht der Polizei, Hamburg 1943.

Maunz, Theodor / *Dürig*, Günter: Grundgesetz. Kommentar von Theodor Maunz, Günter Dürig, Roman Herzog, Rupert Scholz u.a., 6. Aufl., München, Stand: September 1991.

Möller, Manfred / *Wilhelm*, Jürgen: Allgemeines Polizei- und Ordnungsrecht mit Verwaltungszwang und Rechtsschutz, 2. Aufl., Köln u.a. 1990.

Motive zu dem Entwurfe eines Bürgerlichen Gesetzbuches für das Deutsche Reich. Amtliche Ausgabe, Band III. Sachenrecht, Berlin u.a. 1888.

Müller-Glöge, Rudi: Die verwaltungsgerichtliche Kontrolle administrativer Immissionsprognosen, Göttingen 1982.

von Münch, Ingo (Hrsg.): Grundgesetz-Kommentar, Band 1, 3. Aufl., München 1985.

Münchener Kommentar zum Bürgerlichen Gesetzbuch, 2. Aufl., München 1984-1991.

Murswiek, Dietrich: Die staatliche Verantwortung für die Risiken der Technik. Verfassungsrechtliche Grundlagen und immissionsschutzrechtliche Ausformung, Berlin 1985.

- Zur Bedeutung der grundrechtlichen Schutzpflichten für den Umweltschutz, WiuVw. 1986, 179-204.

- Freiheit und Freiwilligkeit im Umweltrecht - Mehr Umweltschutz durch weniger Reglementierung?, JZ 1988, 985-993.

Neurath, Paul: Grundbegriffe und Rechenmethoden der Statistik für Soziologen, in: René König (Hrsg.), Handbuch der empirischen Sozialforschung - Band 3 b: Grundlegende Methoden und Techniken der empirischen Sozialforschung. Dritter Teil, 3. Aufl., Stuttgart 1974.

Nolte, Rüdiger: Rechtliche Anforderungen an die technische Sicherheit von Kernanlagen. Zur Konkretisierung des § 7 Abs. 2 Nr. 3 AtomG, Berlin 1984.

Nüßgens, Karl / *Boujong*, Karlheinz: Eigentum, Sozialbindung, Enteignung, München 1987.

Osterloh, Lerke: Typisierende Verwaltungsvorschriften im Steuerrecht - BVerfGE 78, 214, JuS 1990, 100-103.

Palandt, Otto: Bürgerliches Gesetzbuch, 50. Aufl., München 1991.

Palmer, Ingo: Die Entwicklung des deutschen Immissionsrechts im 19. Jahrhundert verglichen mit dem französischen Recht, zugleich ein Beitrag zur Entstehungsgeschichte des § 906 BGB, Diss. iur. Bochum 1979.

Papier, Hans-Jürgen: Besondere Aspekte des Freizeitlärms, in: Hans-Joachim Koch (Hrsg.), Schutz vor Lärm, S. 129-145, Baden-Baden 1990.

Peine, Franz-Joseph: Rechtsprobleme des Verkehrslärmschutzes, DÖV 1988, 937-949.

Pestalozza, Christian: Der Untersuchungsgrundsatz, in: Verwaltungsverfahren. Festschrift zum 50-jährigen Bestehen des Richard Boorberg Verlags, S. 185-204, Stuttgart u.a. 1977.

Peters, Hans-Joachim / *Schenk*, Karlheinz / *Schlabach*, Erhard: Umweltverwaltungsrecht. Grundlagen und praxisorientierte Fallbearbeitung, Heidelberg 1990.

Pietzcker, Jost: Polizeirechtliche Störerbestimmung nach Pflichtwidrigkeit und Risikosphäre, DVBl. 1984, 457-464.

Plischka, Hans Peter: Technisches Sicherheitsrecht. Die Probleme des technischen Sicherheitsrechts dargestellt am Recht der überwachungsbedürftigen Anlagen (§ 24 GewO), Berlin 1969.

Protokoll über die öffentliche Anhörung zum Entwurf eines Zweiten Gesetzes zur Änderung des Bundes-Immissionsschutzgesetzes - Drucksache 8 / 2751 - am 21.1.1980, Innenausschuß 8 / 724-2450 Protokoll Nr. 89.

Ramsauer, Ulrich: Die Herstellung der Zumutbarkeit des Straßenverkehrslärms durch Schutzauflagen und Ausgleichszahlungen, in: Hans-Joachim Koch (Hrsg.), Schutz vor Lärm, S. 107-128, Baden-Baden 1990.

Der Rat von Sachverständigen für Umweltfragen: Umweltgutachten 1974, Stuttgart u.a. 1974 - auch veröffentlicht als BT-Drucks. 7 / 2802 - (zit.: Rat von Sachverständigen, Umweltgutachten 1974).

- Umweltgutachten 1978, Stuttgart u.a. 1978 - auch veröffentlicht als BT-Drucks. 8 / 1938 - (zit.: Rat von Sachverständigen, Umweltgutachten 1978).

- Umweltgutachten 1987, Stuttgart u.a. 1988 - auch veröffentlicht als BT-Drucks. 11 / 1568 - (zit.: Rat von Sachverständigen, Umweltgutachten 1987).

- Waldschäden und Luftverunreinigungen. Sondergutachten, Stuttgart u.a. 1983 - auch veröffentlicht als BT-Drucks. 10 / 113 - (zit.: Rat von Sachverständigen, Waldschäden).

Rauschning, Dietrich: Staatsaufgabe Umweltschutz, VVDStRL 38, 168-210, Berlin u.a. 1980.

Rehbinder, Eckard / *Kayser*, Detlev / *Klein*, Helmut: Chemikaliengesetz. Kommentar und Rechtsvorschriften zum Chemikalienrecht, Heidelberg 1985.

Reich, Andreas: Gefahr - Risiko - Restrisiko. Das Vorsorgeprinzip am Beispiel des Immissionsschutzrechts, Düsseldorf 1989.

Richter, Wolfgang: Gentechnologie als Regelungsgegenstand des technischen Sicherheitsrechts. Rechtliche Steuerung unter Bedingungen der Ungewißheit, Frankfurt / M. u.a. 1989.

Rid, Urban / *Hammann*, Wolf: Immissionsschutzrechtliche Vorsorge jenseits des polizeilichen Gefahrenbegriffs - § 5 Nr. 1 contra § 5 Nr. 2 Bundes-Immissionsschutzgesetz -, VBlBW 1987, 121-126.

Rietdorf, Fritz / *Heise*, Gerd / *Böckenförde*, Dieter / *Strehlau*, Bert: Ordnungs- und Polizeirecht in Nordrhein-Westfalen. Kommentar, 2. Aufl., Stuttgart u.a. 1972.

Rittstieg, Andreas: Die Konkretisierung technischer Standards im Anlagenrecht, Köln u.a. 1982.

Robbers, Gerhard: Der Gleichheitssatz, DÖV 1988, 749-758.

Rohlfing, Theodor / *Kiskalt*, Hans / *Wolff*, Karl: Handkommentar zur Gewerbeordnung, 3. Aufl., Berlin u.a. 1961.

Roßnagel, Alexander: Die rechtliche Fassung technischer Risiken, UPR 1986, 46-56.

- Niedrigdosisstrahlung und das Grundrecht auf Leben und körperliche Unversehrtheit, UPR 1990, 86-92.

Roth-Stielow, Klaus: Grundrechtsverständnis des Parlamentarischen Rates und der Grundrechtsschutz beim Betrieb von Kernkraftwerken, EuGRZ 1980, 386-391.

Salzwedel, Jürgen: Gesundheitsschutz, Sachgüterschutz und Schutz ökologischer Bestände im BImSchG, in: Bundesforschungsanstalt für Landeskunde und Raumforschung (Hrsg.), Informationen zur Raumentwicklung Heft 9/10. 1980, S. 527-533, Bonn 1980.

Schäfer, Karl: Das Polizeiverwaltungsgesetz vom 1.6.1931, 11. Aufl., Berlin 1944.

Schaefer, Matthias / *Tischler*, Wolfgang: Ökologie, 2. Aufl., Stuttgart 1983.

Scharpf, Fritz W.: Positive Regionalisierung der Grenzwerte und Kombination mit Emissionsabgabe, in: Bundesforschungsanstalt für Landeskunde und Raumforschung (Hrsg.), Informationen zur Raumentwicklung Heft 9/10. 1980, S. 501-507, Bonn 1980.

Schenk, Rainer: Nachbarrechtliche Probleme bei genehmigungsbedürftigen und nicht genehmigungsbedürftigen Anlagen nach dem BImSchG, in: Nikolaus Birkl (Hrsg.), Nachbarschutz im Bau-, Umwelt- und Zivilrecht. Planung, Genehmigung, Abwehr und technische Regelwerke, Teil F, München, Stand: Juni 1991.

Schenke, Wolf-Rüdiger: Polizei- und Ordnungsrecht, in: Udo Steiner (Hrsg.), Besonderes Verwaltungsrecht. Ein Lehrbuch, S. 161-340, 3. Aufl., Heidelberg 1988.

Schlipköter, Hans-Werner / *Pott*, Friedrich / *Wichmann*, Erich / *Csicsaky*, Michael / *Ohnesorge*, Friedrich Karl: Antworten der Sachverständigen des Medizinischen Instituts für Umwelthygiene sowie des Instituts für Toxikologie der Universität Düsseldorf. Öffentliche Anhörung des Ausschusses für Jugend, Familie und Gesundheit zum Thema "Auswirkungen der Luftverschmutzung auf die menschliche Gesundheit" am 22. Februar 1984, Düsseldorf 1984.

Schmatz, Hans / *Nöthlichs*, Matthias / *Weber*, Horst Peter: Immissionsschutz. Kommentar zum Bundes-Immissionsschutzgesetz und Textsammlung, Berlin, Stand: August 1991.

Schmidt, Reiner / *Müller*, Helmut: Einführung in das Umweltrecht, 2. Aufl., München 1989.

Schmidt-Aßmann, Eberhard: Verfassungsrechtliche Grundlagen und Systemgedanken einer Regelung des Lärmschutzes an vorhandenen Straßen, Bonn 1979.

- Anwendungsprobleme des Art. 2 Abs. 2 GG im Immissionsschutzrecht, AöR 106 (1981), 205-217.

Schoch, Friedrich: Der Gleichheitssatz, DVBl. 1988, 863-882.

Scholler, Heinrich / *Broß*, Siegfried: Grundzüge des Polizei- und Ordnungsrechts in der Bundesrepublik Deutschland, 3. Aufl., Heidelberg 1982.

Scholz, Rupert: Das Verhältnis von technischer Norm und Rechtsnorm unter besonderer Berücksichtigung des Baurechts, in: DIN Deutsches Institut für Normung e.V. (Hrsg.), Technische Normung und Recht, S. 85-107, Berlin u.a. 1979.

- Verfassungsfragen zum Schutz des Nichtrauchers. Untersuchung auf der Grundlage des Nichtraucher-Schutzprogramms von Bundesregierung und Landesregierungen, DB 1979 Beilage Nr. 10, 1-23.

Schröder, Christoph: Vorsorge als Prinzip des Immissionsschutzrechts - dargestellt am Beispiel des § 5 Abs. 1 Nr. 2 BImSchG, Frankfurt / M. u.a. 1987.

Schulze, Hanno: Zum Recht des Verbrauchers auf Gesundheitsschutz im Lebensmittelverkehr, ZLR 1974, 43-55.

Sellner, Dieter: Immissionsschutzrecht und Industrieanlagen, 2. Aufl., München 1988 (zit.: Sellner, Immissionsschutzrecht).

- Ausbau des Individualschutzes gegen Umweltbelastungen als Aufgabe des bürgerlichen und des öffentlichen Rechts (Referat), in: Verhandlungen des 56. Deutschen Juristentages Berlin 1986, Band II (Sitzungsberichte) Teil L, L 8-46, München 1986 (zit.: Sellner, Ausbau des Individualschutzes).

Sendler, Horst: Wer gefährdet wen: Eigentum und Bestandsschutz den Umweltschutz oder umgekehrt?, UPR 1983, 33-46 und 73-76.

Siebert, Günter: Überlegungen zum Restrisiko aus der Sicht des Naturwissenschaftlers und Humanbiologen, ZfU 1980, 617-627.

Soell, Hermann: Aktuelle Probleme und Tendenzen im Immissionsschutzrecht, ZRP 1980, 105-110.

- Umweltschutz, ein Grundrecht?, NuR 1985, 205-213.

Sommer, Wolf-Eckart: Zum Dosisgrenzwertkonzept des § 45 Strahlenschutzverordnung, DÖV 1983, 754-761.

Staats, Johann-Friedrich: Das Recht der Luftreinhaltung und der Entwurf eines Zweiten Gesetzes zur Änderung des Bundes-Immissionsschutzgesetzes, VR 1979, 199-203.

Steiger, Heinhard: Verfassungsrechtliche Grundlagen, in: Jürgen Salzwedel (Hrsg.), Grundzüge des Umweltrechts, S. 21-63, Berlin 1982.

Steinebach, Gerhard: Lärm- und Luftgrenzwerte. Entstehung, Aussagewert, Bedeutung für Bebauungspläne, Düsseldorf 1987.

Stelkens, Paul / *Bonk*, Heinz Joachim / *Sachs*, Michael: Verwaltungsverfahrensgesetz. Kommentar (mit einer Einleitung von Klaus Leonhardt), 3. Aufl., München 1990 (zit.: Stelkens / Bonk / Leonhardt).

Stern, Klaus: Das Staatsrecht der Bundesrepublik Deutschland, Band I (2. Aufl. 1984), Band III / 1 (1. Aufl. 1988), München.

Strahlenschutzkommission: Möglichkeiten und Grenzen der Anwendung der Kollektivdosis. Empfehlung der Strahlenschutzkommission vom 21.2.1985, BAnz. Nr. 126 a vom 12.7.1985, S. 5-8 (zit.: Strahlenschutzkommission, Empfehlung 1985).

- Empfehlung der Strahlenschutzkommission vom 7.10.1988 zu den vorgesehenen Dosisgrenzwerten bei der Novellierung der Strahlenschutzverordnung, BAnz. Nr. 216 vom 19.11.1988, S. 4906 (zit.: Strahlenschutzkommission, Empfehlung 1988).

Streffer, Christian: Risiko nach niedrigen Strahlendosen, in: Rudolf Lukes / Adolf Birkhofer (Hrsg.), Achtes Deutsches Atomrechts-Symposium, S. 143-153, Köln u.a. 1989.

Teufel, H.: Diskussionsbeitrag, in: Institut für Völkerrecht der Universität Göttingen / Bundesministerium des Innern (Hrsg.), Viertes Deutsches Atomrechts-Symposium, S. 260, Köln u.a. 1976.

Trute, Hans-Heinrich: Vorsorgestrukturen und Luftreinhalteplanung im Bundesimmissionsschutzgesetz, Heidelberg 1989.

Ule, Carl Hermann / *Laubinger*, Hans-Werner: Bundes-Immissionsschutzgesetz. Teil I: Kommentar, Neuwied, Stand: Oktober 1991.

Ule, Carl Hermann / *Rasch*, Ernst: Allgemeines Polizei- und Ordnungsrecht, 2. Aufl., Köln u.a. 1982.

Umweltbundesamt (Hrsg.).: Medizinische, biologische und ökologische Grundlagen zur Bewertung schädlicher Luftverunreinigungen. Sachverständigenanhörung Berlin, 20. bis 24.2.1978, Wortprotokoll und Materialien, Berlin 1978 (zit.: Umweltbundesamt, Grundlagen).

- Entscheidungshilfen für die Prüfung in Sonderfällen nach TA Luft (Nr. 2.2.1.3) Teil I bis III - Berichte 8 / 87, Berlin 1987 (zit.: Umweltbundesamt, Entscheidungshilfen).

Uppenbrink, Martin / *Broecker*, Bernhard / *Schottelius*, Dieter / *Schmidt-Bleek*, Friedrich: Chemikaliengesetz - Gesetz zum Schutz vor gefährlichen Stoffen. Kommentar und Vorschriftensammlung zum gesamten Chemikalienrecht, Stuttgart u.a., Stand: März 1987.

Verein Deutscher Ingenieure (VDI): Richtlinie 2058 Blatt 1 (Ausgabe: September 1985). Beurteilung von Arbeitslärm in der Nachbarschaft, abgedruckt in: Gerhard Feldhaus, Bundesimmissionsschutzrecht. Kommentar, Band II, Anhang 4.1.

- Richtlinie 2310 Blatt 1 (Ausgabe: Oktober 1988). Zielsetzung und Bedeutung der Richtlinie Maximale Immissions-Werte, in: VDI-Handbuch Reinhaltung der Luft Band 1.

Vitzthum, Wolfgang Graf / *Geddert-Steinacher*, Tatjana: Der Zweck im Gentechnikrecht. Zur Schutz- und Förderfunktion von Umwelt- und Technikgesetzen. Berlin 1990.

Wank, Rolf: Die verfassungsgerichtliche Kontrolle der Gesetzesauslegung und Rechtsfortbildung durch die Fachgerichte, JuS 1980, 545-553.

Weidner, Helmut / *Knoepfel*, Peter: Politisierung technischer Werte - Schwierigkeiten des Normbildungsprozesses an einem Beispiel (Luftreinhaltung) der Umweltpolitik, ZParl. 1979, 160-170.

Winter, Gerd: Gesetzliche Anforderungen an Grenzwerte für Luftimmissionen, in: ders. (Hrsg.), Grenzwerte. Interdisziplinäre Untersuchungen zu einer Rechtsfigur des Umwelt-, Arbeits- und Lebensmittelschutzes, S. 127-141, Düsseldorf 1986.

Winters, Karl-Peter: Atom- und Strahlenschutzrecht, München 1978.

Wolf, Rainer: Der Stand der Technik. Geschichte, Strukturelemente und Funktion der Verrechtlichung technischer Risiken am Beispiel des Immissionsschutzes, Opladen 1986.

- Rechtsordnung und Technostruktur: Die Grenzen regulativer Politik im Bereich der Kernenergie, JbRSoz. 8 (1982), 240-265.

Wolff, Hans Julius / *Bachof*, Otto: Verwaltungsrecht III, 4. Aufl., München u.a. 1978.

Zeschmar-Lahl, Barbara / *Lahl*, Uwe: Wie wissenschaftlich ist die Toxikologie - Zur Problematik der Grenzwertfindung, ZfU 1987, 43-64.

Ziegler, Artur: Anmerkung zum Urteil des Bayerischen Verwaltungsgerichtshofs vom 2.7.1986, BayVBl. 1986, 692-694.

Zipfel, Walter / *Rathke*, Kurt-Dietrich: Lebensmittelrecht. Kommentar der gesamten lebensmittel- und weinrechtlichen Vorschriften, München, Stand: April 1991.

FSC
www.fsc.org
MIX
Papier | Fördert gute Waldnutzung
FSC® C083411

Kolibri 360 GmbH
Ferdinand-Jühlke-Straße 7
99095 Erfurt, Deutschland
produktsicherheit@kolibri360.de

Druck:
CPI Druckdienstleistungen GmbH
im Auftrag der
Kolibri 360 GmbH
Ferdinand-Jühlke-Str. 7
99095 Erfurt